齐文化要义

主编　任传斗　毕雪峰
副主编　谢丽洁　李钟琴

齊魯書社

图书在版编目（CIP）数据

齐文化要义 / 任传斗，毕雪峰主编. -- 济南 : 齐鲁书社，2020.11
ISBN 978-7-5333-3964-7

Ⅰ.①齐… Ⅱ.①任… ②毕… Ⅲ.①齐文化—研究 Ⅳ.①K871.34

中国版本图书馆CIP数据核字(2020)第239427号

责任编辑：邵明凡
装帧设计：郭　觐　李　生

齐文化要义
QIWENHUA YAOYI
任传斗　毕雪峰　主编

主管单位	山东出版传媒股份有限公司
出版发行	齊魯書社
社　址	济南市英雄山路189号
邮　编	250002
网　址	www.qlss.com.cn
电子邮箱	qilupress@126.com
营销中心	（0531）82098521　82098519　82098517
印　刷	山东泰安新华印务有限责任公司
开　本	720mm×1020mm　1/16
印　张	15.5
插　页	10
字　数	260千
版　次	2020年11月第1版
印　次	2020年11月第1次印刷
印　数	1—7500
标准书号	ISBN 978-7-5333-3964-7
定　价	68.00元

《齐文化要义》 编委会

姜太公像

姜太公衣冠冢

蛋壳黑陶高柄杯

陈庄遗址出土铜器“齐公”铭文拓片

沂源猿人头盖骨化石(复制品)

后李文化筒形釜

齐国故城城墙遗迹

齐国故城排水道口

齐景公墓殉马坑

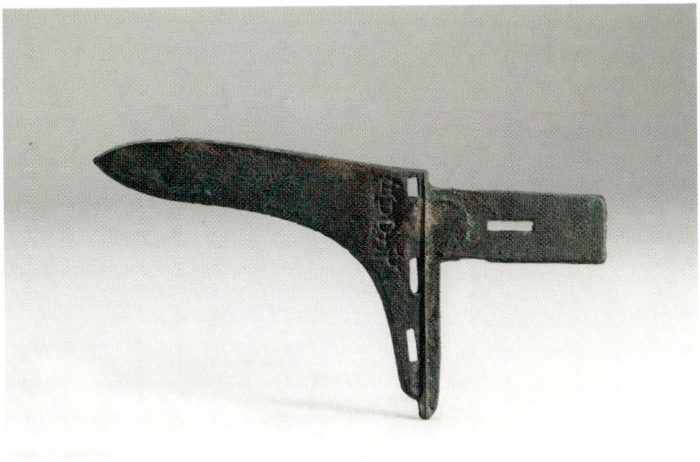

高子戈

国子鼎

陈侯午敦

陈璋圆壶

管仲墓

晏婴墓

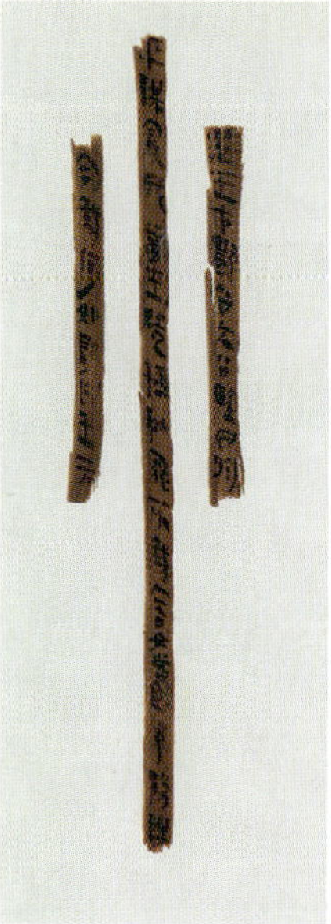

银雀山《六韬》残简

银雀山《孙膑兵法》残简

银雀山《晏子春秋》残简

战国“右里”铜量

齐国故城遗址出土赛马瓦当

郾王剑

郾王剑铭文

孔子闻韶处

昌国故城遗址

西汉齐王墓陪葬坑出土银盘

西汉齐王墓陪葬坑出土金樽铜戈

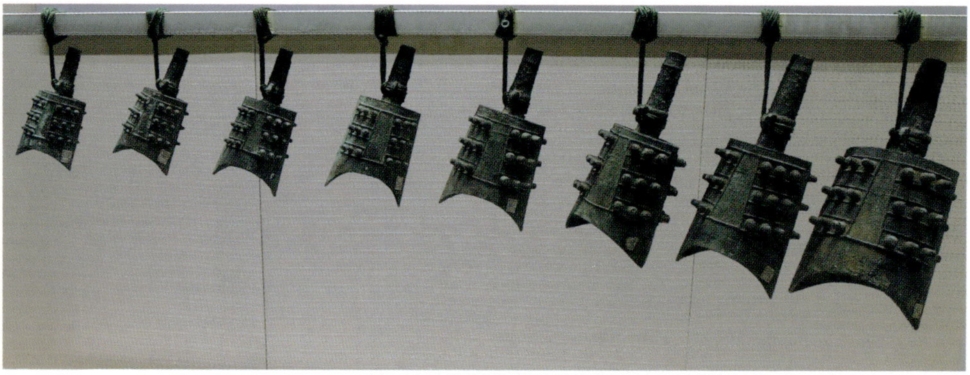

青铜编钟

波带纹青铜壶

弦纹青铜鼎

蹴鞠纹画像砖

错金银青铜牺尊

绪　论

齐文化是形成于先秦时期以诸侯国国号命名的众多地域文化之一，有着极其独特的内涵，在中国文化发展史上占有比较特殊的地位，且在当代中国特色社会主义建设中仍具有十分重要的借鉴意义。那么，齐文化该如何定义？它是如何起源、形成与发展的？它的要义是什么？它在中国文化发展史上发挥过什么作用？它的当代价值又是什么呢？

一、齐文化的定义

在当代学术语境中，“齐文化”的“齐”字指的就是由姜太公建立的齐国，而“齐文化”最基本的含义就是“齐国的文化”。那么，什么是“文化”呢？《辞源》释“文化”为：“文治教化。汉刘向《说苑·指武》：‘凡武之兴，为不服也，文化不改，然后加诛。’《文选》晋束广微（晳）《补亡诗·由仪》：‘文化内辑，武功外悠。’”随着历史的发展，“文化”一词的内涵也不断丰富，除“文治教化”的本义，有时也被赋予一种类似于“文明”的定义，用来指代特定人群在特定时间和特定地域内所创造的文明成果，如《辞海》便将“文化”解释为：“广义指人类在社会实践过程中所获得的物质、精神的生产能力和创造的物质、精神财富的总和。狭义指精神生产能力和精神产品，包括自然科学、技术科学、社会意识形态。有时又专指教育、科学、文学、艺术、卫生、体育等方面的知识与设施。作为一种历史现象，文化的发展有历史的继承性；在阶级社会中，又具有阶级性，同时也具有民族性、地域性。不同民族、不同地域的文化又形成了人类文化的多样性。作为社会意识形态的文化，是一定社会的政治和经济的反映，同时又给予一定社会的政治和经济以巨大的影响。”

参照《辞海》对“文化”的解释，我们不妨对“齐文化”做如下定义：

所谓齐文化，就是指以先秦时期齐国的历史和地域为中心，由齐人或融入齐国生活环境之人，在社会实践中创造的一切物质财富与精神财富的总和，有时也特指齐人在齐国历史上创造的精神财富，如宗教信仰、哲学思想、伦理道德、风俗习惯、政治制度、意识形态、科学、技术、文学、艺术等。它渊源于东夷文化，肇始于姜太公封齐，兴盛于春秋战国时期姜齐与田齐政权的历史实践，消解于西汉时期“罢黜百家，独尊儒术”的思想大一统进程。此后，齐文化的精髓充分融入中国古代社会的主流意识形态，发挥着深远而持久的影响力，成为中华传统文化的重要组成部分，并在新时代中国特色社会主义现代化建设进程中彰显其独特的时代价值。

二、齐文化的起源

齐文化不是无根之木、无源之水，而是深深根植于东夷文化的土壤，涌流着东夷文化的活水。

位于黄河下游的山东地区是中华文明的发祥地之一。据考古发现，这一地区早在四五十万年前就已有人类居住。从距今八千四百多年的后李文化开始，经北辛文化、大汶口文化、龙山文化，到岳石文化，这一地区出现了由同一族群“东夷人”创造的连续文明，诞生了辉煌灿烂的“东夷文化”。东夷人是指上古时期生活在山东东部地区的先民。“夷”的称谓，大约产生于夏代，以示与华、夏相别。“夷”最初是泛指，有“东夷”“南夷”“西夷”“北夷”，后来将东夷作为特定的部族称呼，与南蛮、北狄、西戎并举。东夷有许多部落，被称为“九夷”。东夷文化自新石器时代开始，一直到春秋中期结束，是一个独立的文化体系，是齐文化的主要源头，也是华夏文明的重要源头之一。

蛋壳黑陶高柄杯

东夷人制造出实用、精美的石器、骨器、角器、蚌器、玉器等生产工具和生活用品，烧造出薄如纸、黑如漆、亮如镜的蛋壳陶，编织出纹络细、密度高的纺织品；他们发明了冶铜术、原始历法和最古老的文字；他们在狩猎活动中发明了弓箭；他们在原始农业发展的基础上，兴起了家畜饲养业和酿酒业；他们在航海中发明了船，兴起了渔业和航海业……随着生产力的巨大进步，东夷人的生产关系和社会关系也发生了深刻变革。龙山文化时期的东夷人已经进入阶级社会，并出现了国家。

东夷礼乐源远流长，礼乐相伴，歌舞相随，奠定了中国传统礼乐制度的基本雏形。据史书记载，东夷人喜欢饮酒、唱歌、跳舞，到舜时，礼乐已甚为完备。据《史记·五帝本纪》《尚书·舜典》等史书记载，舜用夔为典乐官，教育他的孩子，还提出了独特的音乐理论。音乐讲究宽厚温和，刚直而不高傲，音律和谐，神人相和。相传，夔敲击石磬时，“百兽”都能受到感化而翩翩起舞。在这里，石磬不只是乐器，还是祭祀用器，是权力的象征。《竹书纪年》记载：“有虞氏舜作《大韶》之乐。”所以《韶》又称舜乐，被用来歌颂示范为帝的德行，后来夏、商、周三代均把《韶》作为国家大典用乐。姜太公建齐后，《韶》传入齐，孔子在齐闻《韶》，三月而不知肉味，可见《韶》的魅力之大。

东夷人秉性温柔、敦厚，讲究礼让，崇尚仁德。《说文解字》有“夷俗仁，仁者寿”的说法。东夷人向来有重视生命和“仁者寿”的观念，崇尚知足常乐，无欲无求，强调实现心灵的超越，从而达到生命的极限。东夷人还有尚武、好猎之风。“夷”字即“大”与“弓”的合写，《说文通训定声》

云："夷，东方之人也。东方夷人好战好猎，故字从大持弓会意，大人也。"此外，东夷人还有含球、凿齿、披发文身、占卜等风习。

齐地东临大海，西濒黄河，海啸洪水时有发生；山岳雄伟，壑深林密，猛兽时有出没；日月交相出现，辉映大地，引人遐思……在对自然界的无奈和遐想中，东夷人对自然产生了原始崇拜，既有对日月星辰、大地、河川、山岳的崇拜，也有对祖先亡灵的崇拜，以及对氏族或部落图腾的崇拜。这些崇拜逐渐演化出后世流行齐地的"八神主"崇拜。

东夷文化源远流长，丰富多彩，表现形式多种多样，影响深远。正是在灿烂多姿的东夷文化中，孕育了后来齐文化的基因。姜太公封齐建立政权后，根据东夷人的特殊礼俗和民情，制定了"因其俗，简其礼"的基本政策，使东夷人传统的生产、生活方式和风俗习惯等，基本上原汁原味地保留了下来。

三、齐文化的形成与发展

自姜太公封齐至田齐亡国，齐国共持续了八百多年，齐文化便诞生、发展、成熟于这八百多年的历史实践中。

姜太公到达营丘后，即遭遇了莱人（东夷人的一支）的猛烈进攻，姜太公成功将其击退，并很快巩固了齐国政权。在兴周灭商与建立齐国的过程中，姜太公积累了大量治国理政和军事斗争的经验，且多被后人记录在《六韬》一书中，为齐国留下了"以人为本"的施政理念和"尚武重兵"的社会风尚。姜太公在击退莱人进攻后，立即投入到对齐国新政权的建设中。当时生活在营丘的是东夷人，由于自然环境的差异，其生产生活方式与农耕文明地区也有较大差别。在以农耕为主要生产方式的周人眼中，"齐地负海潟卤，少五谷而人民寡"，是不适宜人类居住的地方，然而姜太公明白这种自然环境的优势所在：适合发展渔业、盐业和纺织业。因此，姜太公并没有像鲁国始封君伯禽那样对当地人民革其礼、变其俗，而是充分尊重齐地居民的生产、生活方式，因地制宜地发展渔业、盐业和纺织业。此外，在治理齐国的过程中，姜太公采取了与鲁国"尊尊亲亲"截然不同的"举贤尚功"的用人政策，使人才资源得到充分利用，其结果正如《史记·齐太公世家》所说：“太公至国，修政，因其俗，简其礼，通商工之业，便鱼盐之利，而人民多归齐，齐为大国。”齐国在姜太公的治理下，迅速发展为一个人口众多、经济发达的国家。太公治齐体现出了高超的政治智慧：修政之本在于“得人”；修政之途贵在“因顺”。为政者如能以人为本，因势利导，顺势而为，做到因时制宜、因地制宜、因人制宜，则国家必定昌盛。“三监之乱”爆发后，淮夷趁机起兵反叛，姜太公又全力协助周王室平定叛乱，立下大功，齐国因此获得了“五侯九伯，女实征之”的军事征伐特权，政治地位大为提升。自此，齐国形成了“尊王”的优良政治传统。

经过姜太公治齐的一系列举措，齐国形成了以人为本、务实尚变、举贤尚功与“尊王”的政治文化传统，形成了重工崇商的经济发展方式与尚武重兵的社会风尚，齐文化初步形成。不过，此时齐国的疆域只有以营丘为中心的方圆百里之地，即使后来吞并薄姑旧地，齐国的疆域也不大，因此齐文化在这一时期的影响力是有限的。

姜太公治齐奠定了齐文化的精神底色，决定了齐国治国的基本思路，但就顶层设计或者具体的国家制度而言，是在齐桓公与管仲时期才得以搭建的。

春秋时期，周王室衰微，诸侯崛起，外族入侵，周王朝旧有的“德礼”统治体系逐渐失效。此时，管仲在齐桓公的全力支持下，率先在齐国对“德礼”统治体系进行修正与补充，展开了一场涉及政治、经济、军事、文化等方面的制度大变革。其主要内容包括：“叁其国而伍其鄙”、“定四民之居”、“作内政而寄军令”、制“三选”之法、创“啧室之议”、“相地而衰征”、设“轻重九府”、行“九惠之教”等。这一系列的制度创设，使齐国在“礼崩乐坏”的新形势下率先完成了国家治理体系的根本性变革，成为当时最强大的诸侯国，有能力承担“尊王攘夷”的历史重任。从齐文化的角度看，由这场变革所建立的种种国家制度、社会生产生活方式，继承了太公治齐的基本思路与原则，形成了齐文化的基本格局，并为后世齐国历代统治者所继承和发展，这是齐文化自初步形成以来的第一次大发展。桓公时期，齐国疆界南不过泰山，西在今德州齐河一带，北至古黄河（今天津市以南），东北至海，东不过今潍坊弥河一线，“地方三百六十里”（《管子·小匡》），疆域面积较太公时期增加不多，但齐文化的影响力因齐国的“霸主”地位大大增强。

春秋后期，随着社会生产力的提高，掌握大量封地和人口的各诸侯国卿大夫势力迅速膨胀，如鲁国的“三桓”、晋国的“六卿”和齐国的田氏，他们逐渐架空各国君主，垄断各国的实际权力。这一时期，旧有的宗法分封制统治体系已完全失效，谁能掌握更多的土地与人口并对其加以直接而有效的统治，谁便能脱颖而出。齐国公室因久居上位，显然没有意识到形势的变化，未能及时转变思路，不但未将土地与人口纳入自己的直接掌控，相反仍然在不停地分封土地与人口；另一方面，齐国田氏则通过一次次政变，逐渐掌握了大量的土地与人口，从而最终夺取了齐国政权。经过田和、田剡与田午的经营，到田齐第四任君主田因齐（齐威王）统治时期，田齐终于完成了国家统治体系的转变，确立了君主对中央和地方的有效统治，树立了君主的权威。齐威王加强中央集权的具体措施因史料缺乏已无从得知，但从《史记》所载有关齐威王“一鸣惊人”“与魏惠王论宝”等故事可以看出，齐威王对各地封疆大吏、军事统帅都有着绝对的掌控力。以此为基础，齐威王整顿吏治、奖励进谏、选贤任能、加强军备、重视稷下学宫建设，使齐国又一次强大起来。此时齐国的疆域南至南城（今临沂平邑或说在今枣庄北），西至高唐（今聊城高唐东），北至北徐州（今河北沧州北），“地方千里，百二十城”。齐宣王、齐湣王统治时期，齐国疆域继续扩大。齐宣王时，齐国一度占领了燕国，虽之后退出，但西北之疆界仍在今河北徐水、大名境内；齐湣王时，齐国出兵灭了宋国，其疆域一度扩展到今江苏北部和河南东部。齐文化也随之影响了这些地区，使齐文化的辐射力与影响力大大增强；另一方面，齐国新占领地区的文化元素也融入齐文化，丰富了齐文化的内涵。这一时期是齐文化作为一种地域文化的成熟期，齐国在国家顶层设计、社会意识形态、社会生产方式和民众生活方式等方面均呈现出鲜明的地域特色。

秦灭六国一统天下之后，秦始皇对齐地的宗教信仰、哲学思想和政治学说都情有独钟，秦国的顶层设计中深深地烙印着齐文化的元素，齐文化非但没有消失，反而借助秦国的统治进一步扩大了其影响力。汉朝建立之初，齐文化中独具特色的黄老之学成为国家统治思想。汉初数代最高统治者如高祖、吕后、文帝、景帝，在黄老之学的指导下，轻徭薄赋、与民休息，使自战国以来久经摧残的社会逐渐恢复了元气。至汉武帝即位时，经过七十余年的休养生息，汉朝国势十分强盛，但国家制度十分简陋，此时诞生于齐文化土壤中的齐派儒学引起了最高统治者的注意。齐派儒家学者董仲舒在继承荀子“王道”“隆礼重法”基本政治主张的前提下，充分吸收齐地阴阳五行学派的思想，创立了充满齐文化特色的新儒学思想体系，而这一新儒学思想体系最终被汉武帝确立为国家意识形态，塑造了此后中国两千余年政治文化的基本精神。因此，秦汉时期可以看作是齐文化发展的最后一次高潮，也是其作为独立文化形态存在的最后阶段。西汉以后，一方面齐文化中的许多重要元素逐渐汇入中国传统政治文化的主流，成为中国主流文化的重要源头和重要组成部分；另一方面，齐文化继续保留它的地域特色，以齐派经学、齐派医学、道教等全新的形式出现在历史舞台上，对后世继续产生重大影响。

四、齐文化的要义

齐文化作为一种地域文化，包含齐国在各个历史时期所呈现出的物质层面、精神层面、制度层面的文化内涵，可谓包罗万象，博大精深。但齐文化之所以为齐文化而区别于其他地域文化，并不在于其系统性与整合性，而在于其鲜明的地域特色，我们不妨将这种地域特色称为齐文化的“要义”。

《史记·齐太公世家》曰：“吾适齐，自泰山属之琅邪，北被于海，膏壤二千里，其民阔达多匿知，其天性也。以太公之圣，建国本，桓公之盛，修善政，以为诸侯会盟，称伯，不亦宜乎？洋洋哉，固大国之风也!”《史记·货殖列传》曰：“齐带山海，膏壤千里，宜桑麻，人民多文彩布帛鱼盐。临菑亦海岱之间一都会也。其俗宽缓阔达，而足智，好议论，地重，难动摇，怯于众斗，勇于持刺，故多劫人者，大国之风也。其中具五民。”

在太史公司马迁眼中，齐地幅员辽阔，土壤肥沃，地形多样，适合发展纺织业、渔业、盐业；临淄商业发达，是海岱之间的大都会；齐人天生胸怀宽广、性情豁达、足智多谋，有大智慧而不外露，性格谨慎稳重，热心政治，喜欢谈论国家大事，安土重迁，怯于众斗而勇于持刺；齐国国势强盛，出现了像姜太公与齐桓公那样的圣君英主。

当代学术界对齐文化的地域特色也多有讨论。如王志民在《齐文化概论》中认为，齐文化在不同的历史时期，表现出不同的文化特色，但齐文化仍然有一些共通的特征，表现出迥异于其他地域文化的鲜明特色：崇物利，卑义礼；尚变革，恶守常；重兼容，轻一统。宣兆琦、李金海在《齐文化通论》中将齐文化的特点归纳为：变革性、开放性、多元性、务实性与智慧性。郭墨兰、吕世忠在《齐文化研究》中认为，齐文化的基本特点是“一实”（务实性）、“一兼”（兼容并包）、“二开”（开明、开放）、“三多”（文化多变、多样、多元）等。这些讨论见仁见智，各有所据，全面揭示了齐文化鲜明的地域特色。纵观八百年齐文化发展史，结合太史公对齐文化地域特色的评价与当代学术界对齐文化特点的总结与发挥，我们大致可以将“齐文化要义”归纳为以下几点：变革创新，开放包容；以人为本，尊贤尚功；以法治国，崇商重工；维护统一，务实共赢。

这些齐文化要义可以分为两类：一是变革、开放、务实、包容，这是齐文化的核心精神；二是以人为本、尊贤尚功、以法治国、崇商重工、维护统一，这是齐文化在治国理政的具体操作层面所呈现出的理论特色。前者是后者的方法论基础，后者是前者在治国理政领域的具体运用。

五、齐文化的历史贡献

公元前11世纪中叶，以姜太公封齐建立政权为标志，发源于东夷文化的齐文化得以初步形成，历经西周、春秋、战国时期的成熟、发展，消泯于西汉武帝时期的“罢黜百家，独尊儒术”。齐文化在长达千年的发展过程中，对中国历史、传统文化，特别是中国早期文明的形成与发展，做出了极大的历史贡献。

第一，齐地是中华文明最早的发祥地之一。著名考古学家夏鼐先生在

《中国文明的起源》一书中说："黄河流域是早期文化发展的一个中心，长江下游是另一个中心，山东地区史前文化的发展自有序列，是与黄河中游相对的另一个文化圈。这三个地区的晚期新石器文化与中国文明起源关系最密切。"黄河下游地区的齐国腹心地带，是学术界公认的中华文明最早的起源地之一，对中华文明的发源贡献巨大。

第二，桓管称霸对于中华民族统一的贡献。齐桓公在管仲的辅佐下，"九合诸侯，一匡天下"，成为春秋时期第一个霸主。桓管称霸的道义基础是"尊王攘夷"，这对于维护中华民族的统一起到了巨大的推动作用。齐国还多次会盟诸侯，强化了中原各国的经济、文化交流与融合，为后来汉民族的形成做出了很大贡献。孔子曰："管仲相桓公，霸诸侯，一匡天下，民到于今受其赐。微管仲，吾其被发左衽矣。"（《论语·宪问》）如果没有管仲、齐桓公，当时的人们都会披散着头发、向左边开着衣襟，成为野蛮之人。

第三，稷下学宫的贡献。战国时期是齐文化发展的高峰期，最主要的标志就是稷下学宫在齐国的出现，各种思想都得以产生、成熟和发展于这个时代。儒家、道家、墨家、法家、阴阳家、纵横家、名家、杂家、农家和小说家等诸子百家成为中华思想文化发展的源头和基础，形成了中华优秀传统文化的主脉。

第四，齐文化对先秦兵学的贡献。中国的兵学文化在先秦时期已达到极高的水平，中国历史上的十大兵书，有六部产生于先秦时期，而这六部兵书中的《六韬》《孙子兵法》《孙膑兵法》《司马法》是齐国人编写的。姜太公被誉为"兵家鼻祖"，孙武被誉为"兵圣"，《孙子兵法》被称作"兵学圣典"。齐地兵学，对后代军事学影响深远。

第五，齐文化对秦代的影响。这个影响主要体现在三个方面：一是齐国盛行的阴阳五行思想和邹衍的"五德终始说"，成为秦始皇立国的理论依据；二是秦始皇对齐文化的迷恋，使齐地方仙道的影响扩及全国，成为道教产生的重要文化基因；三是齐地方士是"焚书坑儒"事件的直接诱因和主要对象，是秦朝文化政策发展和转折的重要因素。

第六，齐文化对汉代的影响。汉代统治者吸取秦二世而亡的教训，"与民休息”，发展生产，出现了著名的“文景之治”。王志民先生认为，“文景之治”实际上就是齐文化之治。曹参担任齐相后，采用师承齐国稷下学宫黄老思想的学者盖公的建议，以黄老思想治国，实行无为而治。所谓“无为而治”，并不是无所作为，而是不去折腾、干扰老百姓，让人民休养生息、自我发展，遵循发展规律。结果齐国大治，人民安居乐业。后来，曹参回到中央政府接替萧何为相国，仍推行“无为而治”，其影响延及文帝和景帝，几十年间，西汉王朝出现了文景盛世。这是齐文化在治国理政方面的辉煌成就，对西汉王朝的巩固和发展居功至伟。

汉武帝实行“罢黜百家，独尊儒术”政策之后，自春秋战国以来的文化传统得到全面整合，但这并不意味着齐文化已经消失或消亡。从历史发展的实际情况看，尽管实现了国家政治与经济的统一，地域文化的差异性却一直在延续。正如任继愈所强调的：地区文化不仅在春秋战国时期存在，秦汉统一以后也仍然存在。全国统一后，由于封建经济是自给自足的自然经济，且中国地域广大，有千山万水相隔，因此各地文化传统具有保守性，思想文化上的地区差异性仍长期存在。不仅在秦、汉，而且在三国、南北朝、隋、唐、宋、明乃至清，地域文化也是一直存在的。

齐文化在汇入中华传统文化这一多元统一的文化体系之后，以新的形式和形态继续向前发展。一方面，齐文化通过对儒文化的渗透、融合，成为中华优秀传统文化的主要来源和重要组成部分；另一方面，齐文化中的阴阳五行学说、方仙道、黄老之学逐渐融合，产生了中国历史上影响巨大的正统宗教——道教。直到今天，齐文化仍具有巨大的魅力，是我们实现中华民族伟大复兴的宝贵历史文化资源。

六、齐文化的当代价值

八百年泱泱齐风，汇集了许多治国理政的思想，形成了独具特色的齐文化，凝聚成了《六韬》《管子》《晏子春秋》《孙子兵法》等许多不朽的思想圣典和《考工记》《齐民要术》等农耕文明的重要著述。其中《管子》被誉为中国第一部百科全书，《孙子兵法》被誉为中国古代兵学圣典。齐文化中的以人为本、富民惠民的治国方略，变革创新的发展理念，尊贤尚功的人才观，礼法并重的法治思想，构建和谐社会的战略思想，务实的社会治理思想，为民爱民的廉政思想，构建睦邻友好关系的外交思想等，对当今社会有着重要的启发和借鉴意义。齐文化经过去粗取精，加以挖掘提炼，必将为繁荣中华优秀传统文化，推动中国特色社会主义文化建设，实现中华民族伟大复兴的中国梦，做出积极贡献。

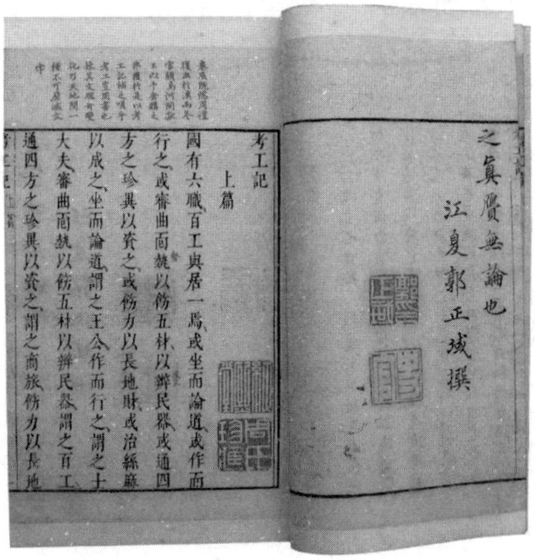
之眞僞無論也
江夏郭正域撰
考工記
上篇
國有六職百工與居一焉或坐而論道或作而
行之或審曲面埶以飭五材以辨民器或通四
方之珍異以資之或飭力以長地財或治絲麻
以成之坐而論道謂之王公作而行之謂之士
大夫審曲面埶以飭五材以辨民器謂之百工
通四方之珍異以資之謂之商旅飭力以長地

《考工记》书影

具体讲，齐文化的当代价值主要体现在以下六个方面：

（一）为社会主义核心价值观提供了历史渊源

齐文化中尊贤尚功、务实共赢的精神，变革创新、争创一流的精神，兼容并包、海纳百川的精神，尊王攘夷、维护统一的精神，以及“礼义廉耻”“和而不同”的思想观念，可视为社会主义核心价值观的渊源之一。法制思维和诚信思想，也较早地在齐文化中得到阐释和实践。如《管子·枢言》明确讲“先王贵诚信。诚信者，天下之结也”。战国末期，荀子也曾经说过：“诚信生神，夸诞生惑。”（《荀子·不苟》）我们传承中华优秀传统文化，就要汲取其精华，古为今用，牢固树立并努力践行好社会主义核心价值观，循着古人的足迹创新而前行。

（二）为践行新时代发展理念提供了历史经验

习近平总书记提出的“创新、协调、绿色、开放、共享”五大发展理念，不仅实现了我们党对发展规律认识的深化和升华，实现了我们党治国理政思想理论的新飞跃，而且成为当今中国马克思主义方法论的集中体现。齐文化中以人为本、富民惠民的思想，特别是创新、开放的发展观念，为我们树立五大发展理念提供了历史经验，更为我们践行五大发展理念增强了信心。

（三）为治国理政提供了传统理论支持

齐文化中有丰富的民本思想、廉政思想、法治思想、和谐思想和礼法并重的思想，如："天下非一人之天下，乃天下之天下也。同天下之利者，则得天下；擅天下之利者，则失天下。"（《六韬·文韬·文师》）"凡治国之道，必先富民。民富则易治也，民贫则难治也。"（《管子·治国》）"意莫高于爱民，行莫厚于乐民。"（《晏子春秋·内篇问下》）"威不两错，政不二门。以法治国，则举错而已。"（《管子·明法》）"法者，天下之程式也，万事之仪表也。"（《管子·明法解》）这些都为当今社会的治国理政提供了传统理论依据。

（四）为当代智库建设提供了历史借鉴

稷下学宫作为战国时期著名的高等学府、学术研究中心，不仅在学术上造就了辉煌的百家争鸣景象，也因"不治而议"这一特有的决策询议机制，被视为现代智库的雏形，拥有聚才、启智、资政、强国等功能，扮演着类似现代智库的角色，曾促成了田齐政权的一度强盛。当代智库建设应积极借鉴稷下学宫以询议、讲学、著书、育人为一体的发展模式，努力加强智库独立性建设，健全人才贮备制度，畅通智库建言渠道，培育智库思想市场，创新智库管理模式等，从这些角度和方向汲取宝贵的建设经验。

（五）为中外文化交流提供了多彩的文明成果

每个民族都有自己独特的文化和文明，"夫物之不齐，物之情也"（《孟子·滕文公上》）。"不同文明没有优劣之分，只有特色之别。要促进不同文明不同发展模式交流对话，在竞争比较中取长补短，在交流互鉴中共同发展，让文明交流互鉴成为增进各国人民友谊的桥梁、推动人类社会进步的动力、维护世界和平的纽带。"（《习近平主席在博鳌亚洲论坛2015年年会上的主旨演讲》）博大精深、底蕴深厚的齐文化，在对外文化交流中，极大地丰富了中华民族的文明成果。首先，稷下精神的研究与交流。战国时期的稷下学宫与希腊“柏拉图学园”几乎同一时期诞生，这一东西方哲学思想集中爆发的时代，被称为世界文明的“轴心时代”。以此为文明线索，北京大学与淄博市人民政府定期举办“齐文化与稷下学高峰论坛”，淄博市人民政府、山东理工大学与希腊雅典大学推出了“稷下学宫与柏拉图学园——中西（希腊）古典文明高峰论坛”。一系列文化交流活动，将稷下精神推向了世界。其次，《孙子兵法》的研究与交流。《孙子兵法》是我国古代最著名的兵书，其博大精深的内容，精邃富赡的思想，缜密严谨的逻辑，在世界军事史上具有划时代的意义。各国政要和专家都十分重视对《孙子兵法》的研究和对其谋略思想的运用，无疑这也是我国对外文化交流的重要内容之一。再次，蹴鞠的研究与交流。《史记》和《战国策》都记载，在当时的齐国故都临淄，蹴鞠已发展成为一种成熟的体育和娱乐项目，而且在民间广为盛行。国际足联在组织专家反复论证后，于2004年正式宣布：中国临淄是足球的起源地。2015年10月23日，国家主席习近平访问曼彻斯特，并在参观英格兰国家足球博物馆时向英方赠送了中国临淄仿古鞠。从2016年10月开始，一年一度的国际足球论坛在中国淄博临淄和英国曼彻斯特轮流举办，成为国家间重要的文化交流项目，也成为淄博独特的文化名片。

（六）为国家领导人统领全局、治国理政提供了古代哲学思想和文化经典

在对优秀传统文化的学习、传承和运用方面，毛泽东、习近平等国家领导人为我们做出了典范。习近平总书记在一系列重要讲话、文章、访谈中，经常引经据典，其中就包括大量齐文化经典著作如《管子》《晏子春秋》《六韬》《孙子兵法》《司马法》等中的经典佳句。如：“政之所兴，在顺民心；政之所废，在逆民心。”（《管子·牧民》）“橘生淮南则为橘，生于淮北则为枳。”（《晏子春秋·内篇杂下》）“以戒为固，以怠为败。”（《六韬·虎韬·金鼓》）“兵无常势，水无常形。”（《孙子兵法·虚实第六》）在引用这些古典

名句时，习近平总书记不仅对中华优秀传统文化的精髓有准确的阐释，而且赋予了它们新的时代内涵，使之闪烁着新时代的思想光芒。用典背后是“治世”，用什么、如何用、效果如何，既是领导能力、治理思想、执政风格的折射，也是把古人治理智慧运用于治理当代社会的具体实践。同时，也让我们看到了齐文化的历史地位、齐文化研究的重要责任和齐文化创造性转化、创新性发展的广阔未来。

总之，博大精深的齐文化作为中华优秀传统文化的重要组成部分，是我们最深厚的文化软实力之一，是我们文化发展的母体之一，积淀着中华民族最深沉的精神追求，是当前实现中华民族伟大复兴的中国梦的最宝贵的文化资源。正确认识、提炼、传播齐文化的精髓要义和当代价值，对于促进人类的全面发展、引领社会全面进步，对于全面建成小康社会、实现中华民族伟大复兴的中国梦，具有重要的现实意义和深远的历史意义。

目 录

卷下　附录

卷上　齐国简史

第一章　太公封齐

海岱之间，钟灵毓秀，曾诞生出悠久灿烂的东夷文化，涌现出大大小小的部落方国。大约公元前 11 世纪，周武王克商，作为辅国功臣的姜太公被分封到齐地，从此开始了周代齐国 800 余年的辉煌历史。

神话里无所不能的姜太公，在历史的叙述中经历了早年的穷困与不得志，终于在年逾古稀时迎来人生的转折，辅佐周文王父子兴周灭商，以首功之臣的身份被分封齐国。作为开国之君，姜太公缓解了东夷人的敌对情绪与文化冲突，克服了不利的自然环境，根据当地的实际情况采取因俗简礼、商工立国与举贤尚功的三大国策，又在平定管蔡之乱时获得了征伐诸侯的特权，从而奠定了齐国富强的基础，也成为齐文化的开创者。

一、太公其人

作为周王朝的开国功臣、齐文化的奠基人，姜太公的一生充满了传奇色彩。在小说《封神演义》中，他是神通广大、足智多谋的姜子牙，其近乎神人一般的人物形象可谓家喻户晓。然而，历史上的姜太公因年代久远，留给后人的史料并不多，就连是否确有其人，也一度成为史学界解不开的谜团。

2008 年山东高青陈庄西周遗址的考古发现，对于齐文化研究具有重要的学术意义。其中，18 号墓出土的铜器铭文“丰启作厥祖甲齐公宝尊彝”“丰启作文祖齐公尊彝”引起了人们的关注。器物的主人叫丰启，为了祭祀其祖先制作了这件铜器，“厥祖甲”和“文祖齐公”应指同一人。“齐公”是丰启对其先人的尊称，“文祖”的“文”是美称，“厥祖甲”的称呼表明齐国遵循商代流行的以日干命名的风俗。根据周代齐国的世系沿革，前几任国君确实采用天干地支中的十天干来命名，如丁公、乙公、癸公，到了第五代齐哀公才开始使用谥称。所以，“甲”应该是这位齐国国君的日名。目前考古学界已公认，出土器物的时代应为西周早期晚段，器主人丰启很可能是西周齐国公室第五代后人。因此，“祖甲齐公”的范围限定在齐国前四代国君，而又不是丁公、乙公和癸公，显然指的就是齐国首任国君姜太公。这一发现解开了姜太公在历史上是否确有其人的谜团，也补充了姜太公日名为“甲”的事实，意义重大。

陈庄遗址出土铜器“齐公”铭文拓片

姜太公画像

姜太公，名望，字尚父，一说字子牙。秦代以前，姓氏是分离的。姓是一种宗族的称号，最早起源于部落或部落首领的名字；氏是宗族内的若干分支。姓氏的起源可以追溯到原始社会的母系氏族时期，所以中国的许多古姓都是女字旁的，如黄帝以姬为姓，炎帝以姜为姓，姚姓和妫（Guī）姓同出自舜帝等。姓产生后，世代相传，一般不会更改，氏则随着封地、官职而改变。据《通志·氏族略》记载，男子称氏，女子称姓，氏用来区别贵贱，姓用来区别婚姻。姜姓为炎帝后裔，姜太公的先祖曾担任四岳的官职，帮助大禹治水有功，在虞舜和夏禹之际被分封到吕地（今河南南阳），以吕为氏。关于姜太公的籍贯，《史记·齐太公世家》记载他为“东海上人”，《集解》引《吕氏春秋》说“东夷之土”。东海在先秦时期指山东东部的黄海，而东夷处于山东东部地区。王献唐在《山东古国考》中认为，姜太公是来自山东的姜姓土著。

由于史料稀少，姜太公的早年经历模糊不清。根据《战国策·秦策五》记载，他在齐国入赘做上门女婿时被赶出家门，在殷商的都城朝歌（今河南淇县）做屠夫时连肉都卖不出去，在子良家做家臣时被驱逐，在棘津（今河南延津县）卖劳力却无人雇佣。《说苑·杂言》记载，姜太公在棘津卖过饭食，在朝歌做过杀牛的屠夫。《史记·齐太公世家》则记载了三种说法：一说姜太公曾经穷困，又说他是隐居在海滨的处士，还说他曾经侍奉商纣，后因纣王无道而弃官离开，去各地游说诸侯。虽然史料记载众说纷纭，但都表明了姜太公早年穷困不得志的状态。

二、渭滨垂钓

一直到七十岁左右，人生已经过去大半，姜太公才得到周文王姬昌的赏识，从此彻底改变了他的人生际遇。

当时姬昌还是殷商所属的诸侯方伯之一的西伯。西伯姬昌在周原笃行仁义，敬老慈少，礼贤下士，许多士人纷纷前来投奔他。隐居在东海之滨的姜太公听说西伯善待老者，于是也来到周原，这才有了他与姬昌广为人知并极具传奇色彩的相遇。

据《史记·齐太公世家》记载，西伯姬昌外出打猎，出发前占卜吉凶，得出的卜辞是："此次收获非龙非螭，非虎非熊，而是成就霸王之业的辅佐之臣。"姬昌果然在渭水北岸遇到了正在垂钓的吕尚，两人经过一番谈话之后，姬昌非常高兴地对吕尚说："我的先君太公曾说：'当有圣人来到周原，周因此而兴盛。'说的就是您吧？我的太公盼望您已经很久了！"因此，姬昌称吕尚为"太公望"，让他与自己一同乘车而归，并尊吕尚为太师。后来，吕尚就被叫作"姜太公"。明代小说《封神演义》还根据"非虎非熊"的卜辞，给姜太公取了一个"飞熊"的别号。

陕西省宝鸡市磻溪河畔姜子牙钓鱼台旁丢石

除了《史记》，其他文献中也有关于姜太公垂钓的记载。《吕氏春秋·审应览》记载姜太公曾以钓鱼翁的身份隐居于世。《战国策·秦策三》记载范雎对秦王说："臣闻始时吕尚之遇文王也，身为渔父，而钓于渭阳之滨耳，若是者，交疏也。已一说而立为太师，载与俱归者，其言深也。"《韩诗外传》卷八记载："太公望少为人婿，老而见去，屠牛朝歌，赁于棘津，钓于磻溪，文王举而用之，封于齐。"磻溪是渭河北岸的支流。以上文献都提到了吕尚在渭河北岸垂钓，借此得遇周文王姬昌的史实。

相较于史料的简单记述，后世的传说和文学作品的描述更为丰富和传奇。相传，姜太公钓鱼用的鱼钩是直的，没有鱼饵，且离水面三尺，故称"垂钓"，由此产生了一句广泛流传的歇后语"姜太公钓鱼——愿者上钩"。这些都揭示出吕尚钓鱼实为求见西伯姬昌的事实。《封神演义》中的一首诗道破了姜太公的用心："短杆长线守磻溪，这个机关那个知？只钓当朝君与相，何尝意在水中鱼。"

总之，穷困潦倒了大半生的姜太公，终于在年逾古稀时投入周文王的麾下，成为辅国之臣，开始了精彩与荣耀的后半生。

三、辅周灭商

殷商末年，纣王荒淫残暴，听信谗言，把西伯姬昌囚禁在羑里（今河南汤阴）。后姜太公、散宜生、闳夭等人搜罗美女和奇珍，进献给纣王，姬昌才得以赦免。姬昌又把洛水以西的土地献给纣王，请求纣王废除炮烙之刑，纣王答应了，这一仁义之举大大提高了姬昌在诸侯间的威望。从羑里回到周境后，姬昌开始与吕尚密谋推翻殷商政权。在吕尚的谋划下，姬昌对内修德理政，对外联络诸侯。虞、芮两国发生争端，双方想请姬昌帮忙裁决，他们进入周境，看到种田的人互让田界，人们以尊敬长者为风俗，虞、芮两国人都感到很惭愧，相互谦让而去。诸侯听说这件事后，都称赞姬昌堪为"受命之君"。随后，姬昌又先后讨伐西方戎狄之国犬戎、密须以及中原殷商盟国耆、邘、崇，并扩建丰邑，从岐山迁都于此。由此，周国的势力范围越来越大。到了姬昌晚年，三分天下周已占据二分。姜太公在其中贡献了很多计谋。

姬昌没有看到周国大业的成功就遗憾离世。他的儿子姬发即位，是为武王，尊姜太公为“师尚父”。在太公望、周公旦、召公奭（shì）等人的辅佐下，周武王进一步治国理政，增强兵力，加快了灭商的步伐。趁纣王正在东夷用兵无暇西顾之机，周武王尝试召集诸侯，开始了向东征伐的行动。周军出发时，姜太公告诫司马、司徒、司空、诸节等人：“集合起你们的部下，带上你们的船只，迟到者斩首。”他们在盟津（一作孟津，今河南孟津东）进行了一次实战演习，以熟悉东征的路线，并与诸侯在此会盟，约定共同讨伐商纣。

过了两年，纣王残杀比干，囚禁箕子，变得更加暴虐昏庸，大师疵、少师强抱着乐器投奔周国，殷商政权内部已经分崩离析。周武王和姜太公认为伐商的时机已经成熟，于是号令诸侯，率领战车三百辆，虎贲三千人，穿戴甲胄的战士四万五千人，渡过盟津，东进伐纣。他们在朝歌的郊区牧野陈兵布阵，准备与商纣的军队展开决战。商纣的军队虽然号称七十万，但士兵无心作战，他们见到周武王的军队逼近便纷纷倒戈，《尚书·武成》记载：“会于牧野，罔有敌于我师，前徒倒戈，攻于后以北，血流漂杵。”最终，周武王与诸侯联军大获全胜，他们长驱直入，占领朝歌。纣王大败，逃到鹿台自焚而死。

此次战役在前线坐镇指挥的正是师尚父——姜太公，他在战场上冲锋陷阵，英武非凡，如雄鹰一般。《诗经·大雅·大明》这样赞美他：“牧野洋洋，檀车煌煌，驷騵彭彭。维师尚父，时维鹰扬。凉彼武王，肆伐大商，会朝清明。”意为：牧野地势广阔无垠，檀木战车光彩明亮，驾车的驷马健壮有力，师尚父姜太公好像是展翅飞翔的雄鹰，辅佐武王，袭击殷商，到了黎明便天下清平。

灭商之后，周武王姬发在中原取代殷商建立西周政权，迁都镐京，修治周朝政务，与天下人共同开创新的时代，号为“周天子”。此外，他还将纣王囤积在钜桥的粮食拿出来赈济贫民，修筑比干之墓，释放被囚禁的箕子，把象征天下最高权力的九鼎迁往周国。当然，这些多半是采纳了姜太公的提议。姜太公先后辅佐了姬昌、姬发父子，在兴周灭商的过程中出谋划策、浴血奋战，是西周开国的大功臣。

四、封齐建国

西周初年，周武王为了巩固姬姓政权对中原地区的统治，开始分封诸侯，通过建立藩国，在外围形成一道屏障，以拱卫周王室。同姓亲属中，武王的同母弟周公旦被分封到鲁国，召公奭被分封到燕国；异姓贵族中，既分封了神农、黄帝、尧、舜、禹的后人，又分封纣王之子武庚于殷墟。为了监视殷商贵族和遗民，周武王把同母弟管叔、蔡叔、霍叔分封到商代王畿地区（由商朝各级内服官员管理的殷商中心区域），任命兄弟三人为“三监”。姜太公以首功之臣的身份被分封到营丘（今山东淄博），国号为齐，由此开启了周代齐国八百余年的历史。

天齐渊

齐地因天齐渊而得名，天齐渊在临淄南郊山下，是一个由泉水生成的水潭，被齐地人视作天下之中心，如同天的肚脐。许慎在《说文解字》中把“齐”解释为古时“脐”的通假字。王筠之《说文释例》曰：“齐国以天齐渊得名。天齐者，如天之脐也。”据《汉书·地理志》记载，早在上古少昊时期就有爽鸠氏部落居住于此，虞、夏时有季萴，商汤时有逢柏陵，商末有薄姑氏，他们曾在这里建立诸侯国。虽然西周政权已经建立，但地方势力犹存，周王室的势力尚未到达东方。东方一带的东夷人，自夏、商时期就与中原政权对抗，到了西周初期势力依然十分强大。营丘原属于东夷的势力范围，吕尚被分封至此，很大程度上是出于周王朝构筑东方防御体系的需要，以防范东夷再次作乱。

姜太公刚到营丘，便受到了莱人的挑战。莱夷是东夷族中的一支，位于淄水、潍河流域，北临渤海，南依沂山，疆域十分广大，到了殷商末年已经发展成为实力强大的莱国。姜太公从西周远道而来，尚未站稳脚跟，莱人就与姜太公抢夺营丘之地。据《史记·齐太公世家》记载，姜太公在前往营丘就封的路上，因长途跋涉而行动缓慢，晚上在旅店歇宿，旅店里有人提醒他："听说时机难得而易失，客人你睡得这样安稳，不像是去封国就任的。"姜太公听后，急忙率领人马连夜赶路，终于在黎明时赶到营丘，用武力击退了前来争地的莱人。

虽然姜太公得以在营丘建都立国，成为齐国首任国君，但是稳定齐国的局势，把国家治理好，这绝非易事。首先需要面对的就是生活在这片土地上，拥有悠久历史和灿烂文化的东夷民族。

沂源猿人头盖骨化石

东夷是上古时期中原华夏部落对东方各个部落的总称。"夷"最初泛指边远地区之人，甲骨文中多次提及"王正（征）尸方"即"夷方"，有"东夷""西夷""南夷""北夷"之称。后来，《礼记·曲礼下》中有了明显的区分："东夷""北狄""西戎""南蛮"。《礼记·王制》进一步说明"东方曰夷"。许慎在《说文解字》中释为："夷，东方之人也，从大从弓。"可见当时的东夷人身材高大，而且擅长弓箭，有尚武之风。2016—2017年发掘的济南章丘焦家遗址中有几座部族首领的大墓，经测量，男性墓主身高近两米，证实了早在5000年前，山东人的身高就已如此"伟岸"，当得起"山东大汉"的称号。

作为山东东部地区的居民，东夷人的历史十分悠久，最早可追溯到四五十万年前的“沂源人”。1981年，在山东省沂源县出土的沂源猿人遗址，证实了齐地早在数十万年前的旧石器时期就有人类活动的足迹。到了新石器时期，人类进入了原始农耕定居时代，手工业已经非常发达。东夷人凭借自身的勤劳和智慧，制造出了渐趋精美的陶器、玉器和铜器等生产、生活用具，而且出现了最原始的文字萌芽。如东夷地区的后李文化遗址属于新石器时代早期，发掘于临淄区齐陵街道后李官村的陶器碎片和陶窑，将淄博的制陶历史上溯到八千多年前。北辛文化承接后李文化，此时制陶业有了明显进步，社会形态由母系社会向父系社会过渡。大汶口文化的陶器种类繁多，制陶和镂雕工艺达到了很高水平，特别是陶器文字的出现，预示着文明曙光的降临。龙山文化确定了中国文化起源于本土的观点，玉器和铜器的出现标志着生产力发生了质的飞跃，蛋壳黑陶的精致程度令后世惊叹，丁公陶文相对于大汶口文化的单个陶文已经是更大的进步。岳石文化带有夏、商文化的特点，是东夷新石器文化的余波。这些丰富的考古遗存，充分显示了东夷人厚重而悠久的文化积淀。

后李文化筒形釜

在口耳相传的历史中，东夷部落产生过许多著名的首领。太昊是东夷部落最早的首领，他有一个更为响亮的名字叫伏羲。风姓，庖牺氏，蛇身人首。传说他教民结网，从事渔猎畜牧，创制八卦、嫁娶礼仪，为中华文明的开拓做出了重要贡献。少昊建立了以鸟类为图腾的氏族集团，为东夷地区创造了丰富的鸟文化。他以鸟来命名官职，其中司寇使爽鸠氏便居住在齐地，相传为太昊之后的风姓氏族。最能体现东夷民族尚武精神的部落领袖是蚩尤。传说他骁勇善战，能够用金属冶炼兵器。这是一个划时代的进步，体现了东夷冶铜技术的提高。他曾与华夏族首领黄帝展开一场激烈的战争，最终黄帝战胜并杀死了蚩尤。虽然战败身死，但蚩尤的威名不减，黄帝将他的形象画在大旗上，名为蚩尤旗，大旗所到之处无不披靡。蚩尤死后，被尊为战神，为后世祭祀。此外，夏朝东夷有穷氏部落的首领后羿，是东夷民族擅长射箭的杰出代表，“后羿射日”的故事家喻户晓，反映出东夷人的勇武有力和向恶劣的自然环境抗争的精神。虽然这些首领的传说近乎神化，但他们自身所折射出的文化特性，如鸟崇拜、尚武之风、以渔猎为主的生活方式、金属冶炼技术等，成为东夷文化的深刻印记。

除了尚武精神，东夷人还有温柔敦厚、崇尚仁义的特质。《后汉书·东夷列传》认为，夷为根的意思，意为上天仁爱，有好生之德，万物得以生根发芽，破土而出。所以东夷人天性柔顺，容易用道德驾驭，以至于有君子之国、不死之国出现。东夷人的尚仁之风得到了孔子的推崇，也与儒家学说中“仁”的形成密切相关。

经过数千年的积累，东夷人形成了独具特色的地域文化。因为生活在泰山与大海之间，东夷文化又被称作海岱文化。进入夏、商时期，东夷与中原之间发生了多次战争，而在这一过程中，中原的华夏文化与东夷的海岱文化也不断交融。夏代初期，国君太康失德，不理朝政，东夷有穷氏部落首领后羿率领部族反叛，驱逐太康，取而代之，导致太康失国。后来少康复国，灭有穷氏，恢复了夏朝政权，使东夷部族重新臣服于夏朝。夏朝最后一个国君桀异常残暴，激起了人们的不满和反抗，东夷人趁机袭击中原，成为推翻夏朝统治的重要力量之一。商朝建立后，东夷各部对殷商政权时叛时服。殷商末年，东夷再度反叛。纣王不得不向东征伐东夷，由于连年用兵使国力消耗，民怨沸腾。这时，周武王联合诸侯，率军队伺机出动，一举灭商。《左传·昭公十一年》有“纣克东夷而陨其身”的说法。虽然殷商政权已被西周政权取代，但东夷民族的势力依然很强大，对新生的齐国乃至周王室构成极大的威胁。

周武王去世，其子姬诵即位，是为周成王。当时距武王克商不过才两年，殷商贵族的势力依然很强大，东方有许多夷族方国仍未归附周王室。天下尚不稳定，而且成王年幼，难以掌控复杂的局面。为了防止武王驾崩之后天下发生叛乱，周公摄政称王，此举使同为武王之弟、时为“三监”的管叔、蔡叔和霍叔感到不满。于是，他们对外散布周公将不利于成王的流言（《史记·鲁周公世家》），连同商纣之子武庚、东夷诸方国一起发动叛乱。

参与叛乱的东夷部族主要有奄（今山东曲阜东）、薄姑（今山东博兴东南）、丰（今山东青州西北）、徐（今江苏泗洪南）等国。薄姑是殷商末期出现在齐地的东夷国。“薄姑”为鸟名，又作“蒲姑”，带有东夷的鸟崇拜特点，《水经·济水注》记载其距离齐城临淄六十里。丰，即逢柏陵，姜姓，也是位于齐地的商代方国。总之，周公所面临的是三股强大的力量，既有争夺王位的三个同姓诸侯，又有图谋复国的殷商贵族，还有再度侵袭中原的东夷各部。他们从东方聚集起武装力量，向周公和新生的周王室袭来。

在如此严峻的形势下，周公团结各方力量，奉王命兴师东征。周公首先向太公望和召公奭寻求支持，授予姜太公“东至海，西至河，南至穆陵，北至无棣”的征伐权。在太公和召公的协助下，周公历经三年平定了叛乱，诛管叔，杀武庚，流放蔡叔，灭奄、薄姑等国。东征过后，东夷所在的区域归周王室管辖，周成王将薄姑一带的东夷故地分封给姜太公，齐国因此兼并了一些齐地方国。

五、三大国策

面对生活在齐地的东夷民族，从中原携华夏文化远道而来的姜太公需要采取正确的治国方略，方能使新的政权在这片土地上立足并长治久安。于是，姜太公根据当地的实际情况，在政治、经济、文化上推行了适宜齐国发展的国策，迅速稳定了齐国的局势，奠定了齐国富强的基础。

作为“东夷之士”，姜太公了解这片土地长久以来形成的历史与文化，深知在东夷推行周礼、移风易俗绝非易事。因此，他来到齐国后便修明政治，采取“因其俗，简其礼”的政策，尊重和因袭东夷自身的文化和风俗，将周朝礼制中的繁文缛节予以简化。《史记·封禅书》记载，齐地自古有祭神的风俗，主要祭“八神”：一曰天主，祭天齐；二曰地主，祭泰山梁父；三曰兵主，祭蚩尤；四曰阴主，祭三山；五曰阳主，祭之罘（芝罘山）；六曰月主，祭莱山；七曰日主，祭成山；八曰四时主，祭琅邪（琅琊）。姜太公保留了当地人这种对自然的崇拜，并使之延续下去。

《史记·鲁周公世家》记载，姜太公治理齐国五个月便向周王朝述职，周公很惊讶，问："怎么这么快?"姜太公回答："我简化了齐国的君臣礼节，尊重他们的风俗习惯。"周公被封到鲁国，由于需要留在西周辅政，他就派长子伯禽去治理鲁国，结果伯禽三年后才向周王朝述职。周公问："怎么这么慢?"伯禽回答："我变革当地的风俗礼仪，所以来迟了。"周公叹道："唉！鲁国后世将臣服于齐国了。政令不简便易行，百姓就不会亲近；政令平和易行，百姓必定归附。"事实证明，姜太公"因俗简礼"的政策顺应了民心，使统治秩序得以快速建立，营造了一个宽松的政治环境和文化氛围。更重要的是，"因俗简礼"的政策保留了东夷民族的文化财富和民俗风情，也使新的地域文化在继承中得以发展壮大。《史记·货殖列传》记载，经过数百年发展的齐国故都临淄，人民宽厚豁达而又足智多谋，喜发议论，乡土观念重，不愿迁徙，怯于聚众斗殴，却敢于持刀剑杀人。这既是齐国的风尚，又不乏古老东夷民俗的遗风。

姜太公在齐国面临的另一个问题是不利的自然环境。营丘周边的百里封地多为盐碱地，不适宜耕种，对此，姜太公因地制宜，"通商工之业，便鱼盐之利"（《史记·齐太公世家》），大量种植桑麻等经济作物，并借此发展养蚕和纺织业。由于濒临大海，发展渔业和盐业非常便利，早在殷商时期齐地渤海一带就有海盐生产基地，山东寿光双王城盐业遗址群是目前国内发现最早的海盐生产遗址。《史记·货殖列传》记载，齐地依山濒海，适宜桑麻生长，当地人大多从事丝绸、布帛和渔盐业。姜太公依据齐国的自然条件，大力发展商业和手工业，将渔业和盐业作为支柱产业，又鼓励女功，提高纺织技术水平，使齐国纺织业快速发展，所生产的衣、冠、鞋、带天下闻名。海岱之间的人们纷纷前来朝拜和归附。"通商工之业，便鱼盐之利"的商业思想，对后世齐国官工业的发展、手工业技术的进步、商业的繁荣等有着直接影响。

寿光双王城水库古盐场遗址

齐国初立，百废待兴，为了吸引人才，更好地治理国家，姜太公在政治上实行“尊贤尚功”的政策，即尊重贤能和有智之士，奖励有功之人。《汉书·地理志》记载，姜太公被分封到齐国之初，周公问他如何治国，姜太公回答：“举贤而上功。”而周公所代表的周王室一向坚持的用人原则是“尊尊亲亲”，即任人唯亲。相比西周普遍崇尚以血缘关系为基础的用人办法，姜太公的这种人才激励政策无疑更有利于真正有才能的人脱颖而出，促使更多杰出人才涌入齐国，为齐国的治理和发展注入活力。

姜太公在齐国建立之初，根据当地实际情况制定了相应的政治、经济、文化层面的治国方略，实行因俗简礼、商工立国、尊贤尚功三大国策，使齐国富强起来，在西周初期就发展成为诸侯国中的大国。又通过平定管蔡之乱，齐国获得了征伐诸侯的特权，为日后进一步开疆辟土、称霸诸侯奠定了基础。

六、余风长存

作为周朝大臣，姜太公去世后返葬周都镐京，以示不忘根本。尽管没有长眠于自己苦心经营的封国，但姜太公的影响始终未曾从这片土地上消失，后世子孙和齐地百姓也没有忘记这位伟大的开国之君，他的衣冠冢至今仍耸立在淄博市临淄区闻韶街道，且北侧修建了祠堂，以供后人祭拜和追思。姜太公留给世人的还有博大精深的思想和自成体系的齐文化，他堪称“百家宗师”和“齐文化奠基人”。

姜太公衣冠冢

姜太公在辅佐周王室时，创造了许多用兵权宜和出奇之计，所以后世谈及用兵和权谋时都声称出自姜太公。自秦汉以来，各种文献和传说中可以散见姜太公关于用兵的言论。托名姜太公的著作也有很多，《汉书·艺文志》记载有“《太公》二百三十七篇”，包括“《谋》八十一篇，《言》七十一篇，《兵》八十五篇”。这些作品脱胎于周代史官对姜太公言论的记录，又经过后人不断补充而成。虽然并非姜太公本人所作，但可以将其看作是姜太公思想的集中体现。其中，《谋》为《太公阴谋》，《言》为《太公金匮》，《兵》为《太公兵法》或《六韬》。《战国策·秦策一》中苏秦发奋苦读的“太公阴符之谋”就是《太公阴谋》，可见其在战国末期已经成书。可惜这些作品大多已亡佚，现仅存《六韬》一种。

《六韬》又名《太公兵法》，根据周代史官对姜太公与周文王、周武王对话的记录，经春秋战国时期多次整理而成。1972 年，山东银雀山汉墓出土的竹简中就有包括《六韬》在内的先秦兵书，证实了《六韬》确为先秦古籍。《六韬》是反映姜太公兵学思想与治国理念的重要著作，更是齐文化的宝贵产物。《史记·留侯世家》记载，张良从下邳老人那里得到《太公兵法》，经过诵读学习，协助刘邦夺取天下。三国时期，刘备、诸葛亮对《六韬》非常重视，《三国志·蜀志·先主传》记载，刘备在遗诏中勉励后主刘禅阅读诸子之书及《六韬》，以“益人意智”，而诸葛亮更是将《六韬》《申》《韩》《管子》等书手抄一遍。姜太公的兵学思想不仅对后世作战与治国影响深远，还催生了包括孙武、田穰苴、孙膑在内的齐派兵学。到了唐宋时期，姜太公被尊为兵家鼻祖。唐肃宗追封他为武成王，宋仁宗在武成王庙建立武学，姜太公成为武学的象征。宋神宗元丰年间，《六韬》被收入武试必读的《武经七书》。

除了兵家，姜太公的思想还深刻影响了其他诸子。《汉书·艺文志》将《太公》归为道家，称吕尚为“本有道者”。《太公》之前有《伊尹》，之后有《管子》《老子》，道家的传承脉络清晰可见。商初的伊尹被视为道家的鼻祖，位列其后的姜太公同样享有很高的地位。姜太公是有“道”之人，《六韬·文韬·文师》中说“道之所在，天下归之”，认为有道者才能得天下，无论做人、作战还是治国，都离不开“道”。刘爱敏指出，姜太公的“道”含义广泛，经过后人的继承和发挥，成为诸子百家的源头，“道家的卑弱自持，儒家的德、敬、仁、义，兵家的兵权奇计，甚至五行思想无不包括在内”。① 作为“东夷之士”，姜太公继承了东夷文化中重天道、尚因循、善谋略的特质，形成了自己的“道”，奠定了齐地的道家基调，为战国时期管子学派和黄老学派的产生奠定了基础，阴阳五行也从“道”化万物中衍生出来。东夷人特有的尚仁与尚武之风，由于姜太公的“因其俗”，得以留存在齐地，成为儒家与兵家滋长的沃土。所以，姜太公不仅是道家和兵家，更是儒家、法家和阴阳家等诸子百家的思想源头，被尊为“百家宗师”。

姜太公还是齐文化的重要奠基人。他在封齐建国的过程中体现出来的务实精神，建立齐国后的经济方针、政治路线以及文武兼顾、义利并举、法教统一的全面性特点，使齐国在东夷文化的母体中孕育出崭新的地域文化——齐文化。虽然齐文化的形成最早要追溯到古老的东夷文化，但周代齐

① 刘爱敏：《从〈汉书·艺文志〉看姜太公在道家思想史上的地位》，载《管子学刊》2018 年第 4 期。

国的建立标志着从东夷文化向齐文化的转变。海岱文化在与华夏文化融合的过程中，到姜太公封齐建国时，终于翻开了新的篇章。司马迁在《史记·齐太公世家》中感叹："吾适齐，自泰山属之琅邪，北被于海，膏壤二千里，其民阔达多匿知，其天性也。以太公之圣，建国本……洋洋哉，固大国之风也！"形成于西周初年至春秋中叶的《诗经·齐风》，反映了周代齐国的整体风貌，春秋时期吴国公子季札听到舒缓动人的齐歌后不禁感叹："泱泱乎，大风也哉！其太公乎？国未可量也。"（《汉书·地理志》）

诞生于海岱之间的周代齐国，在东夷文化数千年的滋养下，经过姜太公建立政权后数年的苦心经营，最终发展成为富足强盛的东方大国，为周王室建立起一道东方屏障，形成了独具特色的泱泱齐风。姜太公所建立的齐国，在他身后的八百年间迎来更大的繁盛，而齐文化也将在历史长河中续写新的辉煌！

第二章　春秋首霸

经姜太公一世的励精图治，齐国在周初分封的诸侯国中迅速脱颖而出，成为当时雄踞一方的富强之国。姜太公之后，直至西周末年，齐国虽然历经内乱，但仍保持了较强的国力，依然能够顺利完成拱卫周王室的历史使命。

公元前770年，周平王迁都洛邑，史称东周，历史进入春秋时期。此时，周王室的衰微既给诸侯国提供了独立发展的良机，又使中原诸侯国面临着西戎、北狄、南蛮侵犯的严峻挑战。时代的发展要求出现一个新的强大的诸侯国代替周王室承担对内安定中原、对外征讨蛮夷的重任，这成为历史上春秋五霸兴起的主要原因。在古代，所谓“霸”，即“伯”的假借字，原意是诸侯之长，也就是周代诸侯国的首领之意。当时齐国经过齐庄公、齐僖公近百年的休养生息，国力逐渐恢复。齐桓公即位后，任用管仲为相，对内实行改革，使齐国变得国富民强；对外尊王攘夷，建立威信，经“九合诸侯，一匡天下”，齐桓公成为春秋时期第一位霸主，姜齐政权进入鼎盛时期。齐桓公去世后，齐国接连经历了五子争位的内乱、崔庆之乱，国力大大削弱。虽然齐景公在贤相晏婴的辅佐下，欲再次称霸中原，但以失败告终。最后，姜齐政权不仅丧失了中原霸主的地位，而且权力逐渐旁落大夫手中，被日益崛起的田氏势力取代，姜齐政权最终走向了衰亡。

一、庄僖小霸

姜太公之后，经过丁公、哀公、胡公、献公、文公、成公等数代国君的努力，齐国得到进一步发展。其间，齐国经历了齐、纪两国交恶事件，纪侯在周王面前中伤齐哀公，致使哀公被烹；周天子另立哀公的弟弟为齐国国君，是为齐胡公，齐国父死子继制度遭到破坏，由此开始了长达半个世纪、历经五代国君争权夺位的内乱。胡公即位后，鉴于齐都营丘反对势力过于强大，于是迁都薄姑。齐哀公的同母弟吕山认为，胡公抢走了自己的君位，于是率族众及营丘反对势力袭杀胡公，并自立为君，是为齐献公。献公即位后，将国都由薄姑迁到临淄，并驱逐胡公的子孙出境。献公即位九年后死去，传位其子武公。齐武公在位二十六年卒，传其子厉公。齐厉公无道，导致民怨沸腾，这就给了流亡在外的胡公子孙卷土重来的机会。齐国当时分为两派，一派支持胡公子孙，一派支持齐厉公。两派争斗最终导致两败俱伤，厉公战死，胡公的子孙也未能幸免。齐人立厉公儿子为国君，是为齐文公。文公即位后，将参与杀害齐厉公的七十余人全部处死。文公在位十二年卒，其子成公即位。成公在位九年卒，其子庄公即位。

齐国故城城墙遗迹

齐庄公是齐国的第十二任国君，在位六十四年，历经西周末年和春秋初期两个时期，是齐国在位时间最长的国君。这一时期，齐国开始进入休养生息、积蓄国力的阶段。公元前 731 年，齐庄公去世，其子僖公即位。僖公一直沿用庄公的治国方略，父子二人励精图治，在他们统治齐国近百年的时间里，齐国经济得以发展，国力不断增强，在诸侯国间有了相对较强的实力，为结盟创霸打下了坚实的经济基础，历史上称这段时期为“庄僖小霸”。

齐僖公作为一位非常有作为的君主，他凭借齐国日益增强的国力，在外交上，主要与郑国、鲁国、宋国、卫国建立了同盟关系，并承担起了盟主国的责任，提升了齐国在诸侯国中的影响力。

五国同盟中，齐国首先与郑国结盟。郑国第一任国君郑桓公姬友，是周厉王的少子，周宣王的弟弟，也是西周王朝的卿士。周平王东迁之时，“晋、郑是依”（《国语·周语中》），郑国是支持周天子东迁的主要国家。进入春秋时期，郑武公继续以诸侯的身份做周王朝的卿士，其子寤生继位后为郑庄公，仍为周平王之卿士，两代卿士曾有挟天子以令诸侯、把持周王室大权之势。因此，齐僖公首先采取了结盟郑国的外交策略。公元前 720 年冬，齐、郑在石门（今山东济南长清）会盟，其主要内容是“寻卢之盟”，即重温在卢（今山东济南长清）的盟约。可见齐、郑两国早已结盟，石门之盟就是为了重修旧好。再次联盟之后的齐、郑两国相互支持，相互协助。齐国帮助郑国调解缓和了与宋国、卫国等国的矛盾。公元前 715 年，齐僖公终于使宋、卫两国和郑国讲和。秋季，四方在温地（今河南温县）会见，并在瓦屋（今河南开封洧川）结盟，捐弃之前宋、卫、郑东门之战的旧怨，给郑国解除了极大的困境。同年八月，郑庄公为了感谢齐僖公，以周王朝卿士的身份引荐齐僖公朝见周天子，这在当时是非常重要的礼仪待遇，也为齐僖公创造了表达尊王主张的机遇。齐僖公调和宋、卫、郑三国之间的矛盾，不仅对维护诸侯国的团结起到了一定的积极作用，而且也得到了其他诸侯国对齐国实力的认可。齐国在支持郑国的过程中，势力逐渐壮大，《国语·郑语》云：“齐庄、僖于是乎小伯（霸）。”

齐国联合的第二个国家是鲁国。由于齐、鲁两国建国方针的差别和治国方略的不同，齐国的发展走在了鲁国的前面，所以齐强鲁弱，鲁国经常处于屈从的地位。但鲁国是最遵从“周礼”的诸侯国，而且是周天子在东方的代表，齐国要成为中原盟主，就必须与鲁国交好。公元前717年，齐、鲁两国在艾地（今山东新泰西北）会盟，结成友好邻国。过了一年，齐僖公又派他的弟弟夷仲年到鲁国访问，以巩固在艾地结成的同盟。公元前709年，鲁桓公聘齐僖公之女文姜为夫人，在嬴地（今山东莱芜西北）行纳币订婚礼。秋天成婚时，齐僖公不顾礼制的规定，一直把文姜送到鲁国的讙地（今山东肥城）才罢。到了冬天，齐僖公又迫不及待地派夷仲年到鲁国行聘问礼。

公元前715年瓦屋结盟之后，齐僖公积极讨伐不朝天子、不奉王命的诸侯，联合诸侯国抗击北戎的侵略，平定诸侯国内乱。公元前714年，郑国以宋国不朝拜周天子为借口，利用自己是周天子卿士的身份，借周天子之名，约鲁国共同伐宋。鲁隐公约齐僖公到防地（今山东费县）会面，商议伐宋的事情。第二年，齐、郑、鲁三国伐宋，大败宋国。在讨伐宋国的时候，蔡国、卫国、郕国不但没有按照天子的命令会师讨伐宋国，反而跟随宋国进攻戴地（今河南民权），结果齐、郑联军再次攻入宋国，打进郕国，并在戴地击败了宋、卫、蔡三国联军。公元前712年，齐、郑、鲁三国联军以许国不供职贡为由讨伐许国，并攻下许国都城。齐僖公把许国的土地割让给鲁国，鲁隐公辞谢说：“你说许君不尊王，所以我跟你来讨伐他，现在他已认罪了，虽然你让给我，我也不敢收。”齐僖公又把许国的土地转让给郑国，郑庄公也谢绝不收，于是三国商议，在许国服罪认错后，重建了许国。

齐国力主尊王，团结对外，取得了一定效果，使得戎狄对中原的侵扰减少，但戎狄对中原的土地特别是财物的贪欲没有减弱。公元前706年，北戎攻打齐国。齐僖公向郑国求援。郑国派太子忽率领军队援齐，齐、郑两军大败北戎，并俘虏了戎兵的两个将领大良和少良，斩杀带甲戎军三百人，并将其首级献给齐国。其他盟国也派大夫领兵援助，协助齐国戍守边境。战争结束后，齐僖公决定向来援的各国赠送牛、羊、猪及粮食等物资，以示礼谢。为了有次序地赠送，齐国便请比较知礼的鲁国安排此事。谁知鲁国没有按救齐功劳的大小排定，却按照周天子所封爵位的大小安排，这样就把救齐功劳最大的郑国排在了后面。郑太子忽认为自己的功劳没有得到认可，非常恼怒，于是四年之后就有了郎地（今山东曲阜）之战。齐僖公在将女儿文姜嫁给鲁桓公之前，原本打算将文姜嫁给郑太子忽，太子忽以“齐国大，郑国小，非吾偶也”婉言谢绝。齐僖公并不因郑太子忽辞亲生气，而是有恩必报，所以公元前705年郑国要求齐国帮助征伐盟、向二地时，齐僖公爽快答应。两国联军出兵获胜，盟、向二地归郑国。僖公厚待诸侯，不计嫌隙而助郑的行动，进一步赢得了诸侯们的信任。郑国对鲁国按爵位大小排次序之事一直耿耿于怀，总想教训鲁国一番。公元前702年，郑国约齐国伐鲁，因郑有大功于齐，齐僖公便牺牲与鲁国的姻亲关系，答应了郑国，并请卫国也出兵协助。三国与鲁战于郎地，情形十分危急，鲁国便请宋国出面调停。因鲁国与周王室关系较密切，齐、鲁又是姻亲国，再加上郑国教训鲁国的目的已经达到，所以宋国一出面，三国便停止了攻伐。公元前701年，齐、郑、卫、宋便在恶曹会盟，齐国以东方大国的身份出面调停了矛盾，巩固了齐国的盟主地位。

作为诸侯联盟的盟主，帮助诸侯国平定内乱也成为齐国义不容辞的责任。公元前710年，宋国的太宰华父督杀了司马孔父嘉，宋殇公大怒，华父督便又杀了宋殇公，并从郑国接回公子冯为国君，是为宋庄公。对于宋国的这次变乱，齐、鲁、郑、陈四国会盟于稷（宋地名，今河南商丘），讨论平定宋国内乱的事宜。

公元前699年，郑国约鲁国、纪国协助攻伐宋国。宋国便请求齐、卫、燕三国帮助，因此形成了宋、齐、卫、燕四国为一方，郑、鲁、纪三国为一方，双方互相攻伐的局面。最后，宋、齐、卫、燕四国联军失败。第二年冬，宋国又请求齐、卫、蔡、陈四国帮助，联合伐郑，以报兵败之仇，这次郑国大败，齐僖公的霸主地位从而也得到巩固。齐僖公在位期间，虽然征伐战争频繁，但均在齐国本土以外，故对齐国国内相对稳定的局面没有多少影响，因此，齐国仍然保持了良好的发展势头，经济日益繁荣，国家日益强盛。

齐庄公、齐僖公父子俩，蓄国力，尊王室，联诸侯而创小霸，拉开了春秋争霸的序曲，也为后世齐桓公称霸奠定了基础。

二、桓公夺位

齐僖公去世后，其子齐襄公即位。襄公执政期间，盲目自大，荒淫残暴，胡作非为，齐国的发展也因此陷入停滞甚至衰退，失去了小霸地位。

齐襄公胡作非为的典型表现是悍然杀害鲁、郑两大盟国的国君。公元前694年，鲁桓公与齐襄公在泺地（今山东济南西南）会盟，会盟后，鲁桓公携夫人文姜来到齐国。文姜是齐襄公的异母妹妹，未嫁之前曾与襄公私通，这时两人又借机私会，文姜受到鲁桓公的谴责。文姜将此事告诉齐襄公，齐襄公就借酒宴之机将鲁桓公灌醉，指使公子彭生杀死了鲁桓公。鲁桓公死后，鲁国人告诉齐襄公说："我们国君畏惧您的威严，不敢苟安，来到贵国重修旧好，礼仪完成后却没有回国。这件事在诸侯中造成恶劣影响，我国不知道该归罪于谁，请求用彭生来消除这种影响。"于是，齐襄公杀死公子彭生以向鲁国谢罪。齐国虽然以杀死公子彭生来平鲁怨，但这只是鲁国在齐强鲁弱情形下的权宜之计。国君因指责夫人通奸被通奸人所杀，这对于遵守周礼的鲁国人来说无疑是奇耻大辱，齐、鲁自此结下了怨仇。

同年七月，齐襄公在首止（今河南睢县）召开诸侯盟会，郑国国君子亹带领大臣高渠弥一同前往。子亹年少时曾经和齐襄公发生过争斗，因此双方结下怨仇。此次会面时，子亹和高渠弥未就从前的事向齐襄公道歉，齐襄公发怒，于是埋伏带甲武士杀死子亹，将高渠弥五马分尸。郑国大臣祭仲到陈国迎接子亹的弟弟子仪回国继位。

齐襄公在数月内连杀鲁、郑两国国君，飞扬跋扈，倚强凌弱，不仅使齐与鲁、郑两国关系紧张，而且也引起了其他诸侯国的不满和不安。

齐襄公对内暴虐无信，引起公孙无知、连称、管至父等人的不满，最终招致杀身之祸。

公孙无知的父亲夷仲年是齐襄公之父齐僖公的同母弟，齐僖公非常宠爱侄子公孙无知，其着装、礼仪等种种待遇都和太子诸儿（襄公）一样。齐襄公即位后，废除了公孙无知的待遇，引起了公孙无知的怨恨。连称、管至父本是戍守葵丘（今山东淄博临淄西）的大臣，齐襄公曾与二人约定戍守一年后瓜熟时节派人去替换（“瓜时而往”“及瓜而代”的典故即出于此）。然而一年期限过后，齐襄公不但不派人替换，而且还拒绝了连称、管至父提出的派人替换的请求。

齐襄公这种言而无信的做法引起了两人的愤怒。连称有个堂妹在齐襄公的后宫，不受齐襄公宠爱，也怨恨齐襄公，连称、管至父和公孙无知就相谋作乱，以连称堂妹为内应，侦察齐襄公的情况。

公元前686年，齐襄公到姑棼（今山东博兴）游玩，在贝丘（今山东博兴）打猎时，因受到野猪的惊吓，从车上掉下来摔伤了脚，鞋子也弄丢了。齐襄公回去后，责令管鞋人费（姓氏不详，名费）去找鞋，费找不到，齐襄公就命人抽打费三百鞭，打得费皮开肉绽。公孙无知和连称、管至父等人听说齐襄公受伤，便率领徒众袭击齐襄公的住所。公孙无知等人在宫门口遇到费，把费劫走并捆起来。费说：“我哪里会抵抗你们?”公孙无知不相信，费便解开衣服，让他们查验自己后背的鞭伤，并表示愿意和他们一起行动，请求先回宫中。费回去后，立即将齐襄公隐藏到门后。公孙无知等人恐费有变，率众冲进宫里，交战中费等人全部被杀。公孙无知杀死为保护襄公而伪装成襄公睡在床上的寺人孟阳后，一眼看到齐襄公的脚露在门下边，于是将齐襄公杀死，并自立为国君。

公孙无知即位后，与齐襄公一样，荒淫田猎，不理政事。第二年，即公元前685年，公孙无知前往雍林游玩，被雍林大夫率众袭杀。

公孙无知死后，齐国无君，这就给了公子纠和公子小白争夺君位的机会。据《管子·大匡》记载，齐僖公生有三个儿子，长子诸儿，次子纠，幼子小白。僖公委派管仲、召忽辅佐公子纠，委派鲍叔牙辅佐公子小白。鲍叔牙知道公子小白因母亲早亡，在宫中失去靠山，不想受命，因而称病不出。管仲认为公子小白虽然母亲早亡，但恰好因此得到国人的同情，并且小白有远虑，将来不一定没有机会继承君位。在管仲的力劝下，鲍叔牙才同意辅佐小白。

齐襄公即位后，横蛮暴戾，政局混乱。鲍叔牙认为齐襄公放纵，百姓懈怠，将会发生祸乱，于是就侍奉公子小白避乱到莒。管仲、召忽也侍奉公子

临淄尧王遗址出土文物国子鼎

纠到了鲁国。公子小白自幼与正卿高傒关系密切，当公孙无知被杀，齐大夫商议确立新君时，高氏、国氏已暗中派人到莒召公子小白归齐。鲁国知道后，也发兵护送公子纠回国争夺君位。公元前685年夏，公子纠与公子小白为君位展开了激烈的争夺。

为了防止公子小白捷足先登，管仲率一队人马阻截公子小白。当管仲赶到莒的边境时，正好遇见公子小白一行向齐国进发。于是，管仲便张弓搭箭向小白射去，小白应声而倒。管仲以为小白已死，便派人驰报鲁国。鲁君得知消息后，觉得再也没有人与公子纠争夺国君之位了，于是护送公子纠回国的行程就不那么急迫了。其实，公子小白并没有死，管仲一箭，恰巧射在他的衣带钩上，公子小白借机佯装中箭身亡以迷惑对方。待管仲一行走后，公子小白日夜兼程，率先赶到齐都临淄。六天后，当鲁国护送公子纠到达齐国时，高傒、国氏早已拥立公子小白为国君，是为齐桓公。(《史记·齐太公世家》)

《管子·大匡》记载了另外一种说法，齐襄公即位的第二年，驱逐公子小白，公子小白逃到了莒。齐襄公死后，公子纠即位。国人对公子纠不满，召公子小白回国。公子小白惧怕“管仲智，召忽强武”，不敢归齐。鲍叔牙力谏公子小白归齐，并得到了齐国大夫和国人的支持。他们驱逐了公子纠，混战中，管仲箭射小白，正中衣带钩。齐桓公即位后，鲁国发兵攻打齐国，想要恢复公子纠的国君之位，但是兵败没有实现。在这种说法中，公子纠是无所作为的国君，管仲、召忽难以施展才能，国人不满，才导致君位得而复失。

总之，不管哪种说法，结局都是公子小白成为齐国的新一任国君。

三、管仲相齐

齐桓公即位后，因为有高氏、国氏两大家族的支持，迅速稳定了局面。齐桓公询问鲍叔牙如何安定社稷，鲍叔牙向齐桓公力荐管仲。鲍叔牙说：“我是你的一个庸臣。你照顾我，使我不挨冻受饿，就已经是恩赐了。如果要治理国家的话，那就不是我所擅长的。若论治国之才，大概只有管仲了。”桓公说：“管仲曾用箭射中了我的衣带钩，使我险些丧命。”鲍叔牙解释道：“那是为他的主子出力啊。你若赦免他，让他回来，他也会那样为你出力的。”桓公问：“那怎样使他回来呢?”鲍叔牙说：“得向鲁国提出请求。”桓公说：“施伯是鲁君的谋臣，若知道我将起用管仲，一定不会将他放还给我的。那可怎么办?”鲍叔牙回答说：“派人去向鲁国要求说，我们国君有个不遵守命令的臣子在贵国，想在群臣面前处死他，所以请交还给我国。这样鲁国就会把他放还我国了。”于是桓公照鲍叔牙说的那样，给鲁国写信说：“子纠，亲也，请君讨之。管、召，仇也，请受而甘心焉。”（《左传·庄公九年》）鲁庄公询问施伯如何处置这件事。施伯回答说：“这不是想处死他，而是要起用他来执政。管仲是天下的奇才，他所效力的国家，一定会称霸于诸侯。让他返齐，必将会长久地成为鲁国的祸患。”庄公说：“那怎么办呢?”施伯答道：“杀了他，把尸体交还给齐国。”庄公准备处死管仲，齐国使者要求说：“我们国君想亲自处决他，如果不把他活着带回去在群臣面前施刑示众，还是没能达到要求。请让他活着回去。”于是庄公被迫将公子纠杀死，并派人把管仲捆缚起来交给齐国使者，召忽则为公子纠自杀。

之所以没有像召忽一样为公子纠自杀，管仲解释说：“我作为人君的臣子，是受君命奉国家以主持宗庙的，岂能为纠个人而牺牲? 我要为之牺牲的是：国家破、宗庙灭、祭祀绝，只有这样，我才去死。不是这三件事，我就要活下来。我活对齐国有利，我死对齐国不利。”

“不羞小节而耻功名不显于天下”的管仲，很快以囚徒的身份回到了齐国。鲍叔牙亲自到齐、鲁两国交界处堂阜（今山东蒙阴）迎接。齐桓公在庙堂之上对管仲以礼相待，向管仲请教为政治齐之道。很快，“桓公厚礼以为大夫，任政”（《史记·齐太公世家》）。

管仲任齐国相国之后，为了便于治国，公开向齐桓公要名、要利、要地位。《韩非子·难一》载，齐桓公解开了管仲身上的捆绑让他做相国。管仲说：“我得到宠爱了，但是我的地位还很低。”桓公说：“让你位于高氏、国氏两大贵族之上。”管仲说：“我的地位高了，但是我还很贫穷。”桓公说：“让你拥有俸禄丰厚的家业。”管仲说：“我富了，但是我和君主的关系还很疏远。”于是桓公就尊管仲为仲父。从此，出身卑微的管仲从一介囚徒转瞬成为地位显赫的齐国相国。

临淄南牛山北麓管仲墓

管仲任相之初，齐桓公对管仲的建议并非言听计从，而是一意孤行，穷兵黩武。他起兵伐宋，各诸侯国兴兵救宋，大败齐军；他兴师伐鲁，败于长勺；他与宋国联兵攻打鲁国，结果铩羽而归。经过多次碰壁，齐桓公逐渐悔悟，开始认真倾听管仲的意见。

在齐桓公的支持下，管仲在政治、经济、军事、社会保障等方面，对齐国进行了一系列大刀阔斧的改革，齐国国内政治稳定，经济繁荣，人民富足，从而为齐桓公称霸打下了坚实的基础。

四、桓公称霸

此时的周王朝政治衰微，诸侯坐大，戎狄内侵，内忧外患。齐桓公顺应形势的要求，在管仲的辅佐下，打出了“尊王攘夷”的旗号，以霸主身份召集诸侯会盟十几次，史称“九合诸侯”；支持周襄王继承王位，匡正天下，史称“一匡天下”，最终齐桓公完成了春秋首霸的伟业。

在霸业初创阶段，齐桓公制服了鲁、郑、宋、卫等中原主要诸侯国。公元前684年冬天，齐国发兵灭谭国。谭国国君逃到了莒。公元前683年，宋国为雪乘丘之役的耻辱起兵伐鲁，结果又失败了。两次伐鲁失败后，宋国内乱，宋闵公被杀。为了平定宋国内乱，公元前681年春，齐桓公在北杏与宋、陈、蔡、邾四国会盟。对于这次会盟，杨伯峻先生在《春秋左传注》中认为：“以诸侯而主天下之盟会，以此为始。”这是齐桓公第一次以盟主的身份主持诸侯盟会。

北杏之盟后，因为遂国是鲁国的附庸国不肯参加会盟，齐国于当年夏天灭掉了遂国，并派兵戍守遂地。齐国接着出兵伐鲁，鲁国军队作战不利，将要兵败之际，鲁庄公请求献出遂邑求和，齐桓公答应了鲁国的请求，齐、鲁两国会盟于柯地（今山东阳谷东）。在柯地会盟时，鲁将曹刿用匕首劫持齐桓公，逼迫桓公归还鲁国与齐军三次作战败北失去的土地，齐桓公在管仲的劝说下，为了取信于诸侯国，答应了曹刿的要求。柯地会盟表面上看齐国丧失了一部分土地，但达到了服鲁和赢得诸侯国信任的目的，为齐桓公称霸诸侯打下了良好的基础。

宋国见齐、鲁和好，便背叛北杏之盟。公元前680年春，齐桓公又联合陈、曹共同伐宋，并向周王室请求援助，周王室派单伯带兵参与伐宋之师。在这种情况下，宋国向齐国屈服。齐桓公“请师于周”，是齐桓公第一次取得周王室的支持和认可。

就在齐、陈、曹伐宋的同年，郑国再次发生内乱，外逃的郑厉公杀掉郑君子仪后复位，并于公元前680年冬天与齐结盟。这次结盟不但有齐、郑两国，还有周天子派的代表单伯以及宋、卫两国国君。为了巩固五国同盟，公元前679年春，“齐侯、宋公、陈侯、卫侯、郑伯会于鄄”（《左传·庄公十五年》）。齐国在短时间内，两次会盟宋、陈、卫、郑四国国君，说明以齐国为首的五国同盟初步稳定，《左传·庄公十五年》载：“十五年，春，复会焉，齐始霸也。”此时，齐桓公的霸业只是得到了宋、陈、卫、郑等诸侯国的承认，并没有得到周天子的完全承认，而且五国同盟也不十分稳定，只能算是齐桓公称霸中原初露锋芒。

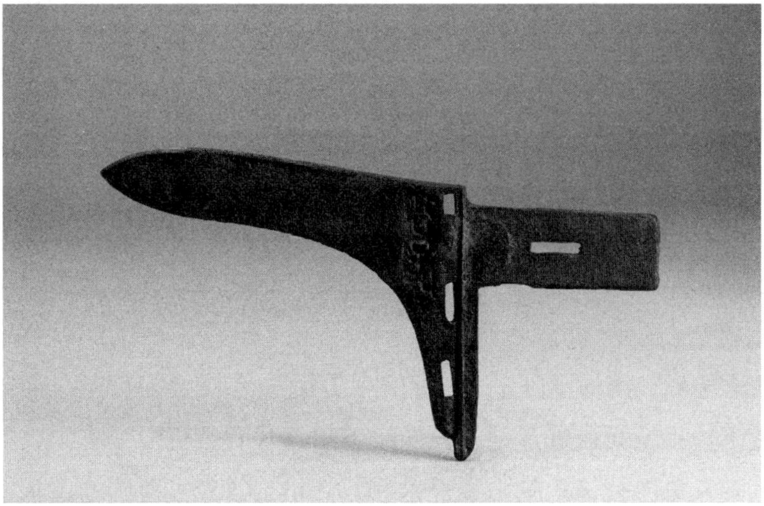

临淄高傒墓附近出土高子戈

在霸业初成阶段，齐桓公进一步协调各诸侯国之间的关系，其霸主地位得到周天子的承认，并且以周天子的名义征讨参与周王室叛乱的卫国等。

鄄地会盟后，鲁庄公的母亲文姜也到齐国结好，这样中原主要诸侯国鲁、郑、宋、卫、陈等都交好于齐国。公元前667年夏，齐、鲁、郑、宋、陈五国国君在幽地会盟。同年冬，周惠王派王室卿士召伯廖赴齐，赐命齐桓公为侯伯，承认齐国的霸主地位。《史记·周本纪》也记载：“惠王十年，赐齐桓公为伯。”自此，齐桓公名正言顺地成为中原霸主。

在霸业鼎盛阶段，齐桓公通过安定中原诸侯国，外攘夷狄，使其霸业达到鼎盛。

齐桓公内定中原诸侯之际，楚国逐渐强大起来，连连进攻中原诸侯国。

公元前666年，楚国令尹子元以战车六百乘攻打郑国，一直攻到郑国的内城，后楚军因担心中埋伏，才将军队撤出。这时齐、鲁、宋联军至郑，楚军连夜逃走。这是齐桓公首次遏制楚国北侵中原。

公元前664年，山戎伐燕，燕国向齐国告急。齐桓公与鲁庄公在济水相会，商量征讨山戎一事。鲁庄公表面答应，却因害怕道路险远而按兵不动。齐桓公便在无其他诸侯国协助的情况下，与管仲、隰朋等率军越千里之险北伐山戎。据《韩非子·说林上》载，在追击山戎的行军途中，齐军迷路，管仲曰："老马之智可用也。"于是放老马前行，军队随其后，最终老马带领大军走出了迷圈。这就是著名的"老马识途"成语的来源。在行军中，遇到了缺水的困难，隰朋说："蚂蚁冬天居住在山坡的阳面，夏天居住在山坡的阴面，蚂蚁穴居之处，向下挖七八尺深的地方就会有水。"在行军千里，深入戎狄腹地的艰苦情况下，齐国君臣上下同心，终于战胜山戎，打败令支国、孤竹国。对于齐国的救援，燕庄公非常感激，在齐国军队回国时，一直把齐桓公送到齐境还不停止。齐桓公说："不是天子，诸侯之间应遵守相送不出国境的礼节，我不能让燕君违礼。"于是割燕庄公所到之齐地给燕国，并让燕庄公修复召公之政，向周天子纳贡。齐桓公在伐戎救燕的过程中，既没有因为鲁国临行退却而报复鲁国，又尊重了燕国和周王室，在诸侯国中树立了极高的威信。

齐伐山戎不久，北方另一少数民族北狄开始入侵邢国、卫国。公元前661年，齐桓公听从管仲的建议，联合宋、曹救邢。但齐军尚未到达，狄人已攻下邢国，邢人大溃。齐国遂与宋、曹驱逐狄师，迎邢国国君至齐。公元前660年，齐国又率诸侯国军队为邢在夷仪（今山东聊城）筑城，并迁邢于夷仪。同年，狄人伐卫。卫懿公昏庸无能被狄人所杀。卫国军民大溃，逃到黄河岸边，齐桓公接应他们过河，并在曹地（今河南滑县西南之白马故城）立公子申为君，是为卫戴公。齐桓公派公子无亏率战车三百乘、甲士三千人为卫戍曹。卫戴公即位不到一年死去，齐国又立卫文公为君，且带领各诸侯国为卫国修筑楚丘城，将卫封于楚丘（今河南滑县）。

齐桓公救邢存卫，达到了收拢人心、稳定中原的目的，在华夏诸国中引起了极大的反响。《国语·齐语》载："天下诸侯称仁焉。于是天下诸侯知桓公之为己勤也，是故诸侯归之。"

北方基本安定之后，齐桓公把主要进攻矛头转向南方楚国，迫使楚国尊崇周王室，遏制其北进。公元前659年，楚国因郑国亲齐，派兵伐郑。齐桓公召集宋、鲁、郑、曹、邾的国君，讨论抗楚救郑。此后，楚国连续两年伐郑。为了联络中原诸侯抗楚，公元前658年、公元前657年，齐、宋、江、黄四国国君在贯地（今山东曹县南）和阳谷（今山东阳谷北）会盟。公元前655年，齐桓公因蔡人不恭，召集鲁、宋、陈、卫、郑、许、曹等诸侯国联兵讨伐蔡国，蔡人溃败，诸侯联军直驱伐楚。楚成王派使者与齐桓公交涉，管仲申明伐楚的两大理由：楚国不向周天子进贡苞茅，周天子无法滤酒糟；周昭王南征没有回国。楚使只承认不纳贡之罪，并答应按时纳贡。楚人承认小罪，推诿大罪，齐桓公遂率联军进驻陉地（今河南郾城南）。楚成王又派楚国大夫屈完与齐桓公议和，诸侯联军退驻召陵（今河南郾城东）。屈完在随同齐桓公检阅诸侯联军时说："辱收寡君，寡君之愿也。"于是屈完在召陵同诸侯订立了盟约。召陵之盟既迫使楚国尊重周王室，按期向周王室纳贡，又遏制了其北侵中原的步伐。

召陵之盟后，中原诸侯国局势基本稳定，周王室内部却出现了不安宁的因素。公元前655年，周惠王因宠爱少子带，有废黜太子郑而另立少子带的意向，齐桓公邀请宋、陈、卫、郑、许、曹六国国君与周太子郑在首止（今河南睢县东）会盟，商量安定周王室。公元前653年底，周惠王去世。太子郑怕叔带作乱，不敢发丧，向齐国求援。公元前652年春，齐桓公率鲁、许、卫、曹四国国君与陈世子及周襄王派出的大夫在洮（今山东鄄城西南）结盟，郑文公也来请盟，于是诸侯共同奉太子即位，以确立周襄王的王位。周襄王在王位确定后才为周惠王发丧。齐桓公以安定王室为己任，携手盟国扶助周襄王继承王位，周襄王对齐桓公的感激之情自然是不言而喻的。

公元前651年夏，齐桓公与鲁、宋、卫、郑、许、曹六国诸侯在宋国的葵丘（今河南兰考）会盟。《左传·僖公九年》载："夏，会于葵丘，寻盟且修好，礼也。"明确了此次会盟是合乎礼法的，目的在于继续保持同盟友好关系。这次会盟与前面的会盟不同的是，周天子派使臣宰孔参加，不仅赐给齐桓公祭肉，且赐爵一级。周天子还嘱咐宰孔因齐桓公年老德高，可不必下拜受赐，齐桓公仍然依礼下阶跪拜后上堂接受了赏赐。同年秋天，齐桓公又在葵丘与各诸侯会盟，订立了“凡我同盟之人，既盟之后，言归于好”的盟约。葵丘之盟，标志着齐桓公的霸业达到顶峰。

五、霸业衰落

公元前651年的葵丘会盟，既是齐桓公霸业的顶峰，也是齐国霸业由盛而衰的转折点。随着管仲、齐桓公的去世，姜齐政权也从鼎盛时期一步步地走向了衰落。

齐桓公称霸后，不仅居功自傲，而且以盟主身份多次召集诸侯盟会，号令各国征伐，征发徭役，收取贡赋，引起了周天子及其他诸侯国的反感和戒惧，他们暗中制造各种障碍，以削弱齐桓公的霸主地位，这成为齐国霸业走向衰落的重要原因之一。《史记·齐太公世家》载：齐桓公三十五年（前651）：“秋，复会诸侯于葵丘，益有骄色。周使宰孔会。诸侯颇有叛者。晋侯病，后，遇宰孔。宰孔曰：‘齐侯骄矣，弟无行。’从之。”从这段文字记载可以看出，齐桓公的骄傲自满不但引起了多国诸侯的叛盟，而且也引起了周王室代表宰孔的反感。正因为宰孔的劝告，中原另一大国晋国没有参加齐桓公的葵丘会盟。《左传·僖公十六年》载，公元前644年，齐桓公召集鲁、宋、陈、卫、郑等国在淮（今江苏盱眙）会盟，谋求救助被淮夷侵略的鄫国，并帮其筑城。筑城的役人因过度疲惫，便有人在深夜登上山丘大呼：“齐国发生动乱！”结果城未筑成诸侯国就各自回师。公元前647—前644年，面对戎族、淮夷、楚国等对中原诸侯国的侵犯，齐桓公也是疲于应付，外加其年事已高，此时齐桓公的霸主地位已经开始动摇。

齐桓公在管仲的辅佐下霸业虽盛，但是后继乏人。管仲去世后，鲍叔牙、隰朋等人也已到了风烛残年，竖刁、易牙等奸臣当道，致使齐桓公惨死，齐国在中原的霸主地位也因此丧失。齐桓公四十一年（前645），管仲病重，齐桓公去探望管仲，询问谁可以继任齐国相国，管仲推荐了隰朋，并请求齐桓公驱逐竖刁、易牙、堂巫、卫公子开方等奸佞之臣。竖刁、易牙、开方是齐桓公晚年的三名近臣。竖刁为了接近齐桓公，自受宫刑，为齐桓公管理内宫而受宠；易牙为齐桓公管理饮食，为了讨齐桓公欢心，主动把自己的儿子杀死，蒸了让齐桓公吃；卫公子开方为了侍奉齐桓公，十五年不回国看望自己的父母，甚至连父亲去世都没有回去送葬。齐桓公认为这三人是不可多得的忠臣，甚至想在管仲去世后任用他们为相。管仲认为他们都是佞臣，连自己的身体、子女、父母都不爱的人，不可能爱国君，他们违反人性的反常行为肯定是出于非常的野心，如果他们受宠得势，只能是害君殃国。管仲去世后，齐桓公废除了竖刁等四人的官职并将他们驱逐出宫。隰朋为相后不久去世，齐桓公又以鲍叔牙为相。其间，齐桓公却因驱逐堂巫而生了怪病，驱逐易牙而食不甘味，驱逐竖刁而内宫混乱，驱逐公子开方而朝政不治，以致齐桓公开始怀疑管仲对他们四人的看法是否正确，便没有听从管仲遗言，恢复了四人的官职，致使四人专齐国之大权。四人专权将近一年便开始作乱，他们建筑高墙，堵塞宫门，把病重的齐桓公软禁在一个屋子里，不允许任何人出入，并对外假传齐桓公命令以号令群臣，齐桓公“饥而欲食，渴而欲饮，不可得”（《管子·小称》）。公元前643年冬，齐桓公去世，无人收敛，以致尸体上生的蛆虫都爬到了门外。

齐桓公去世后，因为没有处理好君位继承问题，导致五子争位，国力大耗，外加当时晋国、楚国的崛起与壮大，齐国中原霸主的地位渐渐被取代了。《史记·齐太公世家》载，齐桓公有三位夫人，都没有儿子，但是齐桓公宠爱的六位如夫人都有儿子。齐桓公死后，他宠爱的六个儿子，有五个当过国君。直至公元前609年，齐人立公子元（齐桓公之子）为国君，是为齐惠公，才结束了桓公五子争夺君位的内乱。齐惠公在位十年，其子无野即位，是为齐顷公。齐顷公即位之初，狂妄自大，不但屡屡冒犯近邻，而且还蔑视强晋，最终导致鞌之战险些被俘的恶果。然而齐顷公知错能改，鞌之战后能够奋发有为，励精图治，为齐国带来了一段稳定的恢复与发展期。齐顷公死后，其子环即位，是为齐灵公。齐灵公在位二十八年，适值晋楚争霸时期，齐灵公早期较好地处理了与中原霸主晋国的关系，而且又灭掉了莱国，国力有所发展。但是在统治后期，他盲目自大，趁晋国六卿专政国力消耗之机，企图称雄东方，结果在晋齐平阴之战中落得大败的下场。

齐国在晋、楚、吴等国崛起争霸的阶段，又遭遇崔、庆专权，历惠公、灵公、庄公、景公四朝，造成齐国近五十年的政局动荡，姜齐政权自此渐渐走向衰落。平阴之战的第二年，即公元前554年，齐灵公病重，齐国发生内乱。齐灵公先立公子光为太子，后废公子光改立公子牙为太子。大臣崔杼乘灵公病重之时，拥立公子光为太子。同年五月，齐灵公病死，太子光继位为君，是为齐（后）庄公。齐（后）庄公即位后便杀掉了自己的兄弟公子牙。

公元前552年，晋国发生内乱，栾盈被驱逐出境。齐（后）庄公听闻晋国内乱，异常高兴，认为击败晋国、称霸中原的时机已经成熟，他不顾晋平公的警告，收留了栾盈和他的党羽。公元前550年，晋国与吴国联姻，按照当时的制度，齐国应该送一名本国的女子随晋国的女子一起嫁往吴国。齐（后）庄公趁这个机会，将栾盈和他的党羽送回晋国，栾盈很快在他的封地曲沃组织起一支部队并攻打晋国都城绛（今山西侯马），齐（后）庄公也趁机率军攻打晋国。齐国的军队一路进展顺利，先攻取了朝歌（今河南淇县），又兵分两路，入孟门（今河南辉县西），登太行（约在今河南沁阳西北三十里），在郘水（今沁水）将晋军尸体堆成一个大坟堆。后来，因栾盈兵败被杀，齐（后）庄公也不敢继续进攻，只好率领军队撤退。齐（后）庄公是被崔杼拥立为国君的，因此两人私下关系较为密切。崔杼的妻子棠姜长得很美，齐（后）庄公便在出入崔杼家时与棠姜私通。齐（后）庄公还把崔杼的帽子赏赐给别人，侍者提醒他不要这么做，齐（后）庄公反而无所谓地说："不是崔杼，难道就没有帽子戴了？"崔杼由此恼恨齐（后）庄公，侍者贾举因曾遭受鞭打也对齐（后）庄公怀恨在心，两人一拍即合，决定伺机弑齐（后）庄公。公元前548年，莒国国君来齐国朝见，齐（后）庄公设宴招待，崔杼假称生病没去陪同。第二天，齐（后）庄公以看望崔杼病情为由来到崔杼家中私会棠姜，崔杼和贾举便趁机安排士兵将其杀死。就在齐（后）庄公被弑之时，晋国在彻底平息栾氏作乱后开始讨伐齐国，以报复齐（后）庄公对晋国的偷袭。齐国先用齐（后）庄公被杀这件事向晋国请求谅解，又把宗庙里的祭器和乐器送给晋平公，并重贿晋国各级官吏，晋国最终答应和解，并与齐国在重丘会盟。

齐（后）庄公被弑后，崔杼立齐（后）庄公异母弟杵臼为君，是为齐景公。崔杼自任相国，助其作乱的庆封出任左相。崔杼和庆封怕国人不服，便与国人在太庙中盟誓："不与崔、庆者死！"诸多大臣因不盟誓被崔杼、庆封杀死。大臣晏婴刚正不阿，毅然拒绝崔杼、庆封的无理要求。庆封想要杀晏婴，崔杼认为晏婴是齐国的忠臣，杀他会激起众怒，因此放过了晏婴。

公元前546年，崔杼家中因争夺嫡子继承权而发生内乱。庆封趁机挑拨崔杼诸子相互残杀，并以调节崔氏内争为由，兴兵镇压崔氏诸子，尽灭崔氏宗族，迫使崔杼自杀。庆封消灭崔氏后，独掌齐国政权。

庆封酷爱田猎，荒淫无度，他身为相国却不理朝政，把朝政委托给其子庆舍。庆封为人刚愎自用，专横跋扈，他甚至虐待景公，把景公每日膳食中的鸡换成鸭，又把鸭肉取走，换成鸭汤给景公喝。此事成为齐国公卿反对庆氏父子的导火索。公元前545年，齐国公室公子子雅、子尾联合齐国大臣栾、高、陈、鲍诸族及庆舍的亲信卢蒲氏等，趁庆封到莱地田猎之机，共同击杀庆舍等庆氏诸党。庆封打猎返回后，以其随从攻击齐都，但没有成功。庆封见大势已去，先逃奔鲁国，后又从鲁国奔往吴国，至此崔庆之乱结束。

六、晏婴相齐

崔庆之乱后，齐景公任命晏婴为相，田穰苴为司马。晏婴任相时，立足齐国实际，在政治、经济、外交等方面提出了合乎国情的主张和措施，齐国国力日益强盛，出现了一个短暂的复兴期。

晏婴十分重视礼的作用，认为礼是治国的根本，是统治百姓的工具。他建议齐景公要带头守礼，用礼法治理国家，以此来维系君正、臣忠、父慈、子孝、兄爱、弟敬的良好社会秩序。《晏子春秋·内篇谏上》载，景公与群臣饮酒到畅快时，说：“今天我要和众位大夫痛快地饮酒，请大家不要拘于礼节。”晏子神色不安地说：“君王的话错了，所有的臣子当然希望君王不讲礼节。这样，力气大的人足可以克制长官，勇猛的人足可以弑其国君，而礼治就不便于推行了。禽兽就是以体力强的为首领，强大的侵犯弱小的，所以每天都在更换首领。现在君王废弃礼法，就是肯定禽兽的行为了。所有的臣子都凭借勇力来处理国事，强大的侵凌弱小的，天天更换君王，君位将置于何处呢？人之所以比禽兽高贵，是因为有礼仪的约束，所以《诗经》说：‘人如果没有礼仪，为什么不快快死去。’礼仪不可以没有呀。”景公背过身子不听晏子的劝谏。过了一会儿，景公出去，晏子不起身相送；景公回来，晏子不起身相迎；相互举杯祝酒时，晏子先于景公而饮。景公大怒，变了脸色，手按桌几看着晏子说：“刚才先生教导我，人不可没有礼仪。我出入你不起身致意，相互举杯，你却先于我而饮，这合乎礼仪吗?”晏子离开座席，叩头到地说：“我怎么敢对君王讲礼仪而自己忘了礼仪呢？我只是用这种做法来表现没有礼仪的实情。君王如果想废除礼仪，不要礼仪的实际情况就是这样。”景公说：“如此说来，这是我的过错了。先生请入座，我听从你的劝告。”君臣举杯三次，结束了酒宴。从此以后，景公便整顿法度，修明礼治，以此来治理国家政事，从而百姓也更加恭敬有礼了。

齐景公墓殉马坑

针对当时社会上赋敛无度，刑罚苛重，百姓负担过重，上下矛盾尖锐这一情况，晏婴直言进谏齐景公要以民为本，轻刑薄赋，宽政惠民。《左传·昭公二十年》载，当齐景公因久病不愈而想诛杀祝、史（掌管祭祀的官职）时，晏婴趁机劝说景公行仁政，薄赋敛，他说："处死祝、史也解决不了问题，山中的树木，由衡鹿看守；洼地里的芦苇，由舟鲛看守；荒野的柴火，由虞候看守；大海中的盐蛤，由祈望看守，因此，百姓都无法取用。偏远乡野之人，也都来到齐都管理政事；靠近齐都的关卡，向商旅横征暴敛；世袭的大夫，强行向商人索贿；处理政务不遵守法律，对百姓谋求无度；可是宫殿每天轮换着住，靡靡之音日夜不停。后宫的宠妃在市场上巧取豪夺，朝廷上的宠臣到各地任意勒索，淫欲一天天强烈，如果下边不能满足，就诬陷百姓入罪，百姓痛苦不堪。祷告是有益处，诅咒却有坏处。从聊地、摄地以东算起，到姑地、尤地以西，齐国境内的人民很多，无论祝、史如何善于祭祀祷告，又怎能胜过千万愤怒人民的诅咒呢？贤君假若要诛杀祝、史，还不如修养自己的品德而行仁政。"齐景公听了晏婴这番话，感到很有道理，就立刻下令各级官吏推行仁政，并且撤销各处关卡，重新开放禁止百姓进入的场所，减轻赋税。景公自己也下罪己诏，向国人谢罪，从而使民受惠而国以安。

齐景公时期刑罚十分严酷，致使齐国"藉重而狱多，拘者满圄，怨者满朝"（《晏子春秋·内篇谏下》），在市场上出现了"踊贵屦贱"的现象。晏婴针对此种情况，便借齐景公要为其更换住宅这一时机进谏。晏婴的住宅靠近喧闹的街市，狭小潮湿，齐景公要给他更换一个居住环境良好的地方，晏婴以靠近市场便于体察民情为由拒绝了，景公开玩笑地说："你知道东西的贵贱吗？"晏婴回答："义肢贵，鞋子便宜。"景公听言，知道受断肢酷刑的人太多了，遂下令减免酷刑。（《晏子春秋·内篇杂下》）

知人善任、选贤任能也是晏婴辅佐齐景公治国的重要内容。晏婴任相时对待人才从来都是不问出处、唯才是举，甚至将奴仆越石父奉为座上宾。在晏婴发现并举荐给齐景公的人才中，最著名的当属田穰苴。当时，晋国出兵攻打齐国的东阿和甄城，燕国进犯齐国黄河南岸的领土，齐国的军队大败。齐景公为此非常忧虑，于是晏婴向齐景公推荐田穰苴，说："穰苴虽说是妾生之子，可是他的文才能使大家服气，武略能使敌人畏惧。希望君王能试用他。”齐景公召见了田穰苴，并任命他为将军，让他与庄贾率兵抵抗燕、晋两国的军队。庄贾自恃被景公宠信，第二天出发时因饮酒而误了时辰，田穰苴当即将其斩杀，三军将士为之震栗。田穰苴亲自过问安营扎寨、掘井立灶、饮水吃饭、疾病医药等事务，还把自己作为将军专用的物资、粮食全部拿出来分给士兵，自己则和士兵一样平分粮食。他把体弱有病的士兵统计出来，三天后重新整训军队，准备出战。病弱的士兵也都要求一同奔赴战场，争先奋勇地为他战斗。晋国知道了这种情况，就把军队撤了回去。燕国军队也随即撤退，但在渡黄河时分散松懈，田穰苴率齐国军队趁势追击，收复了所有沦陷的领土，率兵凯旋。之后，齐景公封田穰苴为大司马，世称他为司马穰苴。（《史记·司马穰苴列传》）

晏婴身为相国，曾多次出使四方，他不辱使命，机智善辩地完成外交任务，维护齐国尊严的例子不胜枚举，在《晏子春秋》中有大量记载。有一次，晏婴奉命出使楚国，楚王见到晏婴说：“难道齐国没人了吗？竟派你来做使臣。”晏婴回答道：“齐国首都临淄有七千多户人家，展开衣袖可以遮天蔽日，挥洒汗水就像天下雨一样，人挨着人，肩并着肩，脚尖碰着脚跟，怎么能说齐国没有人呢？”楚王又问：“既然这样，为什么派你这样一个人来做使臣呢？”晏婴回答说：“齐国派遣使臣，各有各的出使对象，贤明的使者出使贤明的国家，无才无能的使者出使无能的国家。我是最无能的人，所以最适合出使楚国了。”楚王未赚到便宜，非常不甘心，于是在赐晏婴酒时，与侍臣上演了商定好的闹剧，让两个官员绑着一个人来见楚王，说是齐国人犯了偷盗罪。楚王看着晏婴说：“齐国人本来就善于偷窃吗？”晏婴反唇相讥说：“我听说橘子生长在淮河以南就是橘子，生长在淮河以北就变成枳了，它们只是叶子的形状相像，果实的味道却不同。这是什么原因呢？是因为水土的不同。现在老百姓生活在齐国不偷窃，到了楚国就偷窃，莫非楚国的水土使得老百姓善于偷窃吗？”楚王听后苦笑着说：“圣人是不能戏弄的，我真是自讨没趣了。”（《晏子春秋·内篇杂下》）

晏婴相齐，使齐国在较长的时间内保持了稳定繁荣的局面。而当时的中原霸主晋国，国内六卿专政，政权削弱，国力损耗；对外举措连连失利，甚不得中原各诸侯国的拥戴。另一强国楚国，忙于应付日益强大的吴国，无暇顾及中原诸侯国。趁此有利时机，齐景公欲再称霸中原，他帮助发生内乱的燕、鲁两国国君复位；抓住诸侯国叛晋之机，组成以齐国为核心的反晋同盟，干预晋国内乱，并成功瓦解了晋国的中原霸主地位。然而，随着齐景公病死，齐国发生内乱，面对强吴的攻伐，齐国大败，复霸之举也因此结束。

晏婴墓

齐景公死后，齐国又历经了齐悼公、齐简公、齐平公、齐宣公、齐康公五位君主，但是此时，齐国历史进入姜氏政权渐渐消亡、田氏争夺姜氏政权的特殊历史时期。

第三章　战国称雄

进入战国时期，各诸侯国间大大加快了以强并弱的步伐，各国君主纷纷进行变法改制，采用富国强兵之策，并先后称王，意图兼并天下，平一宇内。众多诸侯国争相称霸的格局向七雄并立的局面发展、转变，群雄逐鹿中原，战事不断。

战国时期的齐国，执政者由姜姓变为田氏，经历了威王称雄、宣王盛世，一度称霸列国，成为战国七雄之一。然而，由于决策的失误，齐国在连年的对外征战和各国实力的强弱迭变中由盛转衰，经乐毅伐齐之祸几近灭国，虽然后来田单成功复国，但历经沉重打击的齐国从此一蹶不振，再也没有恢复强盛时期的实力，最终被秦国所灭。几百年间，齐国与列国开展着比拼国力和军事的较量，向争雄图霸的宏伟目标行进，其间又有策士游走列国，纵横捭阖，形成了战国时期独有的风云诡谲的局面。

一、田氏代姜

齐国原本是姜太公的封地，春秋时期，齐国在姜氏的带领下开鱼盐山川之利，经济发达，并在齐桓公时首霸中原，成为春秋时期的强盛大国，但为何到战国时期，齐国国君由姜姓变为了田氏？田氏是如何取代姜姓入主齐国的呢？这要从田氏的始祖田完定居齐国说起。

田完本名陈完，是陈国公子。公元前 672 年，陈国发生内乱，陈完为了避难逃往齐国。此时的齐国国君齐桓公收留了陈完，任命他为工正，掌管百工生产。初到齐国，陈完谦恭知礼，做事勤谨，善待他人，受到齐桓公的赏识，得到了封地。他与齐国公族联姻，娶了一名姜姓女子，在齐国定居下来。陈完不想继续称其本国故号，所以将“陈”改为“田”。关于陈完改“陈”为“田”的原因有两种说法：一是因上古时期“陈”“田”二字相通，故“陈完”又称“田完”；二是陈完最初的封地是“田”，所以称为田氏。这就是齐国田氏的由来，田完也就是齐国田氏的始祖。

田完死后，其谦恭有礼和乐于助人的品行成为田氏几代人相传的家风，田氏家族得到齐国人民的喜爱和接纳，在齐国扎下根基并且迅速繁衍起来。田完的子孙世代为官，逐渐在齐国政坛崭露头角。

齐桓公去世后，诸公子争位导致齐国宫廷内乱长达四十年，一度造成大族专权、政局动荡的局面。到齐庄公、齐景公时期，大族专权的情况非常严重。这时，田氏家族在攻击专权势力、维护齐国政局稳定的过程中立下了功劳。田完的第四代孙田须无（谥号文子）推翻了崔杼、庆封等专政权臣，第五代孙田无宇（桓子）打击了栾氏、高氏等大族，为姜姓公族铲除了大族的威胁，得到了齐国国君的信任。到齐景公时期，田氏位列正卿，势力开始发展壮大。

这时的姜齐政权日益衰落，对内垄断山海，与民争利，奢侈成风，人心背离；对外盲目征战，数次被晋国打败，使齐国的国力和地位不断削弱。虽然齐景公在贤相晏婴的辅佐下一度迎来齐国的复霸，但他生活奢侈，刑罚严苛，尽失民心。与此同时，田氏家族却在暗地里施恩于民。齐景公时，田完的第六代孙田乞（僖子）做了齐国的大夫，主管财政，他借机大力笼络民心，无论是自己家里的田地收租，还是代国家放粮，都采用“小斗进，大斗出”的办法，即向百姓施舍粮食时用大斗量器，从公田收税时却用小斗量器，让百姓无形中得到好处。同时，田乞不断赈济和帮助受灾百姓，得到了齐国百姓的拥戴，民心如流水一般归附田氏。对此，齐相晏婴十分担忧，他多次向齐景公进言，但景公都置之不理，晏子忍不住感叹道：“齐国的政权最终要归属田氏啊。”（《史记·田敬仲完世家》）

战国“右里”铜量（齐文化博物馆藏）

随着田氏家族势力的扩大和实力的膨胀，田氏的政治野心也逐渐显露出来，在不断争取民心的同时，田氏还采取了制造舆论和武力夺权等措施，为篡夺齐君之位做准备。

在田氏代齐过程中，流传着关于田氏始祖田完的两条卜辞。第一次占卜发生在田完出生的时候。相传在田完（即陈完）出生时，他的父亲陈厉公曾请周太史替陈完占卜，《左传·庄公二十二年》记载此事：“是谓：‘观国之光，利用宾于王’。此其代陈有国乎？不在此，其在异国。非此其身，在其子孙。……若在异国，必姜姓也。”“观国之光”有反客为主之意，卜辞的意思是说陈完会在别的国家反客为主，但在陈完本人这一代实现不了，应该是他的后人去实现。在哪里反客为主呢？是在一个姜姓的国家。传说第二次占卜发生在陈完逃往齐国后。陈完在齐国娶了一位姜姓的女子，女子家里给陈完进行占卜，卜辞说：“凤皇于飞，和鸣锵锵。有妫（guī）之后，将育于姜。五世其昌，并于正卿。八世之后，莫之与京。”（《左传·庄公二十二年》）意思是以妫为姓的陈氏，通过姜姓女子的繁衍，到第五代开始昌盛，成为正卿，到第八代以后，恐怕齐国没有谁能与他争锋。两条卜辞指向非常明确，应为田氏后人在取代姜齐的过程中制造的舆论。古代人对于鬼神之说十分敬畏，田氏正是通过这样的方式使田代姜齐蒙上了神秘色彩，同时也使这一事件的发展实现了合理化并取得百姓的信服。

除了制造舆论，田氏还通过武力夺权的方式打压齐国君主和大的家族势力，以扫除异己。齐景公临终前，委托国惠子、高昭子二位相国拥立幼子吕荼为国君，史称晏孺子。晏孺子即位后，田乞假意拥护国、高二相，实则暗地里挑拨诸位大夫与国、高二相之间的关系。公元前489年，田乞集结鲍氏以及诸大夫，带兵攻伐晏孺子和国、高二相，晏孺子逃到鲁国，高昭子被杀，国惠子被迫逃往莒邑。田乞从鲁国接回与自己交好的公子阳生，将其藏在自己家中。他邀请鲍牧与诸大夫到家里宴饮，席间请出公子阳生，要求众人共同拥立公子阳生为国君，即齐悼公。鲍牧开始有些犹豫，但见无力阻止，最终也同意了。悼公继位后，田乞任相国，独揽齐国大权，并派人把晏孺子从鲁国引回齐国，借故杀死他。不久，鲍牧被齐悼公所杀，鲍氏家族自此被打压下去。此后，田氏联合部分贵族力量共同对抗其他大的执政家族，经过几番争斗后，齐国再也没有能与田氏相抗衡的政治力量。据《左传·哀公十年》记载“齐人弑悼公”，即齐悼公在位仅仅四年也被杀害。

齐悼公死后，其子吕壬被拥为国君，即齐简公。田乞的儿子田恒（成子，《史记》为避汉文帝刘恒讳又称其为田常）和阚止（《史记》称监止）为齐简公的左右相。因为田恒和阚止两人不和，公元前481年，田恒发动政变，杀死阚止和简公，拥立简公的弟弟吕骜即位，即齐平公，田恒为相。

田恒担心自己的不义之举会引来讨伐，于是为了稳定政局，对外安定邻邦，取信于诸侯；对内则论功行赏，亲近百姓，使齐国内部进一步得到安定。随后，他将鲍、晏、阚等大族及稍有势力的公族一一诛除殆尽，进而扩大自己的封邑，使之比平公的领地还大。到他去世时，留下子嗣七十多人。田恒的儿子田盘（襄子）做了齐宣公的相国，他让兄弟和族人成为齐国大小城邑的大夫，田氏几乎拥有了整个齐国。

经过田盘和他儿子田白（庄子）两代之后，田白之子（其名不详）为相，但不到六年就被其弟田和谋害，谥号“悼子”。田悼子死后，田和接替相位，田氏家族内部分成两派，发生了一场严重的内乱。公元前405年，大夫公孙会（田会）在廪丘（山东郓城西北）叛变，田布率军围攻，引发了齐国和三晋之间的一场大战。三晋联合越国伐齐，齐国大败，联军乘胜追击，于次年攻入齐长城。清华简《系年》记载，公元前404年，韩、赵、魏三国联合越国攻打齐国，齐国战败求和，越侯与齐侯、鲁侯会盟于稷门之外，鲁侯为越侯驾车，齐侯为越侯做参乘，并割让了两座城和数千齐人给越国。对于一国之君而言，这无疑是极大的屈辱。此时齐宣公已去世，在位的是刚即位不久的宣公之子贷，即齐康公。齐康公软弱无能，沉迷酒色，政权完全由田氏把持，加之此次受辱，导致他彻底失去了齐国的民心。

三晋伐齐的目的是使齐国执政者屈服，迫使齐侯一同朝见周烈王，要求周天子肯定三晋伐齐的功绩，使周天子封三晋为诸侯。田和看出了三晋的用意，于是让齐康公陪同三晋君主一起朝见周天子。此时的齐康公实际上已成为俘虏，听命于田氏和三晋。公元前403年，韩、赵、魏三家共同被周天子封为诸侯。

公元前391年，田和将齐康公迁到海滨，且只给他一座城作为食邑，由经姜姓公族退出了齐国的政治舞台。公元前386年，田和得到周天子的准许，正式成为齐侯，列名于周朝王室。公元前379年，齐康公死，姜姓“绝祀”。至此，田氏完全取代了姜齐的政权，不过仍然保留“齐”作为国号，历史上称为“田齐”，田和史称田齐太公。

从齐桓公时期田完至齐到公元前386年田和列为诸侯，田氏历经十代，历时二百多年，最终完成了取代姜齐政权的过程。

二、威王称雄

田氏代齐之初，齐国经历了齐太公田和、齐侯田剡（yǎn）、齐桓公田午三代君主的治理，到公元前356年，田午之子田因齐即位，即齐威王。齐威王是田齐的第四代君主，是一位以善于纳谏用能、励志图强而彪炳史册的有为之君，他在国内进行了一系列改革，使齐国国富兵强，于战国时期称雄。

战国初期，各诸侯国为了实现富国强兵和扩张领土的目标，先后不同程度地开展起兴利除弊、破旧立新的改革运动。齐威王任用邹忌为相进行改革，与韩国任用申不害改革，秦国任用商鞅变法等几乎是同一时期。

齐威王注重选贤任能，对人才非常重视。《史记·田敬仲完世家》记

陈侯午敦（中国国家博物馆藏）

载，邹忌曾以“鼓琴见威王”，以弹琴之理喻治国之道。他认为，国君好比琴上的大弦，弹起来缓慢温和；相国好比琴上的小弦，弹起来明快清丽；政令好比弹琴的方法，手指勾弦要用力，放开要舒缓，只有声音大小和谐，音色多而不乱，才能有好的琴音，治国也是同样的道理。齐威王非常赏识邹忌，三个月后便授予他相印。同时，齐威王任用贤才不拘一格，他一方面选拔宗室之中有作为的人为官，如任命具有军事才能的田忌为将军；一方面又选拔了一批门第低下、出身寒微的士人任职，如因受妒而惨遭迫害的著名军事家孙膑，以及出身赘婿、受过髡刑，却博闻强识的淳于髡。邹忌任相后，进一步提出了“谨择君子，毋杂小人其间”“谨修法律而督奸吏”（《史记·田敬仲完世家》）的要求，举荐了多位贤能之士，一时间，齐国许多人才脱颖而出，尊贤重士在齐国蔚然成风。

关于齐威王重视人才，历史上有一个非常著名的故事。有一次，齐威王和魏惠王一起在郊外打猎，魏惠王夸耀自己有“径寸之珠”十枚，可以“照车前后各十二乘”，所以是“宝”。齐威王则认为贤能的人才是“宝”，如守南城的檀子、守高唐（今山东高唐东）的肦子、守徐州的黔夫、“使备盗贼”的种首等人，他们都是齐国之“宝”，他们所能发挥的作用，又岂止是照亮十二乘车。（《史记·田敬仲完世家》）齐威王重视人才的策略，招徕了许多贤士，他们一方面从事教育和学术研究，一方面参与政事，为统治者出谋划策，成为高级智囊，为齐国改革培养了一批具有真才实学的人，也为稷下学宫的发展和百家争鸣的开展起到了积极的促进作用。

历史上著名的“一鸣惊人”和“邹忌讽齐王纳谏”的故事都发生在齐威王时期。

从齐威王的父亲田齐桓公开始，齐国就在国都临淄稷门之下设立了稷下学宫，以招引各派学者前来著书立说，议论政治。这些学者被称为“稷下先生”。稷下先生中有个叫淳于髡的人，是家奴性质的赘婿，也是一位机智善辩的有识之士。因齐威王即位之初沉迷享乐，不理政事，淳于髡曾以隐语（谜语）进说齐威王。他问齐威王：“国中有大鸟，止王之庭，三年不蜚又不鸣，王知此鸟何也？”齐威王本是一个聪明人，一听就知道淳于髡是在讽刺自己身为一国之尊却毫无作为，只知享乐。于是他回答淳于髡说：“此鸟不飞则已，一飞冲天；不鸣则已，一鸣惊人。”（《史记·滑稽列传》）从此之后，齐威王励精图治，诏令全国七十二个城的长官入朝奏事，且根据官吏的政绩优劣进行赏罚。因即墨大夫治理即墨政绩斐然，又不谄媚奉承，齐威王赏给他万户食邑；因阿大夫只知道用钱财贿赂国君左右以求赞誉，却无心治理阿城，导致百姓困苦，齐威王将他连同自己左右称誉过他的人都烹了。从此，举国震惧，人人不敢饰非，齐国大治。

齐国相国邹忌身高八尺，仪表堂堂，对自己的容貌很自信，于是他分别询问自己的妻、妾和来客，自己与齐国著名的美男子，也就是城北的徐公哪个更美，他的妻、妾和来客都说邹忌更美。然而几天后徐公来访，邹忌发现其实自己的相貌与徐公相差很远，他才明白，妻子因为爱他，妾因为怕他，来客因为有求于他，所以才都说他美。于是他进谏齐威王，以此讲述纳谏的道理：宫中的嫔妃对国君充满偏爱，朝廷上的臣子对国君充满畏惧，国内的百姓对国君都有所求，可见齐王受的蒙蔽应当是非常严重了。齐威王听后马上采纳了邹忌的谏言，广开言路，虚心纳谏。据《战国策·齐策一》记载，齐威王曾下令群臣吏民：“能当面批评我过错的人，给予上等奖励；上书劝谏我的人，给予中等奖励；能够在众人之中指责议论我的过失，并传到我耳中的人，给予下等奖励。”据说，政令刚颁布时，群臣前来进谏门庭若市，几个月之后，还时有人进谏，一年之后，“虽欲言，无可进者”。齐威王虚心纳谏，得到了许多兴利除弊的好建议，对齐国的日益强盛起到了至关重要的作用。

此外，齐威王还非常注重军事改革。司马穰苴是春秋末年的军事家，据《史记·司马穰苴列传》记载，此人精于兵法，在军事理论方面颇有建树。齐威王对他的军事理论十分重视，派大夫研究讨论古代的各种“司马兵法”，且把田穰苴的兵法也附在里面，定名为《司马穰苴兵法》。齐威王也多次与孙膑讨论兵法，曾连续向孙膑请教了九个军事方面的问题，孙膑评价他“几知兵矣，而未达于道”。在注重军事理论的同时，齐威王大力整顿军队。通过改善军队装备，选派得力将领，加强平素军事训练等措施，大大提高了齐军的战斗力。同时他鼓励百姓习武，规定在战争中，取得敌人首级的，就赐给他犯罪者的赎金，由此使齐国的军事力量日益强大。苏秦曾称赞齐国：“带甲数十万，粟如丘山。三军之良，五家之兵，进如锋矢，战如雷霆，解如风雨。”（《史记·苏秦列传》）齐国的军事改革，使齐军成为列国中一支强大的军队。

齐威王的全方位改革，使齐国经济得到发展，军队战斗力提高，国家迅速强盛起来，与当时国力最强、主盟称王的魏国展开了争夺中原霸主的军事较量。历史上著名的桂陵之战和马陵之战也发生在这一时期。

据《史记·田敬仲完世家》记载，公元前353年，在赵魏之战中，因国都邯郸被魏军围困，赵国向齐国求救，齐威王派田忌为将，孙膑为军师，率军前往救援。孙膑认为，魏攻赵，精锐部队在外，如果这时攻打魏国的首都大梁，那么魏军一定会回救本国，这样可以一举解赵国之困，并打败魏国。田忌依照孙膑的意见，一方面向南进攻处于宋卫之间的平陵（今山东菏泽定陶东北），另一方面直趋大梁城郊，迫使庞涓不得不回师自救。这时孙膑派轻装战车向大梁进发，一面想办法激怒魏军，一面又制造出兵力单薄的假象，诱使庞涓怒而轻敌，带军急行，昼夜兼程而来。等庞涓进抵桂陵（今河南长垣西北，一说山东菏泽东北），孙膑率军攻击，大获全胜，“擒庞涓”。（《孙膑兵法·擒庞涓》）这场战役，齐军采用避实击虚、“攻其所必救”等办法大败魏军，创造了“围魏救赵”的著名战例。

公元前342年，魏国攻打韩国，韩国向齐国求救。齐威王听从田忌的建议，对韩表示救援之意，坚定韩的抵抗之心，但并不马上出兵。等魏、韩打到筋疲力尽时，齐威王派田忌、田盼为将，孙膑为师，起兵伐魏救韩。公元

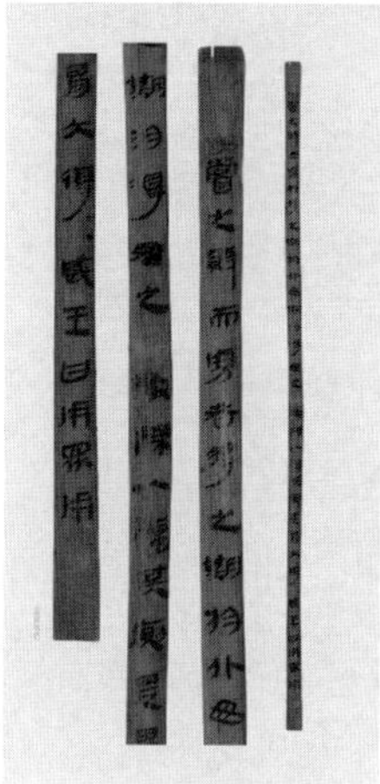

银雀山汉简
《孙膑兵法》残简

前341年，魏惠王派太子申、庞涓为将，带领十万大军前来迎战。孙膑采用“减灶诱敌”的计策，即逐日减少营地军灶数目，制造齐军大量逃亡的假象以迷惑魏军。魏军果然中计，在马陵（今河南范县西南）误入了齐军伏兵的包围圈，结果魏军主力被全歼，太子申被俘，庞涓自杀。这场战争后，魏国一蹶不振，齐国的强国地位则在桂陵之战和马陵之战中建立起来。

马陵之战后，魏国丧失了强国地位，不得不采用“魏合于齐、楚以案兵”的策略，为了暂时不再有战争而与齐国交好。公元前334年，魏惠王亲至齐国的徐州（今山东滕州东南）拜见齐威王，尊齐侯为王，自此，齐国国君开始称王。

早在魏国还拥有强盛实力的时候，曾以朝见周天子之名，召集许多小国举行会盟，图谋攻秦。秦国对此非常忌惮，于是秦孝公在商鞅的建议下采取了怂恿魏国称王以改变诸国合纵形式的策略，魏惠王听从了秦国的游说，于公元前344年召集宋、卫、邹、鲁等国举行逢泽之会，自称为王，但遭到了齐、楚等大国的反对。而到魏惠王尊齐侯为王以后，为了借助魏国的力量平衡其他诸侯国，齐威王也承认了魏惠王的王号，这就是历史上有名的“徐州相王”。

齐、魏“徐州相王”是战国史上的一件大事，齐、魏称王以后，各国都相继开始了称王运动，而齐国借此奠定了在诸侯国中的霸主地位，成为历史上著名的“战国七雄”之一，开创了齐国自春秋初期齐桓公首霸之后又一辉煌时代。

三、宣王盛世

齐威王死后，其子田辟疆继位，即齐宣王。他在位期间，胸怀“辟土地，朝秦、楚，莅中国而抚四夷”（《孟子·梁惠王上》）的雄心壮志，力图一统天下。他继承威王时期的强盛之势，加紧对外扩张。齐宣王还延续齐威王招贤纳谏的做法招揽人才，进一步扩大稷下学宫的规模，从而形成了别具一格的“贵士”政风。

齐宣王“好士”，广招天下人才，礼贤下士。《战国策·齐策四》记载了“王斗说齐宣王好士”和“颜斶（chù）说齐宣王贵士”的故事。王斗和颜斶都是直言敢谏之士。王斗以“斗趋见王为好势，王趋见斗为好士”等向齐宣王进谏，批评他只招纳贤士却不重用之，说他的“忧国爱民”只是谎言。齐宣王诚恳接受了他的建议并改正了错误。颜斶则以“士贵耳，王者不贵”进谏齐宣王，说国君不如士人尊贵。宣王听后十分感慨，作了自嘲式的自我批评。齐宣王的“好士”之名很快传遍了各诸侯国。

齐宣王时期，也是稷下学宫最为繁荣的巅峰时期。齐宣王对稷下学宫采取了开明的政策：在政治上给予稷下先生很高的地位，“皆赐列第，为上大夫”；在经济上给予稷下先生以优厚待遇，让他们享受高官厚禄，各国学者纷至沓来。此时的稷下学宫学者众多，学派林立，名家云集，著述丰富，真正形成了百家争鸣的热闹局面，达到了空前的规模，成为列国的学术文化中心。稷下学宫的兴盛，是齐国达到鼎盛的突出标志之一。

在众多的稷下先生中，孟子对齐宣王的影响是比较大的。齐宣王曾与孟子有过多次论政的经历，他们之间的许多经典对话都记录在《孟子》一书中。王志民先生在《孟子与齐鲁文化》一文中谈道：“孟子久居稷下，对源远流长、博大精深的齐文化进行深入学习考察，从多个方面吸收思想成果。据统计，《孟子》中提及人物最多的是齐宣王，共23次；提到齐国大臣也有12人之多。”《孟子·梁惠王》记载了许多齐宣王在治国方面的见解。齐宣王和孟子的对话还流传下来许多为人熟知的成语，如明察秋毫（《孟子·梁惠王上》）、不见舆薪（《孟子·梁惠王上》）、缘木求鱼（《孟子·梁惠王上》）、寡不敌众（《孟子·梁惠王上》）、王顾左右而言他（《孟子·梁惠王下》）等，孟子对齐宣王提出的与民同乐、人才使用与选拔的建议等，都对齐宣王的治国理政产生了深刻影响，也被后世广为流传。

此时的齐国，人才云集，政治昌明，经济发达，军事强盛，已达鼎盛之势。这一时期，齐国、秦国和楚国称强于诸侯，特别是齐、秦两国东西并峙，势力相当，在很大程度上操纵了诸国形势的变化。各国自然而然地产生了激烈的争取合作国、反对敌对国的斗争，在军事和外交战略上也就形成了著名的合纵连横运动。到战国中后期，七国争雄的斗争基本上就是合纵连横的斗争。为实现"莅中国而抚四夷"的目标，齐宣王也加入了一系列的对外扩张战争中。

公元前319年，魏国的公孙衍主张合纵抗秦，齐宣王带头支持公孙衍，并扶持他做了魏相。公元前318年，齐、楚、燕、韩、赵、魏六国合纵抗秦。由于魏相公孙衍推举楚怀王为合纵长，引起齐宣王不满，最终齐国没有出兵，五国联军被秦打败，六国合纵也随之瓦解。公元前317年，齐宣王对公孙衍没有推举自己为合纵长怀恨在心，联合宋国攻伐魏国。魏国邀请赵国共同抗击齐军。双方军队在观泽（今河南清丰）大战，齐军获得胜利。

公元前318年，燕王哙将王位禅让给国相子之，遭到了以太子平为首的贵族的反对。公元前315年，太子平起兵攻打子之，子之反胜，杀死了太子平，燕国大乱。齐宣王趁机派匡章率兵大举攻燕，仅用了五十天就占领了燕国，杀死子之。但燕乱平息后，齐军迟迟不走，且对燕国进行了残暴的劫掠，引起了燕国人民的强烈反抗，也遭到了其他诸侯国的反对。公元前312年，在燕国人民的反抗战争和秦、韩、魏等国的多重打击下，齐国在濮水大败，齐将声子战死，匡章败逃，齐国不得不从燕国撤军，结束了对燕国的占领。

由于秦国带头反对齐国吞并燕国，使齐宣王对秦国十分愤恨，而此时楚怀王也有意联合齐国共同抗秦，于是齐楚联盟应时而生，形成了秦、韩、魏三国联盟与齐、楚两国联盟对立的局面。齐楚联盟建立后，齐宣王为报濮水之仇，联合宋国进攻魏国的煮枣（今山东东明南），又帮助楚军进攻秦军，攻取曲沃，一时声威大振。

曲沃失利后，秦国认识到必须拆散齐楚联盟，于是派张仪出使楚国，对楚怀王进行外交诱惑，承诺以商於（今河南淅川西南）六百里的土地献给楚国，换取楚国与齐国绝交。楚怀王利欲熏心，与齐断交，激怒了齐宣王。这

陈璋圆壶（南京博物院藏）

时，秦国却派出使者到齐国交好，于是齐、秦联合进攻楚国，大败楚军于杜陵（今陕西西安东南）。

秦国拆散齐楚联盟后，开始向中原地区发动进攻，中原各国感受到了强大的威胁。齐宣王与韩、魏结为合纵联盟，并邀请楚国合纵抗秦。为破坏合纵，孤立齐国，秦国再次诱惑楚怀王，楚国又一次背叛联盟。齐宣王大怒，于公元前303年，联合韩、魏攻打楚国。因秦国出兵救楚，三国无功而返。

公元前301年，齐、韩、魏三国共同攻打楚国，在垂沙（今河南唐河）大破楚军。三国联军胜楚后，韩、魏取得宛、叶以北的大片土地，齐国在这场战争中没有获得实际利益。

对内的政治、经济发展和对外的扩张战争，使齐国国力达到了整个战国时期的顶峰，实现了政治、经济、军事和文化全方位的强盛，齐国的疆域进一步扩大，齐都临淄呈现出一派繁华景象。《史记·苏秦列传》记载了当时著名的纵横家苏秦劝说齐宣王合纵时所描述的齐国的繁荣景象：齐国方圆两千里，将士几十万，粮食堆积如山。首都临淄有七万户人家，即使一律以小户计算，平均每户也有三名壮丁，因此仅仅临淄一城，就可以组成二十一万人的大军。同时，临淄非常繁华富足，“其民无不吹竽鼓瑟，弹琴击筑，斗鸡走狗，六博蹋鞠者。临菑之途，车毂击，人肩摩，连衽成帷，举袂成幕，挥汗成雨，家殷人足，志高气扬”。

齐宣王延续齐威王时期的强国之治，发展经济，礼敬人才，使齐国呈现盛世之态。但在频繁的对外征战中，齐宣王也出现了严重的决策失误，如齐军占领燕国后，用残暴手段对待燕国，树立起燕国这样一个对齐怀有灭国仇恨的敌国，为后来乐毅伐齐埋下了祸根。此外，齐国联合韩、魏攻楚，尽管一度占据上风，但没有给齐国带来实际利益，反而导致齐国在旷日持久的战争中国力空虚、军队疲惫，为齐国后来的衰败埋下了隐患。

四、乐毅伐齐

公元前301年，齐宣王去世，他的儿子田地继承王位，即田齐的第六代君主齐湣王（又称齐闵王、齐愍王）。齐湣王即位后，继承两代霸业威势，保持着强国的地位，但与此同时，齐湣王狂妄骄纵，专横跋扈，穷兵黩武，连年的对外战争耗尽了齐国的人力、物力，使齐国从军事强盛的巅峰跌入低谷。齐湣王在位的时期是齐国由盛转衰的时期。

齐湣王即位后，接连攻伐楚国、秦国、燕国，取得了胜利，显示了齐国强大的国威。而这一时期，七雄的兼并战争已日趋白热化、明朗化。总体上看，齐、秦依然是攻伐征战的主要角色，合纵连横的斗争在这一时期更为纷繁复杂。在向东兼并的过程中，秦国越来越感觉到齐国是自己扫平天下的最大障碍，却又无法贸然窥兵，于是改变策略，推行“远交近攻”的联齐政策。秦国以牺牲三晋和燕、楚利益为条件，拉拢齐湣王共同称帝。此时的齐湣王也有称帝的政治野心，于是答应了秦国的提议。在公元前288年，秦昭王和齐湣王相约共同称帝，秦为“西帝”，齐为“东帝”。

在齐、秦称帝之前，“王”是各国最高统治者的称号，夏、商、周三代的君主都称为“王”。战国时，周王室已虚有其名，当时的强国之君都想取而代之。战国初期，魏惠王首先自称为“王”，企图号令天下，不久，齐、魏“徐州相王”。公元前325年，秦惠王称王。同年，韩威侯称韩王。公元前323年，魏、韩、燕、赵、中山“五国相王”。至此，“王”这一称谓已经不再尊贵了。而“帝”在古史传说中是德行和功绩比“王”高一级的称谓，所以秦国在图霸的过程中，决意称“帝”，用“帝”号作为最高统治者的称号，成为后来秦始皇自称“皇帝”的先声。

齐、秦称帝在当时是一件十分重大的事件，各国历史都有记载。《史记·秦本纪》载：“（秦昭襄王）十九年，王为西帝，齐为东帝，皆复去之。”《史记·魏世家》记载："八年，秦昭王为西帝，齐湣王为东帝，月余，皆复称王归帝。"《史记·田敬仲完世家》记载："齐湣王为东帝，秦昭王为西帝。"《史记·穰侯列传》记载："昭王十九年，秦称西帝，齐称东帝。月余，吕礼来，而齐、秦各复归帝为王。"由此可见，齐、秦称帝在当时是一件极为轰动的事情。这也是中国历史文献上关于称帝的最早记载。

齐、秦并称为帝，但因条件并不成熟，没有得到各诸侯国的认同和服从，因此两国称帝的时间非常短。齐湣王为了笼络诸侯、孤立秦国，率先取消了帝号。公元前287年，齐、赵、燕、韩、魏五国联军发动对秦国的进攻，迫使秦昭王废除了帝号，且割地求和。

尽管称帝时间很短，但齐湣王显露出了他的狷狂自傲和膨胀的野心。很快，齐国向地处平原的膏腴之地宋国发起了进攻，齐国三次攻宋，最终如愿以偿地吞并了宋国。齐湣王灭宋，表明齐国政治、军事实力达到了顶峰。齐国此时的疆域，东濒大海，西至宋地，南依淮泗，北至燕国，幅员数千里，是齐国疆域面积最大的时期。此时的齐湣王被眼前的胜利冲昏了头脑，却不曾想到，一场巨大的灭国之祸即将到来。

齐国灭宋，引起了其他诸侯国极大的不满和不安，齐国成为众矢之的。与此同时，在齐国国内，因齐湣王一意孤行，许多朝中重臣和稷下先生纷纷离去，百姓也早已不堪忍受他的暴政，怨声载道。齐国内忧外患，齐湣王众叛亲离。

在"禅让"事件导致内乱并遭受齐国残暴的欺凌后，燕昭王姬职即位。对齐国充满仇恨的燕昭王决意向齐国复仇，他一方面派苏秦等人到齐国从事反间活动，一方面任用乐毅为上将，联合秦、赵、魏、韩，向齐国发起了大规模的进攻。

在乐毅的率领下，五国联军来势汹汹，齐湣王即令大将触子率齐军在济西迎战。据《吕氏春秋·权勋》记载，狂傲轻敌的齐湣王派人羞辱并斥令触子："再不开战，我就灭掉你们这些人，挖掉你们的祖坟！"齐湣王的态度激怒了临阵的触子，使触子一心求败，他率齐军与诸侯国军队刚一交战，就鸣金收兵，齐军一战即溃，五国联军乘胜追击。触子乘一辆兵车离开，不知去向，五国联军迅速攻破齐国都城临淄，齐湣王仓皇出逃。

燕军对临淄进行了洗劫，将齐国的财宝运送回燕国，燕昭王大喜，亲自赶到济水慰劳军队，奖赏将士，同时将齐国的昌国一地赏给乐毅，封他为昌国君。昌国，今为淄博市张店区东南三公里的昌城村，是古代齐国的城邑。“昌国”一名，正是因燕昭王封赏乐毅为昌国君而得。

燕昭王封赏将士后，命乐毅留守齐国，继续攻打齐国其他城邑。由于齐国军民敌对情绪非常强烈，乐毅采取了整修军队、制止燕军侵扰齐民、停止燕军暴政、放宽对齐国的赋税政策等一系列瓦解齐民抵抗心理的措施，缓和了齐民的敌对情绪。之后，燕军兵分五路继续攻打齐国，用了六个月的时间，攻下了齐国七十多座城邑，齐国仅剩即墨和莒两座城没有被攻克。齐国遭受沉重打击，元气大伤，几乎灭国。

昌国故城遗址

齐湣王出逃后，先到了卫国，起初卫国国君对他还十分恭敬，但齐湣王仍以大国之君的身份自居，傲慢不逊，遭到卫国君臣的反感，被卫人驱逐。之后他被迫投奔到邹、鲁，但两国也拒不接纳他，最后齐湣王回到了莒地。此时，楚国派淖齿以救援齐国的名义率兵入齐，齐湣王任用淖齿为相。然而，淖齿的意图是伺机与燕国瓜分齐国，最终杀死了齐湣王。

五国攻齐之后，齐国国力严重衰退，从此一蹶不振，再也没有恢复到强盛时期的状态，齐国盛世一去不返，齐、秦两国对峙的局面结束。至此，几代齐国君主“莅中国而抚四夷”的梦想彻底破灭了。

五、田单复国

燕军破齐后，齐国全面陷入了血雨腥风、哀鸿遍野的境地，只有即墨和莒两座城池还在坚守。

淖齿杀死齐湣王激起了齐人的愤怒，湣王的臣子王孙贾召集齐人，想要为湣王报仇。王孙贾率四百人杀死淖齿后，继续固守莒地抗击燕军。此时，齐湣王的儿子田法章得以逃脱并隐匿起来。后来莒人和齐国流亡至此的旧臣寻找到他，立他为王，即齐襄王。

莒城军民抗击燕军的同时，在另一座未被燕军攻克的城池即墨，守将田单也率领即墨民众顽强坚守，并以即墨为据点，寻找反攻燕国的机会。

即墨是一个较大的城邑，粮食物资都较为充沛。燕军进攻即墨时，即墨百姓殊死抵抗，燕军一度难以攻克。但不久之后，即墨大夫出城迎战，战败而亡。这时，即墨百姓认为田单有勇有谋，于是共同推举田单为将军。田单受命于危难之时，在极其艰苦的情况下，抵抗燕军，坚守六年。

田单受任之后，冷静分析了即墨目前所面临的形势，他清楚地认识到，在敌我力量悬殊的情况下，如果只依靠硬打猛冲是不可能取胜的，只有采取策略方能赢得出路。基于此，他一方面采取措施激励即墨军民的斗志，一方面屡出奇计，使形势逐渐朝着有利于齐军的方向转化。

为了激励即墨军民的斗志，田单事事以身作则，与士兵一起劳作，一起战斗，同甘共苦，且把妻妾编到守城的队伍中，以增强守城力量。此外，他拿出个人财物，犒赏有功部下，很快赢得了人心，在守城军民中竖立起极高的威望。面对燕军的进攻，田单采取守而不战的策略，燕军数次进攻都没有成功。

田单意识到，齐军想要战胜燕军，首先必须除掉有勇有谋的燕将乐毅，为此他不断等待和寻找机会。公元前 279 年，燕昭王去世，他的儿子燕惠王即位。田单了解到乐毅曾与燕惠王不和，知道除掉乐毅的机会来了。田单便利用燕惠王和乐毅的矛盾进行离间，他派人到燕国散布流言，说乐毅之所以攻打不下莒和即墨两座城邑，是故意拖延时间留在齐国，准备在齐国称王。燕惠王原本就对乐毅心存芥蒂，听到反间的话后，便令骑劫取代乐毅为将。乐毅逃往赵国。骑劫无德无才，根本无法应付严峻复杂的战争局面，燕军因而军心涣散，士气低落。

与此同时，田单采取了一系列智谋奇计。首先，他巧妙地假托“神意”，用粮食引来许多飞鸟在齐军上空盘旋，并派人散布消息说这是神人下凡帮助齐军，以此来稳定军心。此后，他诱使燕军割掉齐国战俘的鼻子，挖开城外齐人的坟墓进行焚尸，诱骗燕军对齐军实施了一系列残暴行为，这激怒了齐国军民，进一步激发了齐人复国的决心。

田单看到齐军士气高涨，知道与燕军决战的时刻已经到了。他让青壮年士兵隐蔽起来，只让老弱病残和妇女登城防守，佯装城中已无强大战斗力。他又派遣使者到燕军投降，早已疲惫不堪、思乡厌战的燕国士卒都高呼万岁，逐渐放松了警惕。为了进一步麻痹燕军，田单又在百姓中收集金钱，让即墨的富豪赠给燕国将士，说：“即墨立刻投降，希望燕军进城时不要掳掠我们的家小。”燕国将士深信不疑，答应了他的请求，停止了进攻，一心等待齐军投降，完全放松了对齐军的警惕。

“郾王”青铜剑

“郾王”青铜剑铭文

田单一方面麻痹燕军的意志，一方面加紧为最后的决战做着准备，策划了历史上赫赫有名的“火牛阵”。田单把城里的一千多头牛征集起来，日夜训练，把牛吃的草料制成人形，外面套上燕军的服装，然后在饿了一段时间的牛的角上绑上锐利的尖刀。牛只有用角上的尖刀刺破穿着燕军衣服的草人，才能吃到草料充饥。在反复训练之后，这千头牛对身穿燕军服装的草人充满了攻击性。决战的时刻终于到了，田单命人在牛角上绑上锋利的尖刀，在牛尾巴上扎上浸透了油的芦苇，在城墙上挖出数十个洞。到了晚上，田单下令把饿了一段时间的牛赶到洞口，点燃了牛尾巴上的芦苇。牛尾一烧，牛疼痛难忍，就从洞口冲了出去，暴怒着冲进燕军军营。牛群见到身穿燕军服装的战士，以为是可以充饥的草料，便进行疯狂的攻击。牛群的后面跟着五千齐军，他们个个骁勇善战，奋勇杀敌。此时的燕军毫无防备，慌作一团，死伤惨重，溃不成军，只好败退，燕将骑劫在混战中被杀。田单乘胜追击，击溃了燕军主力。

“火牛阵”一战是中国军事史上以少胜多、以弱胜强的典型战例。

在齐国的燕军，听说主将阵亡，主力溃败，纷纷逃走，燕军日益败亡。田单则率领齐军越战越强，在追击燕军途中不断壮大，被占领的齐地百姓也纷纷起来响应田单。很快，齐军追击燕军至齐国最北境，把燕军全部赶出了齐国疆界，收复了失地。乐毅当年攻下的齐国七十多座城邑又归齐国所有。

《战国策·齐策六》记载，当时很多人怀疑田单，认为他会自立为王，然而田单驱走燕军后，将身在莒地的齐襄王迎回临淄，齐国正式复国。齐襄王封田单为安平君。

齐国复国后，田单协助齐襄王治国，他爱抚百姓，任人唯贤，对刚刚复国的齐国在经济、政治方面的恢复起到了很大的促进作用。但经历浩劫的齐国，国力大损，终究没有再强盛起来。

田单在齐国几乎全被占领的情况下，坚守六年，凭借即墨一座孤城的据守，收复了齐国全境，可谓齐国历史上有着重要地位的军事家，为齐国立下旷世功勋。

六、田建降秦

齐湣王死后，他的儿子田法章逃了出来。田法章更名换姓，在莒地太史敫家做佣工。太史敫的女儿觉得田法章样貌奇特，认为他并不是平常之人，对他非常关照，常常私下拿衣服、食物接济他，不久二人成婚。王孙贾聚众杀死淖齿后，莒人和齐国的旧臣共同寻找齐湣王的儿子，并立其为王，即齐襄王。田单复国后，将齐襄王接回了临淄。齐襄王立太史敫的女儿为王后，生了太子田建。田建是齐国历史上最后一任国君。

齐襄王死后，齐王建即位。因国君年幼，由他的母亲君王后执政。早在齐襄王时期，田单因功高震主，遭受君主忌惮，在齐国屡受排挤和陷害，最终离开了齐国。他的出走，使齐国国力更加虚弱。到君王后执政时期，齐国早已无力对外兼并。此时，秦昭王采纳了范雎的建议，对各国采取“远交近攻”的外交政策，拉拢远方的齐和秦建立友好关系，攻打与秦邻近的韩、魏等国。面对势力日盛的秦国对六国发起的军事和外交攻势，君王后采取了“事秦谨，与诸侯信”（《史记·田敬仲完世家》）的外交政策，自守其国，不参与其他国家的战事。

公元前260年，秦国进攻赵国长平（今山西高平西北）。赵国军粮短缺，向齐国求援，君王后和齐王建没有同意赵国的请求。最终秦在长平大破赵军，坑杀赵军四十万。齐国拒绝救赵，既丧失了道义，也助长了秦国的威风。赵国是当时能与齐国联合抗击秦国的力量中较强的一个，赵国实力的削弱，对秦国推行兼并政策而言又减少了一道障碍。齐国隔岸观火，注定导致引火烧身。

齐王建十六年（前249），君王后死，齐王建亲政，齐国大权落入齐王建的舅父齐相后胜手中。后胜是贪财庸碌之辈，收受了秦国许多贿赂，因此竭力逢迎秦国，促使齐王建大力奉行“事秦谨”政策，劝齐王建不修战备，也不助五国攻秦。公元前247年，秦国伐魏，魏国派人向各国求援，燕、赵、韩、楚纷纷出兵救魏，只有齐国不肯出兵。公元前241年，赵国组织合纵攻秦，这时秦国的疆域已经一再扩大，东边已与齐国接境，但齐国仍然不加防备，不参加反秦活动。齐王建在位时期，出现了“王建立四十余年不受兵”（《史记·田敬仲完世家》）的局面。同时，秦国利用后胜贪财的特点，向齐国派遣大批间谍，造成齐国内乱。

公元前 237 年，秦王嬴政亲政，加紧策划消灭六国。这时的秦国，政治、经济、军事力量大增，而六国皆已削弱不堪，既无单独抗秦之力，又无合纵抗秦之势。秦灭六国的条件已经成熟。

公元前 230 年，秦国展开了吞并六国的行动，十年间，秦国先后灭掉了除齐国以外的五国，只剩下一个孤零零的齐国在东方。公元前 221 年，秦将王贲率军从燕地向南发起了进攻齐国的战争。齐国因长年不修战备，根本无力抵抗，面对如狼似虎的秦军，齐军望风而逃。这时，齐王建仍然不做任何抵抗准备，反而打算到秦国入朝称臣，幻想用这种方法获得秦国的怜悯。齐国许多大臣反对齐王建的做法，但齐王建不以为然。就在这时，秦王嬴政派使臣诱骗齐王，说只要齐王投降，秦王可以封他五百里的采邑。齐王建信以为真，不顾国内臣子的反对和劝谏，没做任何抵抗就投降了秦国，至此，齐国亡国。齐国是最后一个被秦国灭亡的诸侯国。

四王陵（自左向右为齐威王墓、齐宣王墓、齐湣王墓、齐襄王墓）

齐王建在位四十四年，其执政的前半期由母亲君王后主政，后半期由齐相后胜辅佐，相当软弱无能。他降秦后，秦国并没有履行承诺，而是将他迁至共地（今河南辉县）软禁起来。《史记·田敬仲完世家》记载：“五国已亡，秦兵卒入临淄，民莫敢格者。王建遂降，迁于共。”《战国策·齐策六》载：“齐王不听即墨大夫而听陈驰，遂入秦，处之共松柏之间，饿而死。”由此可见，在齐王建投降之后，秦国将他软禁在共地荒僻的松树、柏树之间，在没有食物供应的情况下，齐王建被活活饿死，最终没有葬于临淄。齐人听闻这一消息，编了一首松柏歌，唱道：“松耶！柏耶！住建共者客邪！”（《战国策·齐策六》）以此伤怀齐王之死。

从另一个角度而言，因为在秦军攻来时齐王建采取了不抵抗的政策，所以临淄城没有遭受战火的洗礼，这在一定程度上保护了临淄的经济发展和社会安定繁荣。

从田齐太公田和被周天子封侯，到田建降秦，田齐历经八代君主，历时一百六十多年，其间经几代君主的努力实现了威宣盛世，作为战国七雄之一盛极一时，一度与秦国东西并强，难分胜负。然而随着各国政治举措、国力角逐、强弱起伏等各种因素的变化，齐国最终在大一统的历史大势中为秦所灭。

齐国亡于秦，但齐文化并没有就此消失，它变革、开放、包容、务实的精神融入了浩瀚的中华传统文化，并在历史的发展中传承下来，成为中国传统文化的主要源头之一，也是中国传统文化的重要组成部分。

第四章　秦汉齐风

公元前221年，秦国军队在将领王贲的率领下，避开齐国西部主力军队，由原燕国南部南下，一路势如破竹长驱直入，兵临齐都临淄城下，齐王建不战而降，齐国也被纳入秦朝版图。初为春秋首霸，继为战国七雄之冠，立国长达八百余年的泱泱东方大国——齐国就此灭亡。至此，秦国先后灭掉韩、赵、魏、楚、燕、齐六国，结束了春秋战国以来长期割据纷争的混乱局面，完成了中国历史上第一次真正意义上的大一统。秦末，田儋、田荣、田横三兄弟复建齐国，韩信攻略齐地后，被刘邦封为齐王。汉初，刘邦的庶长子刘肥被封为齐王，延续着齐国的最后辉煌。汉武帝时期，齐国被拆分成若干郡县，齐国虽然不复存在，但是诞生在这片土地上的齐文化并没有随之消亡，而是融入中华传统文化，在历史上焕发出勃勃生机。

一、始皇东巡

“秦王扫六合，虎视何雄哉。挥剑决浮云，诸侯尽西来。”秦王嬴政统率虎狼之师，经过十余年的征战，终于灭掉六国，在华夏大地上建立起一个空前统一的大帝国。为了有效地管理国家，秦始皇在中央设立三公九卿制，将始于战国时期的郡县制普遍推行于全国，建立起以皇权为核心的专制主义中央集权制度。齐国故地位于东方，距离秦朝的统治中心咸阳较远，为加强对齐地的控制，秦始皇在此设齐郡和琅邪郡，后来陆续分为东海郡、齐郡、琅邪郡、胶东郡和济北郡，齐地从此置于中央集权的制度体系下。

在加强对齐地统治的同时，秦始皇对诞生于东方滨海之地，经稷下学风锤炼，底蕴深厚的齐文化有着浓厚的兴趣。秦始皇效仿原齐国稷下学宫的制度，任命博士七十人，通古今，以备顾问。其中，不少秦朝博士是齐人，如精通《尚书》的伏生，后来被司马迁尊为“汉家儒宗”的叔孙通。甚至有原齐国稷下学宫的稷下博士，如在秦朝初年力主推行分封制的淳于越等。战国时期齐国稷下先生邹衍是阴阳五行学说的集大成者，他将五行相胜的观念与朝代的盛衰更替相附会，所创立的“五德终始说”成为秦始皇阐明王权受命于天的强有力的思想武器。秦始皇采纳邹衍的“五德终始说”，认为周朝得火德之运，从火不能胜水来推算，秦朝应得水德之运，秦取代周，顺应天命。这一理论成为秦始皇制定政策和制度的依据，代表水德的黑色成为秦朝的标志性颜色，衣服、旗帜等也都崇尚用黑色。他采用《颛顼历》，将冬季第一个月十月作为岁首，更名黄河为“德水”，将代表水德的数字六作为计数单位。

据《史记·秦始皇本纪》《史记·封禅书》等记载，秦王嬴政在称帝之后的短短十二年内，曾经五次巡游全国，其中有三次东巡齐地。秦始皇为何对齐地如此关注？自姜太公封齐建立政权以来，齐国凭借雄厚的军事与经济实力迅速在列国中崭露头角。春秋时，齐桓公打出“尊王攘夷”的旗号，在中原首称霸主。战国时，齐、秦两国一度自称东帝、西帝，分庭抗礼。战国晚期，齐国奉行“事秦谨”的政策，不助五国攻秦。公元前 221 年，齐王建不战而降，齐国的实力得到了最大程度的保存。

齐王建降秦前，“齐地方数千里，带甲数百万”（《战国策·齐策六》）。韩、赵、魏三国贵族在齐国的东阿、甄城之间避难，楚国贵族聚集在齐都临淄城南，他们一旦与齐国共谋伐秦，秦国多年的苦心经营只怕将毁于一旦。即便是秦朝统一六国后，旧六国贵族仍然深藏着强烈的反秦意识，并伺机而动。为稳固秦王朝的统治秩序，消除齐地存在的不安定因素，秦始皇下令拆毁齐国的长城，修建了从首都咸阳直达齐地的驰道，加强对齐地的政治及军事控制。迁徙各地豪富十二万户至咸阳，将其置于朝廷的监控之下，以防范旧六国贵族残余势力及农民的反抗斗争，齐地田氏贵族自然也在迁徙之列。

秦始皇在巡行完北地、陇西郡，稳定秦朝西部边防后，在继帝位的第三年，也就是公元前 219 年，自都城咸阳出发，一路马不停蹄地来到齐地，向新征服的齐地百姓宣扬秦朝的赫赫武威和统一天下的丰功伟绩，以达到巩固皇权，维护统治的目的。秦始皇这一次东巡齐地，率领文武群臣，先登峄山（今山东邹城）刻石记功，再登泰山举行封禅大典，然后沿渤海向东，途经黄县（今山东龙口）、腄（chuí）县（今山东烟台福山区），登临荣成山（今山东荣成）、芝罘（fú）山（今山东烟台芝罘区），并在琅邪停留了长达三个月之久。

这次东巡途中，秦始皇来到泰山举行封禅典礼。江山易主，改朝换代，帝王要举行封禅典礼，祭祀天地，以告成功，昭示其统治天下的合法性。“封”，指在泰山山顶聚土筑圆坛以祭天；“禅”，指在泰山下小丘积土筑方坛以祭地。封禅作为中国古代帝王为祭拜天地而举行的仪式，与齐地宗教祭祀有着密切关系。八神祠，起源于齐地先民对自然万物的原始崇拜，是由原始农业社会生产生活需要而逐步确立起来的宗教信仰，尊奉并依时祭祀天主、地主、兵主、阴主、阳主、月主、日主、四时主，其中地主便是祀泰山下梁父。据《管子·封禅》记载，齐桓公称霸诸侯后欲封禅泰山，管仲认为没有出现符瑞，封禅条件不成熟，遂未成行。

秦始皇在灭六国完成统一大业后，亟待获得上天的承认，以巩固其天下共主的地位。秦始皇召集儒生博士七十人到泰山脚下，讨论封禅大典的具体礼仪问题。由于历来虽有封禅之说，但缺乏具体仪程的记载，儒生博士众说纷纭，莫衷一是，令秦始皇大失所望。于是秦始皇斥退诸儒生，自定仪式，封泰山，禅梁父，立石称颂自己的丰功伟绩。此次封禅，开创了有正史记载的帝王封禅泰山的先河，但秦始皇封禅典礼的具体仪程，目前由于史籍无载已不得而知了。

第二年，秦始皇再次东巡，行至博浪沙（今河南原阳东南）时，遭到原韩国贵族张良派遣的刺客的伏击，误中副车，但秦始皇仍坚持按原计划由芝罘前往琅邪。公元前 210 年，秦始皇第三次东巡齐地，这次的路线是由南向北，自江乘县（今江苏南京栖霞区）渡江沿海岸北上，抵达琅邪，然后走海路从琅邪出发，经成山头到达芝罘，接着沿海岸继续西行。秦始皇在西行至平原（今山东平原）时患病，七月病逝于沙丘平台（今河北广宗）。这次东巡成为秦始皇的最后一次出巡。

秦始皇的东巡活动伴随着丰富的文化活动，如举行封禅大典、祭祀文化名山、刻石立碑颂秦德等，显现出被周王朝封于西戎之地的这支东夷民族的分支——嬴秦民族，对齐鲁文化的尊重与向往，同时表达着宣扬秦王朝威德形象的迫切愿望。秦朝统治者意图增进齐鲁文化与秦文化的交流，消除或缓解不同地域文化之间的隔阂，促进政治文化的融合和一统化。

二、徐福东渡

公元前219年，秦始皇东巡驻跸琅邪期间，齐地方士徐福（又作徐市）等人上书秦始皇，说大海中有三座神山，叫蓬莱、方丈、瀛洲，其上有仙人居住，请秦始皇沐浴斋戒，然后由徐福率领童男童女入海求访仙人。齐地濒海，辽阔无垠的海疆，变幻莫测的海市蜃楼，伴随着东部沿海地区航海业的起步，使得古人对海外充满了好奇与遐想，产生了种种光怪陆离的神话与传说，三神山传说便是其中之一。相传海外有蓬莱、方丈、瀛洲三座神山，其上有金宫银阙、仙禽瑞兽、飞往飘来之仙人、长生不老之仙药。仙山、仙人及不死之药的美好传说，刺激着诸侯访仙求药的强烈欲望，齐威王、齐宣王、燕昭王都曾遣人入海寻找三神山。

大海环九州之外有更广阔的天地，这是齐人邹衍的大小九州思想。战国时期，燕、齐一带的方士将之与广为流传的海上仙话相结合，宣扬得道成仙、长生不死，海外仙山传说有了系统的理论化依据。神仙与方士的结合，形成了齐文化中独特的神仙方士文化。秦始皇扫灭六国，一统天下，开创万世基业，自然想长久地享有人间帝王的无穷欢乐，因此曾多方探听、寻找仙人羡门高等人的踪迹。此外，秦始皇接受邹衍大小九州思想，对海外世界的无限憧憬与遐想，使得秦始皇把统治的视线由中原内陆放眼到海外世界，重视探索海洋、开发海疆。秦始皇停留琅邪期间，不仅重新修建琅邪台，筑琅邪行宫，立石刻字歌颂秦之功德，而且下令迁徙三万户百姓到琅邪台下居住，用免除十二年赋税徭役的优惠条件，鼓励内陆移民定居沿海。方士徐福的上书，正中秦始皇下怀。于是秦始皇毫不犹豫地派遣徐福，率领数千童男童女，入海寻访仙人的踪迹。

由于徐福出海求仙未归，秦始皇在公元前218年再次东巡齐地来到琅邪时，既没有见到徐福，也没有拿到长生不老药，最后只好取道上党返回国都咸阳。在永享统御宇内的赫赫权势和长生不老欲望的驱使下，秦始皇愈发迷恋神仙方士之术，又陆续派遣卢生、韩终、侯公、石生等方士入海访求仙药。

深受稷下学宫自由风气熏陶，博士齐人淳于越向咸阳宫酒会上沉浸在歌功颂德氛围中的秦始皇浇了一盆冷水。淳于越进言秦始皇要以古鉴今，总结历史教训，用"封子弟功臣，自为枝辅"的方式巩固秦王朝的统治，然而这与秦始皇加强专制集权、维护思想统一的愿景相冲突。于是秦始皇采纳丞相李斯的建议，下令焚烧诗书，禁止私学，推行以吏为师。至此，以齐国稷下学风为代表的学术自由时代宣告终结。雪上加霜的是，焚书令下达的第二年（前212），曾经答应为秦始皇寻求长生不老药的方士侯公和卢生，因秦始皇刚愎自用，独断专行，且仙药难求，于是私下偷偷逃离京城，惹得秦始皇勃然大怒。以此为导火索，盛怒中的秦始皇下令严查审讯，牵连进此案的四百六十多人被坑杀，其中齐地方士被摧残者甚众。焚毁六国典籍，坑杀齐地儒生方士，使得齐文化遭受极大打击，而秦朝专制主义中央集权得以进一步强化。

秦始皇第三次东巡齐地时，对徐福等人耗资巨万却未求得仙药一事感到十分恼怒。据《史记·秦始皇本纪》所载，徐福听闻秦始皇驾临，十分惶恐，急忙赶来拜见，因害怕遭受责罚，于是诈称仙山为海中大鲛鱼阻挡，因此无法求得仙药，希望秦始皇增派善于射箭的精兵一同前往，用连弩射杀大鲛鱼。恰巧此时秦始皇梦中与海神交战，经占梦博士解梦认为，海神是大鲛鱼幻化的恶神，只有射杀大鲛鱼，除掉恶神，善神才会到来。于是秦始皇再一次相信徐福所言，命令入海之人携带捕捞大鱼的工具，并且准备亲自登船射杀大鲛鱼。船队从琅邪向北行驶到荣成山都不曾遇到一条大鲛鱼，直到在芝罘海面，才终于射杀大鲛鱼。秦始皇亲自斩杀恶神，护送徐福出海后，东巡的车驾继续沿海岸向西进发。入海求仙药的船队，在徐福的率领下，载着捕捞大鱼的工具、弓箭连弩等武器装备、三千童男童女、五谷种子、各色工匠等，渐渐消失在海平面上。

据《史记·淮南衡山列传》记载，徐福"得平原广泽，止王不来"。即途中徐福觅得一片辽阔的原野和湖泽，便在那里自立为王不再回朝了。徐福东渡入海求仙却一去不返，留给后人无穷的想象空间，并由此衍生出徐福居留朝鲜半岛、日本列岛等种种传说。在朝鲜半岛南端的济州岛有：朝天浦"朝天"石刻、瀛洲山（后改称"汉拿山"）徐福采药传说、正房瀑布石壁"徐市过之"石刻，以及三姓穴传说等，这些都是徐福东渡入海的珍贵历史印证。在日本列岛，有关徐福的神话传说以及历史遗迹更是随处可见。佐贺市内的金立山上，建有金立神社，把徐福当作主祭神来供奉和参拜；和歌山县新宫市的徐福公园，有刻着"秦徐福之墓"的墓碑，墓旁还有"七冢之碑"，据说是纪念与徐福同来的七位秦人；在新宫市的蓬莱山一带，有数百公里的长城，据传是徐福为防范秦始皇带兵前来征讨，仿照秦长城所建。甚至有传说认为，徐福就是日本的神武天皇（第一代天皇）。徐福船队所经之处，教给沿岸居民先进的农耕种植、冶炼、纺织、医药、捕鱼等技艺，促成了日本从绳文时代到弥生时代的断层式飞跃。至今日本仍尊奉徐福为农神、医药神、航海神等。徐福东渡，为促进沿岸生产力发展和社会进步做出了重要贡献，是中国早期大规模的海外探索和开发活动，同时也是和周边国家、地区友好文化交流的宝贵实践。

然而，一心盼望徐福早日求药归来的秦始皇，在东巡途中意外病亡，至死也没有等来朝思暮想的长生不老药。秦始皇死后，二世胡亥继位，他暴虐无道，骄横跋扈，变本加厉的严刑酷法致使天下百姓困疲不堪，人民生活极端困苦。二世元年（前209），不堪秦暴政的陈胜、吴广在大泽乡揭竿而起，天下豪杰群起响应，声势浩大的秦末农民大起义拉开了序幕。祈盼秦朝生生世世以至传之无穷的秦始皇不曾料到，庞大的秦帝国竟在他死后的第三年轰然倒塌！

三、田氏起兵

秦二世元年七月，陈胜、吴广领导戍卒在大泽乡斩木揭竿，首倡义举，建立张楚政权，反抗秦朝的残暴统治，轰轰烈烈的秦末大起义席卷华夏大地。顷刻间，天下风起云涌，旧六国贵族趁势而起，纷纷复国。项梁、项羽起兵于会稽；刘邦在沛县兴师；张耳、陈余在邯郸推举武臣为赵王，武臣被杀后，又拥立赵国宗室后裔赵歇为王；韩广被燕国旧贵族立为燕王；周市从陈胜处迎魏公子咎为魏王；张良扶立韩国宗室后裔韩成为韩王。秦末天下群雄并起，逐鹿中原。齐国田氏旧贵族也不甘示弱，借机反秦自立。

田儋，原是战国时期齐王田氏的同族，与堂弟田荣、田横，在狄邑当地实力雄厚，宗族强盛，很得人心。陈胜起兵称王后，派将领周市北上攻取并平定原属魏国的领土，周市趁势北上攻到狄邑。狄令固守县城，田儋借机杀死县令，并召集当地豪吏子弟宣称："各地诸侯都已反秦自立，齐国是自古以来就受封建立的国家，而我田儋，本来就是齐王田氏的同族，理当为王。"于是田儋自立为齐王，发兵攻打周市。周市的军队撤走以后，田儋率兵东进，很快平定了齐国故地。

秦二世胡亥即位伊始，即效仿秦始皇巡行视察天下郡县，炫耀皇权，以期威服海内，并在始皇所立石碑背面刻字，昭示承继江山社稷，天下一统。二世元年四月，胡亥巡行结束返回咸阳，七月就爆发了陈胜、吴广起义。星星之火，渐成燎原之势，关东各郡县的反抗斗争此起彼伏。于是，秦二世派章邯为将，又增派长史司马欣、董翳，领兵攻打起义军。第二年，秦朝将领章邯在击败陈胜后，进军临济攻打魏王咎。魏王派周市出临济城，前往齐、楚两国求援，齐王田儋、楚将项他率领军队随周市援救魏国。章邯命士兵于夜间衔枚突袭，在临济城下大败齐、楚援军，齐王田儋、魏相周市被杀。田儋的余部由其堂弟田荣率领，他们退到东阿（今山东东阿）继续抵抗秦军。齐国人听说田儋已死，便拥立已故齐王田建的弟弟田假为齐王，以此对抗诸侯。

田荣在败逃东阿时，章邯对田荣的军队围追堵截，已被楚怀王熊心封为武信君的项梁闻听此讯，领兵汇合齐将田荣、楚将龙且的军队援救东阿，在东阿一举击败秦军。接着，田荣率兵杀回临淄，追击齐王田假，田假仓皇逃亡楚国，齐相田角逃至赵国。田角的弟弟田间本是齐国大将，此时也留居赵国不敢回来。而项梁率军西进，继续追击章邯。此时秦二世调动军队增援章邯，项梁派遣使者催促齐国和赵国发兵，希望能合兵西进共同对抗章邯。田荣却趁机提出条件，要楚国杀了田假，赵国杀了田角、田间，齐国才肯出兵。楚国认为田假是盟国的君主，走投无路才来投奔，不忍心杀田假。赵国也不想杀田角、田间和齐国做交易。田荣非常生气，终不肯出兵帮助楚国。结果，兵力强盛的章邯在定陶击败楚军，项梁战死，楚军溃败，项羽由此非常怨恨田荣。章邯则趁势渡过黄河，汇合前来增援的王离军队，向北攻击赵地，围攻赵国巨鹿城。

章邯兵临巨鹿城下，赵王歇急忙派使者向楚国请求援助。楚怀王任命宋义为上将军，项羽为次将，范增为末将，率军驰援赵国。宋义屯兵观望不前，项羽斩杀宋义领兵渡过漳河。经过多次激烈的战斗，项羽杀死秦将苏角，俘虏统帅王离，瓦解了巨鹿之围。秦军统帅章邯率军投降后，项羽带兵西进。而在此时，沛公刘邦已奉楚怀王之命进军关中。汉元年（前206）十月，刘邦率军抵达灞上，秦王子婴素车白马，捧着天子的印玺符节出降，秦朝灭亡。不久，项羽西入咸阳，杀秦王子婴，放火焚烧秦朝宫室，大火燃烧三个月不息。正月，项羽手握四十万军队，自立为西楚霸王，建都彭城，分封天下诸侯。尊楚怀王为义帝，迁都郴县。违背先入关者称王的约定，改立沛公为汉王，统治巴、蜀、汉中之地。齐王田市被改封为胶东王，都即墨；齐将田都跟随楚军共同救赵，接着又随军入关，因此项羽立田都为齐王，都临淄；前齐王建的孙子田安，在项羽渡河救赵时，接连攻下济北数座城池，并率领军队投降项羽，项羽立田安为济北王，都博阳；齐将田荣因多次背弃项梁，又不肯随楚军攻打秦军，所以不封。成安君陈余和张耳抵牾，曾抛弃将军印信离去，也未随楚军入关，但因陈余一向有贤能之名，又对赵国有功，项羽就把南皮周围的三个县封给了他。于是田荣和陈余两个人都很怨恨项羽。

汉元年四月，各路诸侯受封已毕，罢兵就国。齐相田荣听说项羽改封齐王田市到胶东，而立齐将田都为齐王，怒火中烧，不肯让齐王田市迁往胶东。五月，田荣起兵反楚，迎击从关中回国的田都，田都战败逃往楚国。齐王田市因惧怕项羽，偷偷向封国胶东逃去，田荣得知消息后十分恼怒，急忙带人追赶，在即墨杀了田市，自立为齐王。又向西攻杀济北王田安，最后全部占有了三齐之地。田荣派兵增援陈余，帮助陈余在赵地反叛项羽。把将军印授给彭越，支持彭越在梁地反楚。此时汉王刘邦用大将韩信之计，率军原路返回关中，一举平定了三秦。项羽听说齐国、赵国发生叛乱，汉王又率军向东进发，怒不可遏。刘邦派张良寄信给项羽假称讲和，又把田荣、彭越反叛楚国的文书送给项羽，将项羽的注意力引向了东方，使其放松了对关中的防范。

汉二年（前 205）冬，项羽北上伐齐，在城阳与田荣展开决战。田荣兵败逃至平原（今山东平原），但被当地百姓杀害。田荣的弟弟田横四处收拢齐国的散兵游勇，得数万人马，在城阳反击楚军。汉王刘邦趁项羽在齐地作战时，统领各路诸侯军袭击楚军，进抵楚都彭城。项羽听到消息，亲率精兵回军援救彭城。楚汉两军多次交锋，在荥阳相持不下。田横获得喘息的机会，得以收复齐国大小城邑，立田荣的儿子田广为齐王，自己担任齐相，齐国大小政事，皆出于田横的决断。

四、田横殉国

田横辅佐田广防守齐地，在楚汉相争时谨慎地保持着中立态度。汉军大将韩信奉刘邦之命，北上作战，相继扫平了魏国、代国、赵国、燕国。汉三年（前 204），刘邦征走韩信的军队以增援荥阳前线，又令韩信集结赵国还未征发的军队，东进攻打齐国。田广、田横当即派华无伤、田解为大将，率领军队驻扎历下（今济南市区附近）以抵御汉军，大战一触即发。广野君郦食其向刘邦进言，齐国田氏宗族势力强大，二十万大军厉兵秣马，且齐地背山负海，又南近楚国，即便是大军压境，灭齐也不可能一朝成功，希望能够持诏令游说齐王，使齐国成为汉东面的藩属。刘邦采纳郦食其建议派其前往齐国。郦食其口若悬河，劝服田广、田横投降刘邦，田广下令解除历下的战备防守，并挽留郦食其在宫中纵酒作乐。

韩信的军队尚未从平原渡过黄河，就听说郦食其已经劝降了齐国，于是韩信打算停止进军。范阳说客蒯通以为，韩信本是奉汉王的命令攻打齐国，汉王又暗中遣使游说齐国投降，但没有诏令命韩信停止进军。况且郦食其凭借三寸不烂之舌，兵不血刃便取得齐国七十多座城邑，而韩信率数万大军，一年多的时间才攻下赵国五十多座城邑。因此，韩信为与郦食其争功，率军渡过黄河，突袭毫无防备的历下齐军，且一直攻打到齐国都城临淄。田广、田横认为郦食其把他们给出卖了，震怒之下，烹杀了郦食其。后田广领兵向东逃往高密，田横逃到博阳，守相田光逃向城阳，将军田既带领军队驻守胶东。

项羽听说韩信率军打败齐、赵两国，将要进攻楚国，就派大将龙且统兵前来救援齐国，在高密与齐王田广的军队会师。汉四年（前 203）十一月，齐王田广和楚将龙且合兵一处，与韩信隔潍水摆开阵势，结果韩信大败齐、楚联军，龙且被杀。韩信一路追击败兵，在城阳俘获了齐王田广。汉军将领灌婴追击齐军，捉住了齐国守相田光，随即进军博阳。田横听说齐王田广已死，便自立为齐王，率军回头迎击灌婴的队伍，结果在嬴地被灌婴打败，田横逃往梁地，投奔此时在楚汉之间保持中立的彭越。韩信杀死楚将龙且后，命令曹参继续向胶东进军，击败并斩杀了齐将田既；韩信又命灌婴追击齐将田吸，灌婴在千乘战胜并杀掉田吸。至此，韩信全部平定了三齐之地。

韩信派人向汉王上书，说齐国人狡诈多变，反复无常，南面的边境又与楚国交界，为稳定当前的局势，希望能够暂时代理齐王之位。此时刘邦正被楚军围困在荥阳，看到韩信来信，刘邦大怒，当着使者的面骂道：“我被围困在这儿，从早到晚盼望你来援助我，你却想自立为王。”在张良和陈平的暗中提醒下，刘邦醒悟过来，又故意骂道：“大丈夫平定诸侯，就做真王罢了，何必做个暂时代理的王呢！”于是派遣张良前往齐地，册立韩信为齐王，并征调他的军队攻打楚国。楚军失去大将龙且后，项羽派盱眙人武涉前往临淄，规劝韩信背叛刘邦，自立为王，和项羽、刘邦三分天下，韩信没有同意。武涉走后，蒯通知道天下的形势取决于韩信，便借看相的方式劝说韩信不要坐失良机，韩信不以为然。蒯通仰天长叹，离韩信而去。

汉五年（前202）十二月，韩信、彭越率领军队与刘邦会师垓下（今安徽固镇东北），击败楚军，楚汉之争最后以刘邦夺取天下建立汉王朝而告终。项羽被打败后，汉王刘邦率军至定陶，接管了韩信的军队。汉六年（前201）正月，因齐王韩信熟悉楚地风俗，改封韩信为楚王，统辖淮河以北的地区，建都下邳。后有人告发韩信谋反，韩信被降为淮阴侯。汉十年（前197），原韩信部将陈豨在代地起兵反叛，刘邦率军亲征平叛。吕后和萧何将韩信诱至长乐宫的钟室，以谋反的罪名杀掉韩信，诛韩信三族。韩信临刑时无奈长叹，后悔当时没听蒯通之言。

韩信灭齐称王，在齐地留下了大量的遗迹以及民间传说，在今淄博市临淄区齐都镇河崖头村西南有个地方叫韩信岭，相传是韩信为齐王时的宫殿遗址。在临淄区皇城镇五路口村东有蒯通之墓。

汉王刘邦消灭项羽，自立为帝，封彭越为梁王。田横害怕被杀，就带领部下五百多人乘船入海，退居海岛。汉高祖刘邦认为，田横兄弟几人本来就平定了齐国，齐地贤能之士大都归附他们，如今田横流亡海岛，若不加以招抚，以后难免会有祸患。因此就派使者持特赦令前往赦免田横之罪，召田横入朝为官。田横推辞道："我曾经烹杀陛下的使者郦食其，郦食其的弟弟郦商是汉朝的大将，我很害怕，不敢奉诏前往。请求陛下允许我做一个平民百姓，留在这海岛上吧！"听到使者的回报，刘邦立刻下诏给卫尉郦商，不允许动田横及其随从人员一根毫毛，否则满门抄斩。接着再派使者前往，把刘邦下诏指示郦商之事告知田横，并且保证只要田横来都城，大者封王，小者封侯。如果不来的话，便派军队加以诛灭。田横无奈之下，只得带着两位门客随使者前往洛阳。

当行至距洛阳还有三十里的尸乡（今河南偃师）驿站时，田横以朝见天子要沐浴一新为由停了下来。田横对他的两位门客说："我田横起初和汉王都是南面称王，现在汉王做了天子，我却作为俘虏北面事之，这本来就是莫大的耻辱。况且我烹杀了郦商的兄长，纵然郦商畏惧天子的诏令不敢动我，然而我能问心无愧吗？陛下诏我前来，不过是想看一看我的容貌罢了。如今陛下就在洛阳，现在砍下我的头，快马飞奔三十里的功夫，我的容貌还不会改变。”于是自刎而死，两位门客捧着他的头颅，随同使者急驰入朝，奏报刘邦。刘邦感叹道：“田氏三兄弟，以布衣之身起家，相继称王，难道不是贤能之人吗？”于是刘邦拜田横的两位门客为都尉，调拨两千名士卒，以诸侯王的丧礼厚葬了田横。安葬完田横后，两位门客在田横墓旁挥剑自杀。留在岛上的五百人听说田横已死，全部自杀。田横守义不辱，五百壮士慨然殉节，英雄虽已远去，忠魂义气犹存天地间。

徐悲鸿绘《田横五百士》油画

自田儋在狄邑起兵称王，到田横刎颈而死，田氏兄弟意图恢复旧齐政权的活动仅仅持续了五六年的时间。秦朝末年纲纪废弛，各路诸侯纷纷起事，旧六国贵族趁机复立，希望重现昔日的秩序。然而，统一是天下的大趋势，暂时立诸侯为王不过是讨伐秦朝的权宜之举。田齐政权早在公元前 221 年为秦朝所灭，田儋、田荣、田横兄弟在秦末的反抗斗争不过是田氏齐国后续的挣扎。随着楚汉战争形势逐渐明朗，汉王刘邦扫平诸侯，继秦朝之后重建起一个统一的中央集权国家——汉朝。

五、刘肥封齐

汉五年（前202），在楚汉之争中获胜的汉王刘邦，在汜水北岸登皇帝之位，定都长安，建立了西汉王朝。汉高祖刘邦吸取秦朝速亡的教训，在承继秦朝三公九卿制和郡县制的同时，废除秦朝的严刑苛法，注重与民休息。有鉴于秦朝“内无骨肉本根之辅，外无尺土藩翼之卫”（《资治通鉴·汉纪》）孤立无援以致败亡的惨痛教训，刘邦在逐一消灭异姓诸侯王的同时，割疆裂土，大量分封同姓子弟以及功臣，以作为朝廷的屏藩，用以镇抚海内，保卫天子，并且规定“非刘氏而王者，若无功上所不置而侯者，天下共诛之”（《史记·汉兴以来诸侯王年表》）。至刘邦晚年，同姓子弟被封为王的有九个，唯独长沙王是异姓，而有功之臣被封为侯的有一百多人。

齐地东有即墨、琅邪的丰饶物产，南有泰山的高峻坚固，西有黄河的天然界限，北有渤海的鱼盐之利，土地方圆两千里，兵力百万。在大臣田肯看来，不是刘邦的嫡亲子弟，是不可以派去统治齐地的。汉六年（前201），刘邦立庶长子刘肥为齐王，统辖齐地七十余城，百姓中凡是能说齐语的也都分给了齐国。齐王可以自行任命封地内两千石以下的官员、收取封地赋税、经营盐铁、拥有军队。齐国成为汉初封地范围最广、物产最丰饶，同时也是实力最强的诸侯国。汉初，齐国主动参与镇压不平、剿灭叛乱的军事活动，以拱卫汉王室。汉十年（前197），陈豨在代地造反，刘邦亲自率军前去镇压，齐国派相国曹参领兵参与平叛。汉十一年（前196），淮南王英布反叛，齐悼惠王刘肥亲率十二万人马，与朝廷军队合攻英布，为平定英布叛乱立下了大功。

汉高祖刘邦逝世后，惠帝刘盈继位。惠帝生性懦弱，朝廷大权实际掌握在其母吕太后之手。惠帝即位后的第二年，齐悼惠王刘肥入京朝见，惠帝认为齐王是自己的兄长，于是以家人兄弟之礼尊其上座，吕太后见此大怒。在吕太后看来，即便齐王是惠帝的庶兄，但作为诸侯王入京朝见，也应行君臣之礼。吕太后赐下毒酒想暗害齐王，但在惠帝的帮助下齐王顺利逃脱。最后，齐王采纳内史的建议，主动献出齐国的城阳郡作为吕太后女儿鲁元公主的汤沐邑，吕太后这才转怒为喜。

齐王刘肥在位十三年，于惠帝六年（前 189）去世，谥号悼惠王，其子刘襄即位，是为齐哀王。第二年八月，汉惠帝驾崩于未央宫，吕太后借口少帝年幼亲自临朝，天下事都由其决断。吕太后有意扩张吕氏家族势力，便逐步打压刘氏宗室，封地最大的齐国首当其冲。吕太后先是封侄子郦侯吕台为吕王，并分出齐国的济南郡作为吕王的封地；又割齐国的琅邪郡，封给琅邪王刘泽；封齐哀王的弟弟刘章为朱虚侯、刘兴居为东牟侯，调往长安值宿护卫。在吕太后专权时期，朝廷内刘氏与吕氏的权力斗争十分激烈。

高后八年（前 180），吕太后去世，赵王吕禄统领北军，吕王吕产统领南军，欲发动叛乱。齐哀王刘襄在其兄弟刘章、刘兴居的协助下，果断出兵西进，又与屯兵荥阳的大将灌婴暗结同盟，在平叛中起到了举足轻重的作用。在长安城内，太尉周勃假吕禄将军印控制了北军，统领南军的吕产被朱虚侯刘章所杀，吕氏同党被尽数消灭。肃清诸吕势力后，齐王刘襄罢兵返回临淄，灌婴也从荥阳收兵回京。大臣们认为齐悼惠王是刘邦的长子，而齐王刘襄是刘邦的长孙，可以立为皇帝。但因齐王的舅舅驷钧为人暴恶，如果立齐王为帝，害怕驷钧一族会成为第二个吕氏集团，最终议定立代王刘恒为帝，史称汉文帝。汉文帝继位当年，把原属齐国而被吕后划走的城阳、琅邪和济南三郡全部归还给了齐国，琅邪王改封为燕王，朱虚侯、东牟侯加封领地各两千户。这一年，在位十年的齐王刘襄去世，谥号齐哀王，其子刘则即位。

随着加强专制主义中央集权的需要，汉文帝认识到诸侯势力逐渐坐大，渐呈尾大不掉之势。贾谊曾向汉文帝献《治安策》，建议“众建诸侯而少其力”，分割弱化诸侯王的势力，强化汉王朝的统治。齐王刘则即位的第二年，汉文帝从齐地划出城阳郡，封朱虚侯刘章为城阳王；划出济北郡，封东牟侯刘兴居为济北王。此次加封实则削弱了齐国的实际力量。次年，济北王刘兴居发动反叛，兵败自杀，封国被除。汉文帝十五年（前 165），在位十四年的齐王刘则去世，谥号齐文王，因其没有后代，封国废除，封地归入朝廷。一年后，汉文帝下诏封杨虚侯刘将闾为齐王，齐悼惠王的儿子刘志为济北王，刘辟光为济南王，刘贤为淄川王，刘印为胶西王，刘雄渠为胶东王。再加上原有的城阳王，齐国一分为七，辖境较之以前已大为缩小。

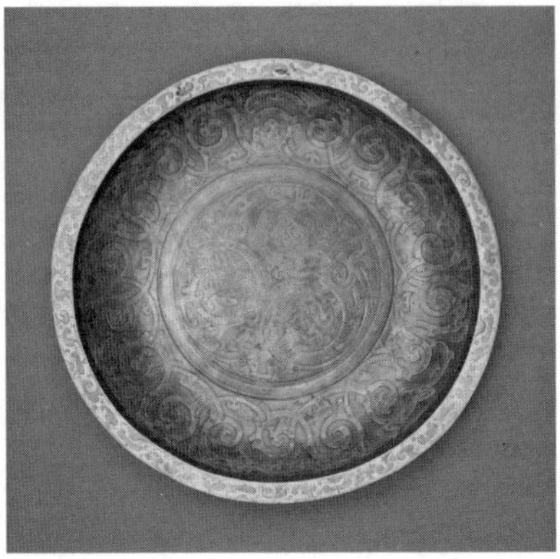
西汉齐王墓陪葬坑出土银盘

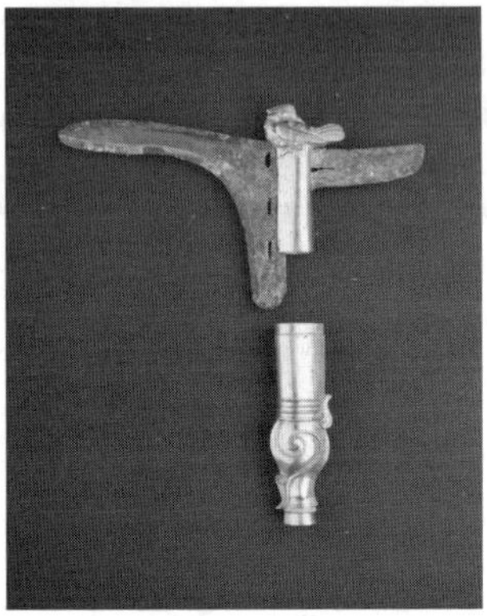
西汉齐王墓陪葬坑出土金樽铜戈

汉景帝刘启即位后，中央政权和地方诸侯国势力的矛盾逐渐激化，汉景帝采纳御史大夫晁错削藩的建议，渐次降诏削夺赵王刘遂的常山郡、胶西王刘印六县之地，以及楚王刘戊的东海郡和薛郡。当朝廷削夺吴王刘濞的豫章郡和会稽郡的文书下达后，吴王刘濞以诛晁错的名义，联合赵王、楚王、胶西王、胶东王、淄川王、济南王举兵反叛，史称七国之乱。景帝为安抚反叛的诸侯王杀了晁错，派遣袁盎通告七国，但他们仍不罢兵，于是景帝派大将军窦婴、太尉周亚夫率军讨伐，平定了叛乱。齐王刘将闾曾约定与胶西王共同起事，事到临头却后悔通谋反叛，于是胶西王、胶东王、淄川王、济南王围攻齐国都城临淄。汉朝大军平定叛乱，解临淄之围后，了解到齐王曾共谋起事，准备讨伐齐国，齐孝王害怕，服毒自杀。汉景帝认为齐国是被迫与叛军来往，不再追究，于是立齐孝王的儿子刘寿为齐王。而胶西、胶东、济南、淄川四国被除，封地归入朝廷，改为郡。济北王欲反却被属下阻止，最后迁至淄川为王。

齐王刘寿在位二十二年，谥号齐懿王。汉武帝元光四年（前131），其子刘次昌即位。汉景帝时期由于削藩而引发的“七国之乱”虽然很快平息，且进一步削弱了诸侯的势力，但直到汉武帝时期，地方诸侯对中央政权仍然是一个不小的威胁。元朔二年（前127），汉武帝采取了大臣主父偃的建议，颁布并施行推恩令，以赏赐的名义允许诸侯把封地分给子弟为列侯，由皇帝制定这些侯国的名号。由此，封国越分越小，诸侯无力再与中央政权相抗衡。

主父偃想把自己的女儿嫁给齐王，齐王的母亲纪太后不同意。主父偃趁机劝说汉武帝，齐国是拥有十万户居民的大都市，人口众多而且富庶程度超过了长安，如果不是天子的亲兄弟或得宠的儿子，不应在此地为王，又说齐王和天子的血亲关系日益疏远，并趁机告发了齐王和自己的亲姐姐纪翁主通奸之事。汉武帝任主父偃为齐相，负责审查齐王的事情，齐王因害怕，服毒自杀，谥号齐厉王。齐厉王没有后代，齐国封地归入朝廷，改为郡。

西汉齐国自刘肥于公元前 201 年受封建国，至公元前 127 年刘次昌无后除国，共经历四代六任齐王，享国七十余年。西汉齐国作为汉中央朝廷在齐国故地设立的诸侯国，意在分封同姓宗族以镇抚万民之心，其受中央朝廷直接控制，虽有相对独立的自主权，但随时可能被削地、除国。齐厉王刘次昌死后，齐悼惠王刘肥的后代还领有城阳和淄川两国，汉武帝把临淄以东环绕齐悼惠王墓地的城邑全部划给了淄川国，由淄川王刘志一支供奉齐国祭祀。城阳和淄川两国与西汉王朝相始终，至王莽篡汉时被废除。元狩六年（前 117），汉武帝封次子刘闳为齐王。齐王刘闳的母亲王夫人，很得汉武帝宠爱，汉武帝因此把当时比较富饶的齐国封给了刘闳。七年之后，齐王刘闳不幸早逝，谥号齐怀王。齐国再次被废除，终西汉一朝，再没有王室子孙被封为齐王。

临淄山王村西汉兵马俑坑

在今齐地仍留存有多座西汉齐王的墓葬，如临淄区大武镇窝托村南侧的西汉齐王墓，墓主人可能是齐哀王刘襄；临淄区辛店街道办事处山王村汉代兵马俑坑，墓主人可能是齐怀王刘闳。在西汉齐王墓的考古发掘中，数量众多且精美的珍贵文物的出土，充分显现着西汉齐国强盛的实力。

六、曹参相齐

曹参，沛县人，西汉开国皇帝刘邦的同乡，曾跟随刘邦在沛县起兵反秦，身经百战，屡立战功。刘邦即位后，论功行赏，曹参功居第二，仅次于萧何。汉六年（前201），刘邦任命平阳侯曹参为齐国相国，辅佐年轻的齐王刘肥治理齐国。

汉朝初年，受秦末农民起义以及楚汉之争的影响，当时的社会经济遭到严重破坏，民不聊生，天子出行没有纯色的四匹马，将相出行有的只能乘坐牛车。先秦时期富庶强盛的东方齐国，也因战争的破坏满目疮痍。曹参到达齐国后，召集长老儒生，征求安抚百姓的办法，然而众说纷纭，曹参无法决定。曹参听说胶西有位盖（gě）公，精研黄老之术，就派人送上重礼，将盖公请来询问如何治理齐国。盖公说："治道贵清静而民自定。"（《史记·曹相国世家》）久经战乱的黎民百姓迫切希望有一个安定的环境休养生息，恢复和发展生产，盖公的一番言论切中要害。曹参采用黄老之学治理齐国，在他担任齐国相国的九年间，齐国百废俱兴，物阜民丰。曹参也因此被齐国人称为"贤相"。汉惠帝元年（前194），因颁布废除诸侯国设相国的法令，改命曹参为齐国丞相。

黄老之学，是战国时期在齐国稷下学宫占据主流的思想，是尊崇黄帝和老子的学说，以道家思想为主体，兼采阴阳、儒、墨、名、法等学派的观点。黄老之学形成于战国时的齐国，在秦朝时曾一度沉寂，西汉初年因顺应民心和社会发展的形势，又焕发出盎然生机。黄老之学自战国至汉初有着非常清晰的传承体系，据《史记·乐毅列传》记载，河上丈人传安期生，安期生三传至乐臣公，乐臣公传盖公。盖公在齐地高密、胶西一带执教，是相国曹参的老师。黄老之学兼采各家之长，"与时迁移，应物变化"，通过对自身的一番改造，适应了汉初统治者与民休息、稳固政权的迫切需要。汉初黄老之学主张君主治国要明法修身，进退循法；省除繁苛，约法省禁；轻徭薄赋，诛赏慎重，从而创造出清净安定的社会局面。黄老思想适应汉初稳固统治秩序的现实需要，成为曹参治理齐国的主要指导思想。

曹参治理齐国时，从各郡和诸侯国挑选质朴而不善文辞的厚道人任命为属官，斥退官吏中那些巧言令色、一味追求声誉的人。曹参的花园与官署相邻，那些官吏整天饮酒歌唱，曹参的随从们希望曹参对那些官吏加以制止，曹参反而叫人取酒陈设座席，在花园里痛饮起来，并且也高歌呼叫，与那些官吏相应和。这体现出汉朝初年"除秦之弊"，执法宽疏的一面。曹参离开齐国时，特意嘱咐后任齐国丞相，要慎重地对待齐国的监狱和市集贸易之事，不要轻易干涉，他认为监狱和市集贸易是善恶并存的，如果一味地用严刑峻法来干涉，坏人没有了容身之地，容易造成官逼民反的局面。曹参治理齐国，约法简刑，宽厚清净，满足了饱受战乱之苦的齐地百姓希望社会安定、休养生息的需要。在曹参治理齐国的基础上，至汉武帝时，"齐临菑十万户，市租千金，人众殷富，巨于长安"（《史记·齐悼惠王世家》）。

汉惠帝二年（前193），萧何去世。萧何和曹参都是跟随刘邦起兵的老部下，两人关系本来很好，后随着战功以及爵位的提升，逐渐产生了隔阂，但萧何临终时，仍向汉惠帝推荐曹参接任相国。曹参听说萧何死后，预见自己即将入朝为相国，遂催促舍人赶快置办行装。过了不久，朝廷果然派使者召曹参回朝。萧何和曹参虽因战功、爵位等个人问题存在矛盾，在汉朝继任相国人选上却惊人的不谋而合，都能抛开个人成见，以国家大局为重。

曹参担任汉朝相国后，把治理齐国时所尊奉的黄老思想推广为治理全国的指导思想，一切遵萧何之法而无所变更，对汉初社会政治的稳定，以及经济的恢复与发展，起到了积极的推动作用。曹参去世后，百姓称颂他的功劳："萧何为法，顜若画一；曹参代之，守而勿失。载其清净，民以宁一。"汉文帝、汉景帝时，继续推行汉初无为而治的思想，与民休息，约法省禁，减轻赋税，通过开明的政治措施达到巩固统治的目的，使得汉朝逐渐从秦末多年战乱的萧条局面中恢复过来，创造了中国历史上第一个盛世"文景之治"，为汉武帝时期的政治及思想大一统奠定了基础。

汉初黄老之学对其他学术流派采取兼收并蓄的态度，使得在秦朝时一度被压抑的诸子百家思想再度活跃起来。仅就齐人而言，辕固以治《诗》有名于时，伏生传授《尚书》，田何是《易》的传人，胡毋子都精研《春秋公羊传》，齐地儒生传承先秦儒学，为董仲舒新儒学的发展奠定了基础。各家学说在相互攻讦中自我改造，主动吸收对方学说中的积极因素，力求博得统治者的垂青，成为王朝的统治思想。经过汉初多年的休养生息，汉武帝时期国力空前强盛，主张清静无为的黄老思想，已不适应统治者强化专制主义中央集权、树立君主绝对权威的需要。元光元年（前134），汉武帝下诏举贤良文学，征求治国之道。董仲舒顺应社会的实际需要，依据《春秋公羊传》提出要用思想上的大一统来巩固政治上的大一统。只有思想统一才能有统一的法度，而思想应该统一于以孔子为代表的儒家思想上。汉武帝采纳董仲舒提出的思想大一统的建议，“推明孔氏，抑黜百家”（《汉书·董仲舒传》）。儒家思想经过董仲舒等人的加工改造，取代黄老思想成为汉朝的统治思想，并自此成为两千多年来中国传统文化的主流。

随着西汉时期专制主义中央集权的逐步强化，齐国由一个相对独立的诸侯国转而成为朝廷直接管辖下的郡县，逐渐被纳入中央王朝的统治之下。齐文化则在汉武帝“罢黜百家，独尊儒术”的治国思想下，以其强有力的渗透性融入儒家思想，以变化了的新形式、新形态继续向前发展。齐文化的精髓充分融入中国古代社会的主流意识形态，成为中国传统文化的重要组成部分，绵延传续至今，影响着中华民族的理念和价值取向。

［明］杜堇绘《伏生授经图》

卷中　齐文化要义

第一章　以人为本　尊贤尚功

“以人为本”一词最早见于《管子》：“夫霸王之所始也，以人为本。本理则国固，本乱则国危。故上明则下敬，政平则人安，士教和则兵胜敌，使能则百事理，亲仁则上不危，任贤则诸侯服。”需要强调的是，这里的以“人”为本，并非以“民”为本，因为“人”和“民”所反映的主体内涵不同。如上所述，“民”是相对的、特殊的概念，作为一种社会主体，它是特指的，是与“官”相对应的社会等级；而“人”是普遍性的概念，指任何一个现实的、有自然生命的、从事实际活动的个人。即“以人为本”中的“人”，没有社会身份、不分社会等级，没有“官”“民”区别，是所有的人。“以人为本”可以说就是“人本位”，这一政治思想西方直到近代资产阶级革命时代才提出，它是要以人的至上地位取代神的至上地位，以民主主义的民权政治取代专制主义的君权政治，有着巨大的启蒙意义。而“尊贤尚功”出自西周分封之初姜太公与周公姬旦的一段对话。当周公强调治理鲁国要“尊尊亲亲”，并反问姜尚如何治国时，姜尚的回答是“尊贤尚功”。这个传说见于《淮南子·齐俗训》，又见于《汉书·地理志》，反映了齐、鲁两国在建立政权之初实行了不同的治国方略。

“以人为本”是“尊贤尚功”的前提和基础，“尊贤尚功”是对“以人为本”的延伸与实践，二者犹一体之两面不可分割。齐国统治者（包括后来的田齐政权）真正做到了“以人为本，尊贤尚功”，吸收大批有才能的东夷之士加入齐国的统治阶层，让他们在国家建设中发挥应有的作用。对通过考核符合选贤标准的人，不分亲疏用其所长，最大限度地发挥他们的积极性、创造性。这一用人方针打破了西周以血缘关系为基础的“尊尊亲亲”正统思想的束缚，使分封之初“方圆不过百里”的齐国，逐渐发展成为春秋五霸之首、战国七雄之一。作为齐文化要义之一，“以人为本，尊贤尚功”的思想不仅对齐国的政治、经济、文化发展起到了至关重要的作用，即便对当下的治国理政、干事创业乃至个体的为学、为人，也仍然有启发与借鉴意义。

一、姜太公“尊贤尚功，任人唯贤”的用人策略

（一）“尊贤尚功”的历史背景

姜太公以首功之臣的身份被封于营丘，但当时齐地的条件非常一般。据《史记·货殖列传》记载，齐地当时“地潟卤，人民寡”。《汉书·地理志》也说：“齐地负海舄卤，少五谷而人民寡。”《盐铁论·轻重》亦言：“昔太公封于营丘，辟草莱而居焉。地薄人少。”在这样一个濒海地薄、人烟稀少的荒凉之地，姜太公不但没有被困难吓倒，反而充分利用当地丰富的鱼、盐资源，因地制宜，制定了一系列方针政策，使偏僻荒凉的东夷小邦逐步兴盛，发展为东方大国。

姜太公在齐国的各项改革措施能相继推行实施，使齐国从“方圆不过百里”的草莱之地逐渐强大起来，得益于选贤任能、奖赏有功的用人策略。因

为任何路线、方针、政策，最终都要靠人去贯彻执行，人是各种政策能够实施的决定性因素。正确的思想理念只有内化为人们的自觉行动，才能产生社会效益和经济效益。

（二）“尊贤尚功”的基本内涵

姜太公“尊贤尚功”的思想较早记载于《汉书·地理志》：“昔太公始封，周公问：‘何以治齐?’太公曰：‘举贤而上功。’”姜太公推行举贤政策，就是要把那些有才能的人选拔出来，委以重任，带领齐国百姓干事创业，从而改变齐国荒凉落后的局面。而所谓“功”，就是做有利于老百姓的事。凡事有利于百姓，则百姓拥护之，国家也就安定。将这样的人提拔上来，就是“上功”，同时这也是对有才能的人的一种奖赏。举贤与尚功往往是密切相关的，把“贤人”推荐到一定位置上，使其充分发挥智慧才能，使人民生活富足，即有利于国家，于是便有了功，从而对他进行奖赏，使之再立新功。这种用人策略会形成一种良性循环，成为推动人向上、向“贤”的强大动力。

（三）《六韬》关于“尊贤尚功”的记述

姜太公的举贤思想集中体现在《六韬·文韬》之《上贤》《举贤》两篇，其中对重贤、上贤、选贤、举贤的圣贤治国论及其实践的论述尤为充分。举贤思想，在姜太公建立齐国后，又正式列入齐国的治国方针，即所谓的“举贤而上功”。所谓“上贤”，就是尊重、崇尚有道德、有才能的人。尊贤尚功是姜太公“国本”的主要内容之一。姜太公认为，君主治理国家，必须尊崇德才兼备的贤人，抑制无才无德的庸人；任用忠实诚信的人，除去奸诈虚伪的人；严禁暴乱的行为，禁止奢侈的风俗。因此，明君用人应当警惕六种坏事、七种坏人。六种坏事

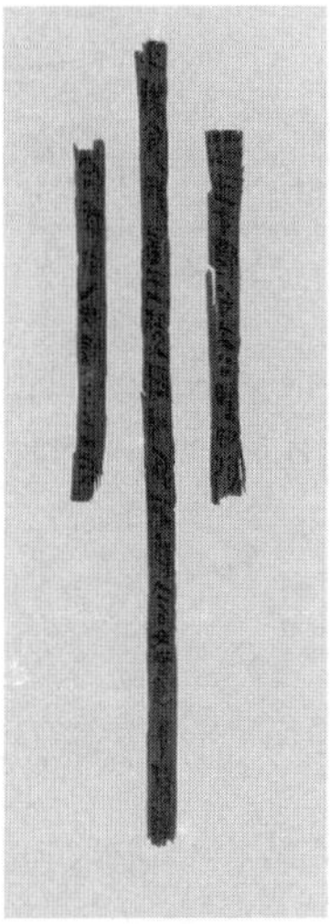

银雀山汉简
《六韬》残简

的危害是："伤王之德""伤王之化""伤王之权""伤王之威""伤功劳之臣""伤庶人之业"。对七种坏人，绝对不可信用，即"勿使为将""勿与谋""勿近""勿宠""勿使""禁之""止之"。这就堵死了坏人危国家、害民众的路径。

（四）"尊贤尚功"的实践与效果

在具体实践过程中，姜太公非常善于选拔有才能的人做官，广泛团结各部族的人，重用那些确有才能而不抱偏见的人，大量吸收东夷人中的人才加入齐国的统治阶层，让他们在国家建设中发挥应有的作用。《史记·货殖列传》记载："善者因之，其次利道之，其次教诲之，其次整齐之，最下者与之争。"对通过考核符合选贤标准的人，不分亲疏，均用其所长，最大限度地发挥他们的积极性和创造性。这一用人方针，打破了西周以血缘关系为基础的"尊尊亲亲"的正统思想的束缚，举贤任能，唯才是举。姜太公把用人提升到事关国家兴亡的高度，还提出了"六守""八征""六不用"的人才理论。所谓"六守"，指的是仁、义、忠、信、勇、谋六个方面，这是姜太公选拔人才的标准；所谓"八征"，就是姜太公考察人才的八种方法，即通过交谈问话、辩论、财物诱惑、女色、处理危难艰险、喝酒饮宴等全面了解人才的品德、能力；所谓"六不用"，就是姜太公认为有六种人不可任用：奸佞之徒、诈取名誉的人、假公济私者、互相拆台者、结党营私者、嫉贤妒能者。姜太公开创了"尊贤尚功"的人才使用先河，形成了"人物归之，襁至而辐凑"的可喜局面，使齐国在短期内能"财畜货殖"，成为富强之国，为之后在诸侯国间称霸称雄打下坚实的基础。可以说，"尊贤尚功"思想作为齐文化的精髓之一，为齐文化的形成与发展铺平了道路。

此外，姜太公还最早提出以"五材""八征"为核心内容的军事人才理论。在《六韬·龙韬·选将》中，姜太公认为，"勇、智、仁、信、忠"是将帅必须具备的五种才能，缺一不可，并且提出应当把将帅放在一定的环境中，有针对性地对他们进行考察，其鉴定方法就是八征："知之有八征：一曰问之以言以观其辞，二曰穷之以辞以观其变，三曰与之间谍以观其诚，四曰明白显问以观其德，五曰使之以财以观其廉，六曰试之以色以观其贞，七曰告之以难以观其勇，八曰醉之以酒以观其态。八征皆备，则贤、不肖别矣。”

二、管仲“以人为本，‘三选’之法”的选人机制

（一）“以人为本”思想的最早记述

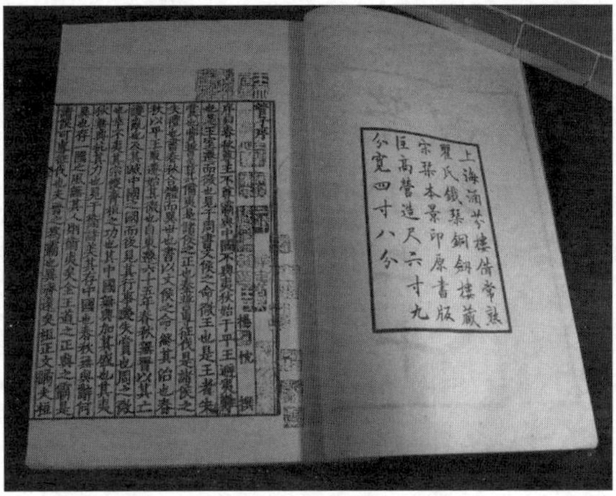

《管子》书影

在中国思想史上，《管子》一书最早明确提出了“以人为本”的理念。《管子》中的“以人为本”包含“人本”和“民本”两层含义，并且着重强调“民本”。先秦时期，“以人为本”思想的出现和蓬勃发展并不是偶然的，它有深厚的现实基础，是社会发展的必然结果。在社会巨变时期，统治者深深地认识到人的因素在国家稳定和社会发展中的重要影响，认识到人的能动性的巨大力量。在《管子》一书的作者看来，人民对于政权稳定、国家富强、战争胜利和称霸天下而言都是决定性力量，因此统治者必须做到“顺民”“富民”“爱民”。《管子》“以人为本”思想的提出，正是看到了人民群众在国家发展以及推动社会生产进步、社会发展方面的伟大力量，意识到了统治者要想完成自己的霸业，不能不顾人民的死活，也不能没有人民的帮助。正如《管子·权修》所述：“一年之计，莫如树谷；十年之计，莫如树木；终身之计，莫如树人。一树一获者，谷也。一树十获者，木也。一树百获者，人也。”《管子》中诸多关于“人本”思想的论述，尽管还不是近代意义上的人本主义思想，且存

在着一些局限性，但在许多内容上，都达到了同时代人无法企及的高度，且至今闪烁着智慧的光芒。

（二）“三选”之法开创“匹夫有善，可得而举”的选官制度

西周时期采取的是以宗法为原则的世卿世禄的政治体制，普遍实行嫡长子继承制。嫡长子不但可以继承财产，同时还可以继承父亲在宗族中的宗子地位。这种宗子的地位与权力，一方面体现为祭祖守宗庙，另一方面体现为在宗族中至高无上的统治地位。依照宗法制度的规定，只有宗子才有资格祭祖守宗庙，同族内的其他人都不具有这种权力，如《礼记·曲礼下》：“支子不祭，祭必告于宗子。”但是所有族人都必须尊祖，遵从祖先的意旨。

进入春秋以后，随着齐国宗族组织的崩溃，新的地域组织建立起来，以宗法制度为核心的世卿世禄制失去了存在的社会基础（君主除外）。同时，刚刚建立起来的地域组织迫切需要新的制度来稳定秩序。为了适应新的“行政”需要，管仲任相期间，齐国开创了“匹夫有善，可得而举”的选官制度。据《国语·齐语》记载，管仲帮助齐桓公制定了具体的实施办法，规定乡大夫有举荐贤才的职责：“于子之乡，有居处好学，慈孝于父母，聪慧质仁，发闻于乡里者，有则以告。有而不以告，谓之蔽明，其罪五。”“有拳勇股肱之力秀出于众者”，命令“有则以告。有而不以告，谓之蔽贤，其罪五”。桓管时代，官吏采取选举制，由乡长向上推举贤能，长官考评，桓公亲自策问，是为“三选”。地方官吏埋没、压制人才，就以“蔽明”“蔽贤”罪论处。

管仲还曾劝桓公“无听左右之请，因能而受禄，禄功而与官”，使无功无能的人“莫敢索官”。（《韩非子·外储说左下》）而那些专靠请谒钻营以谋私利的人，出则倚仗权势勒索百姓，入则花言巧语向君主隐瞒罪恶，管仲称之为“社鼠”，认为他们是国家之患，告诫桓公要警惕之。应当说，管仲创立的选官制度，打破了世卿世禄、请谒乘风、任人唯亲的陋习，使下层有善行或者治国才能的士人可以被授予官职。如此任能授官、因公授爵、循名责实、赏罚分明的政策，开辟了下层士人参与政治的先渠。

（三）“桓管霸业”时期选贤任能事例

桓管时期选贤任能的例子很多。齐桓公是一位富有雄心伟略的开明君主，为了成就一番大业，欲任鲍叔牙为相。鲍叔牙对桓公的器重非常感激，但为了桓公事业的更大发展，自动让贤，力荐管仲为相，并从五个方面向桓公说明自己能力不如管仲。齐桓公在听了鲍叔牙的推荐后，不计一箭之仇，任管仲为相，体现了一代明君宽广的胸怀和尊贤重士的良好政风。此外，桓公还设“庭燎”以招贤士，据《说苑·尊贤》记载，桓公对只会九九之术的“东野鄙人”也能以礼相待，体现了“海不辞水，故能成其大。山不辞土石，故能成其高”（《管子·形势解》）的求贤若渴心态，无怪乎四面八方的贤士都接踵而至。卫人宁戚听说桓公尊贤重士，便想前去投靠，无奈穷困不堪，缺少路费，只能一路贩牛颠沛流离地到达齐国。桓公欲重用宁戚，对于群臣的异议，桓公解释道：“派人到卫国去了解他，恐怕会发现他的小毛病，忘了他的大优点，这就是一个国君丧失天下贤士的原因。况且一个人本来就难以十全十美，应该灵活地利用他的长处。”（《新序·杂事》）于是桓公重用宁戚，授予他高官厚禄，而宁戚在桓公称霸过程中也起到了重要的作用。此外，桓公还提拔了善于察言观色的“执席”（拿着席子，请人就座，相当于现在的接待服务人员）东郭邮。为求贤士，桓公曾不辞劳苦五访小臣稷，并且说即便小臣稷可以轻视官职俸禄，自己作为国君却不能轻视霸王之业。需要指出的是，桓公尊贤重才的诸多举措发生在管仲任相之后，世人自然有理由揣测这是君臣二人的共识，换言之，是管仲通过君主之口、君主之威行选贤任能之实。

三、晏婴“以民为本，举贤任能”的政治实践

（一）《晏子春秋》中的民本思想

《晏子春秋》实系后人依托并采缀晏子言行而作，该书从不同角度反映了

银雀山汉简
《晏子春秋》残简

晏子的思想。其中的民本思想认为，国家要想“长保威强”，要“先民而后身”。（《晏子春秋·内篇问下》）

民本思潮的兴起，在当时是有一定历史背景的。春秋后期，由于生产力的发展，劳动者的觉醒，人民在社会生活中越来越显示出巨大的力量。晏子对这一时代潮流非常明了，因此当叔向问他什么样的德行最高尚，什么样的德行最低下以及什么样的品行最淳厚，什么样的品行最卑鄙时，他回答道：“没有比爱护百姓更高尚的德行，没有比使百姓欢乐更淳厚的品行。”“没有比刻薄地对对待百姓更低下的德行，没有比坑害百姓更卑劣的品行。”（《晏子春秋·内篇问下》）晏子的民本思想具体表现为以下几个方面：

第一，提倡省刑宽禁，反对严刑峻法。齐景公时期曾一度滥施刑罚，常把犯人的脚砍下来，导致齐国市场上鞋子贱而假脚贵。晏子提出减轻刑罚的具体措施：“如果是该判死刑的就减为徒刑，该判徒刑的减为惩罚，该惩罚的减为免罪释放。”（《晏子春秋·内篇杂下》）他希望景公能大赦天下，让犯罪的人回家种田，安居乐业。

第二，晏子主张薄身厚民。晏子辅政时，齐国统治者自身极尽奢侈享乐之能事，对百姓则极尽搜刮之能事，正如晏子所讲：“君王的行为举止邪僻不正，对国家没有德义，开凿池塘，就想挖得又深又宽；修建楼台亭榭，就想修得又高又大；征收赋税就像掠夺一样，杀戮百姓就像杀死仇敌一样。”（《晏子春秋·外篇》）齐国统治者的这种穷奢无度、竭泽而渔的做法，导致民不聊生，怨声四起。因此，当齐景公问晏子古代有盛德的明君具备什么样的德行时，晏子趁机回答说：“他们对自己供养微薄，对百姓供养丰厚，严于律己而宽待世人。”（《晏子春秋·内篇问上》）同时晏子还劝诫景公，征收赋税是为了平衡有无，使财富均匀，不是以此满足君王的嗜欲；奖惩制度要不分地位高低，平等对待，一切以法律为标准。在晏子的劝说下，景公下令：下属不得供奉玩赏的东西，市场公平买卖、不许欺诈，宫室不再修饰，未完成的建筑停止施工，停止劳役，减轻赋税。（《晏子春秋·内篇问上》）为了禁止奢靡之风，晏子以身作则，一件狐裘穿了三十年，衣帽脏了、旧了，洗净后依然穿戴上朝办公；平时乘坐破旧的车子，驾车的老马羸弱不堪，也不接受景公送来的豪华车马。他这样做就是要给全国的官员做个榜样，只有自己廉洁奉公，才能要求全国官民一切从俭。如果自己豪车骏马出行，就会上行下效，助长奢侈之风。类似的讲述晏子民本思想的故事在《晏子春秋》中有大量记载。

（二）晏子举贤任能的政治实践

爱民、节俭可以获得百姓的认同和拥护，举贤任能方可聚集社会人才，提高执政为民的能力和效率。晏子可谓举贤任能的典范。

首先，《晏子春秋》中有大量关于晏子举贤任能的记载。

在对待人才的态度上，晏子求贤若渴。燕国的泯子午是游说之士，他的言辞很有文采，思想很有条理。晏子认为他的文章从大处讲可以补益国家，从小处讲可以对自己有所启发。但是泯子午见到晏子后，因心中恐惧不能畅所欲言。晏子用和蔼的脸色宽慰他，用彬彬有礼的态度开导他，泯子午才尽情说出了自己的想法。客人走后，晏子端正地坐在席上，停止了朝会好长时间。下人不解，晏子解释道："燕国是拥有万辆战车的强国，齐国是疆土纵横千里的大国。泯子午认为拥有万辆战车的强国不值得游说，疆土纵横千里还算不上广阔，他的才能超出千万人之上尚且不能尽情地把他想说的话说出来，更何况齐国那些胸怀才德而至死未得重用的人呢？我看不到的有才德的人不是很多吗？而我失去了这些有才德的人，还有什么功劳可言呢？"晏子礼贤下士的行为固然可赞，而他自我反思的精神更加可贵。如何让人才消除顾虑，畅所欲言，放开手脚尽情地施展自己的才华，既是老故事，也是新课题。

在与人才交往时，晏子礼贤下士，态度极为虔诚乃至谦卑。晏子去晋国，途中遇到了头戴破帽、反穿皮袄的越石父。晏子觉得他是个君子，就解下左边拉车的马为他赎身。到了齐国后，越石父认为晏子怠慢了他，要与晏子绝交。

晏子了解情况后亲自向越石父道歉，下令洒扫门庭，更改筵席，以“醮礼”迎接。越石父感到“夫子礼之”，遂为其所用。晏子以一个政治家的宽广胸怀，不计私利，礼贤下士，珍惜人才，这种虚怀若谷的为政品德为后人津津乐道。

在人才的甄别与选拔上，晏子主张“举之以语，考之以事”。景公曾经询问晏子如何才能得到贤良的人。晏子认为，是否举荐一个人要根据他的言语来判断，才能要通过他所办的事情来分析。如果他能懂得治理国家的方法，就尊重、录用并亲近他。亲近贤德之人要以礼相待，不能侮辱，这是求得贤才的根本办法。因此贤明的国君高居上位，要削减不称职的官员而使他们多干事，不追求言辞漂亮而是用心于办事的能力，不符合正道的话不说，不符合法令的事不办。晏子的话可谓掷地有声，对时下亦足资借鉴。（《晏子春秋·内篇问上》）

在人才的使用上，晏子主张“任人之长”，用人不疑。知人才能善任，才能治国。晏子认为，了解一个人，要从品行、才干、能力、智愚、贤与不肖等方面识别，只有充分了解人的这些特点与品性，才“足以观存亡”，这也是“天下之所以存亡”的根本。（《晏子春秋·内篇问上》）在人才的任用方面，晏子通过“地不同生”的道理，说明人的才能也是不一样的，因此只能任用他做某一方面的事情，不能苛求他把每一件事情都办成功。如果对人的要求没有止境，即便非常聪明的人也会有不够敏锐的时候。因此贤明的君主任用人才时，不让善进谗言、阿谀奉承的小人靠近左右，不准结党营私的人治理政事。总之，任用人才要重视、发挥他的长处，不强求他的不足，这就是用人的概要了。“国有三不祥”的故事，更是直白地劝告景公要做到用人不疑、疑人不用，要给予人才充分的尊重和信任，消除其后顾之忧，这样才能发挥他最大的才能。

其次，晏子劝诫齐景公要远离佞臣、小人。从历史经验看，国家的败亡、祸患的产生往往出自内部原因。如果君王自己有弱点，执掌权柄的佞臣就会乘机兴风作浪；如果君王自己品行端正、英明卓见，身边自然就少有小人和佞臣。因此当景公问晏子治理国家的祸患是什么时，晏子回答是“社鼠”——国家社稷之鼠。晏子认为，老鼠很难对付，它打洞躲藏在板墙里面，用火烧怕烧毁了木墙板，用水灌又怕冲走了墙上的泥巴。同样，“社鼠”隐藏在君主身边，对内混淆善良与邪恶，欺骗君主；对外向老百姓要权弄势。不杀掉他们，他们就会作乱为患，要杀掉他们，君主却又会加以庇护。一个卖酒的人因为家里养了一只恶狗，酿的酒放酸了都卖不出去。那些掌握权柄的人就是国家的恶狗，君王身边的小人就是社鼠。所以说君王昏庸腐败，必然致使奸佞当道，左右用事者皆为社鼠，从而导致祸患频生，国家走向衰亡。晏子曾经告诫景公，要慎重的选择身边的大臣。身边的大臣有好的德行，百官就能各得其所，善恶就能区别清楚。孔子听说这件事后评价说，晏子的这番话是确切的！有美好德行的人在国君身边，德行丑恶的小人就没有机会作恶。如果德行丑陋的人在国君身边，那么德行美好的人就没办法靠近国君了。

最后，晏子大力举荐人才，无情挞罚奸佞。晏子的举贤任能不只是停留在理论阐述和口头劝告的层面，而是体现于治国理政的实践中。据史书记载，晏子曾举荐自己的车夫做了齐国的大夫，因为车夫能反思自我，才识卓异，晏子颇有举贤不避亲的气度。如前所述，晏子去晋国的途中，遇到被贩为奴的越石父就替他赎身，用大礼来接待他，把他奉为上宾。面对晋国和燕国的先后侵犯，晏子举荐出身低微的田穰苴为将军，认为此人文能服众，武能退敌，可以为国家效力。田穰苴被任命为将军后，果然击退了晋、燕来犯之军。当然，对于那些祸国殃民的奸佞小人，晏子也绝不吝啬讥讽的语言与果决的处置。梁丘据和晏子同朝为臣，是齐景公高度赏识和信任的近臣，但晏子丝毫不给梁丘据留情面，曾在景公面前评说梁丘据对待牲畜毫无怜悯之心，对待君王只知道一味逢迎，丝毫没有自己的主见，与君王只能算作毫无原则的“同”，绝不能称为水乳交融的“和”，这种“同”就好比做饭时用水去调剂水，奏乐时琴和瑟只弹一个音。政治上应该允许有不同的声音，如果不允许大家有不同的意见，只追求绝对的“同”，那是非常错误的。晏子不留情面的批判极为深刻，甚至在牛山上，面对齐景公因怕死而哭泣，艾孔、梁丘据假模假式地跟随景公一起哭泣，婴子更是直言道“不仁之君见一，谄谀之臣见二”。尽管对梁丘据等小人疾言厉色，但由于晏子是出于公心，义正而辞严，挨骂的人也心悦诚服，梁丘据就曾说“吾至死不及夫子矣”。对于那些危害国家治安的人，晏子则果断出手，如“二桃杀三士”，表现出政治家所具有的超凡的果敢。

四、齐威王“积极纳谏，养才用智”称王诸侯

齐威王时期，正是从封建领主制进入封建地主制的大转变时期，各国新兴地主阶级先后在本国取得政权，他们为了富国强兵，进而一统天下，纷纷进行变法。魏用李悝，楚用吴起，秦用商鞅，韩用申不害，一时间各国掀起了一场改革大潮。齐威王这位在位初年荒于朝政的君王，迫于国内外的危机压力，幸赖淳于髡隐语阐幽，又得邹忌、田忌、孙膑等人辅助，知耻后勇，励精图治，在齐国推行了一场轰轰烈烈的改革运动。通过严罚重赏，整顿吏治，使得“群臣耸惧，莫敢饰诈，务尽其情，齐国大治，强于天下”（《资治通鉴》）。齐威王厉行改革成效显著，有赖于峻法严刑的实施，更得益于他对人才的尊重、任用和广开言路、善于纳谏。

（一）人才为宝，选贤任能

官僚政治的要求之一即贤者在位，能者就职，因而凡开明君主几乎都能不同程度地做到延揽和使用贤能。齐威王就十分珍视人才，他与魏惠王“论宝”的故事，足见其对人才的重视程度。据《史记·田敬仲完世家》记载：公元前355 年，齐威王与魏惠王在郊外打猎。魏惠王向齐威王炫耀自己有“径寸之珠”十枚，每一枚都可以照亮车前车后各十二乘，并反问齐国这样的万乘之国怎么会没有宝物。齐威王的回答是：“在我眼里，看作宝物的东西与您不同。我有个大臣叫檀子，派他守南城，那么楚国人就不敢来进犯东方的土地，泗上十二诸侯都争相来朝拜；我有个大臣叫肦子，派他守高唐，赵国人就不敢到东边的河里来打鱼；还有一个官吏叫黔夫，派他守徐州，燕国人、赵国人深感畏惧就分别祭北门、西门以求福；一个叫种首的大臣，派他防盗贼，则道不拾遗。这些人才华出众，光耀千里，何止十二辆车呢！”一番话说得魏惠王羞愧满面，扫兴而去。

孟子曾经说："宝珠玉者，殃必及身。"（《孟子·尽心下》）相反，人才得失关系到一个国家的兴衰存亡。俗话说："得士者昌，失士者亡。"贤能之士是国家真正的宝贵财富。齐威王不以金银珠石为宝，而以贤臣能士为宝，体现了他治国方略上的远见卓识。

基于对人才重要性的深刻认识，齐威王能够做到不拘一格任用贤才。他一方面选拔宗室中有作为的人为官，另一方面又选用一批寒门出身的士人委以重任。因受妒而遭残害的军事家孙膑，从魏国逃归时本是刑余之人，是被追杀的囚犯，却能以其丰富的军事理论和卓越的指挥才能，在田忌的推荐下，先被拜为师，后欲提拔为将；出身赘婿，受过髡刑且相貌丑陋的淳于髡，因博闻强记、滑稽善辩而深受齐威王的赏识和重用；出身平民的邹忌，毛遂自荐，鼓琴论政，三月而任相国，次年封侯。一时间，齐国人才脱颖而出，尊贤重士在齐国蔚然成风。

齐威王不但视人才为宝，知人善任，还能做到用人不疑。据《战国策·齐策一》记载：秦借道韩、魏攻打齐国，齐威王任命章子为将以迎击秦军。与秦军对垒，双方各有使节互相交往，章子便更改了旗帜和士卒所穿的"号衣"，冒充秦军，混杂在秦军中。于是有谣言说章子将要投奔秦国，威王听了不以为然。很快，又有人谣传章子要带领齐军投降秦国，威王依旧不为所动。就这样，一连三次。威王身边的官员问："言章子之败者，异人而同辞，王何不发将而击之？"王曰："此不叛寡人明矣，曷为击之！"果然，没过多久就传来齐兵大胜、秦兵大败的消息。齐威王坚信自己的大臣章子绝不会叛变，放手让章子指挥作战，全权处理，终于取得战争的胜利。

（二）广开言路，奖励纳谏

能否纳谏以及在多大程度上纳谏，是衡量一个君主是否开明以及开明程度的一项重要指标。就此而言，齐威王无疑是一位佼佼者。齐威王即位之初，齐国的内外局势并没有完全稳定下来，但威王沉迷酒色，不理政事，在内忧外患的危亡之际，淳于髡隐语阐幽，以"国中有大鸟"相劝，被齐威王接受。后齐威王迷途知返，发愤图强。

再如，齐威王喜欢饮酒，时常通宵达旦地在后宫宴饮。淳于髡讽谏说："酒极则乱，乐极则悲；万事尽然。"威王听后，深感有理，连声称善，从此"罢长夜之饮"。《战国策·齐策一》记载了一则邹忌讽齐王纳谏的故事，邹忌现身说法，将"臣之妻私臣，臣之妾畏臣，臣之客欲有求于臣，皆以美于徐公"的道理说与威王听。威王听后旋即下令群臣、吏民"能面刺寡人之过者，受上赏；上书谏寡人者，受中赏；能谤议于市朝，闻寡人之耳者，受下赏"。诏令颁布，言路大开，进谏者络绎不绝，门庭若市。数月后，偶尔有人进谏。一年之后，由于齐国政治得到彻底改善，人们想进谏却无谏诤之言了。燕、赵、韩、魏诸国听说威王悬赏纳谏的事后，纷纷到齐国朝拜，愿与齐国结成联盟。

五、齐宣王"尊重贤达，好士贵士"传为美谈

齐宣王时期，齐国面临着非常复杂而严峻的国际形势，除齐国外，楚、秦亦称强于诸侯，各国之间存在着激烈的军事与外交斗争。齐宣王没有躺在父辈打下的江山上不思进取，而是从即位之初便立下凌云壮志，要大展宏图。公元前319年，孟子见齐宣王，讲"王道"，强调要用道德的力量统一天下。齐宣王对此很感兴趣，进一步询问怎样才能一统天下。孟子则一针见血地指出，宣王的"大欲"就是"辟土地，朝秦楚，莅中国而抚四夷"，这也正是齐宣王制定的基本国策。这一时期，士阶层在政治舞台上的作用日趋重要，他们在哪个国家聚集，哪个国家就会威震诸侯；他们离开哪个国家，哪个国家就会被轻视。为了实现一统天下的宏伟蓝图，齐宣王广揽天下贤士，向他们进行政治咨询，向六国制造舆论攻势。

（一）齐宣王"好士"

齐宣王仰慕孟子已久，虽然孟子讲的"王道"与齐国奉行的"霸道"相去甚远，但齐宣王仍以礼相待，与孟子深入交流强国富民的方略。稷下先生田骈想与齐宣王谈论"道术"，宣王表示对此不感兴趣，认为当前最重要的事

情是把齐国治理好，让人民安居乐业，实现国富民强。即便如此，田骈仍得以留在齐宣王身边，且被援予很高的政治、经济待遇。《战国策·齐策四》记载了“王斗说齐宣王好士”之事。直言敢谏的王斗坚持要齐宣王到门口迎接他，且与宣王并肩而入，交谈中王斗更是直言不讳地指出齐宣王的忧国忧民远不如爱惜一尺绉纱。宣王深受触动，由此制定了一系列尊重人才、重用人才的方针政策，将“好士”从口头真正落实到行动，从对外宣传的“面子工程”提升为吸纳人才、强国富民的战略高度。

（二）齐宣王“贵士”

《战国策·齐策四》还记载了“颜斶说齐宣王贵士”的故事。颜斶拜见齐宣王，二人为谁先上前行礼发生了“王贵还是士贵”的激烈争辩。最后齐宣王被说得很惭愧，当即拜颜斶为师，并要赐给他荣华富贵。也正是颜斶的“贵士”之论，使齐宣王发生了由“养士”到“好士”最后到“贵士”的转变。宣王贵士的名声传遍诸国，天下奇士纷纷奔齐。“宣王喜文学游说之士，自如驺衍、淳于髡、田骈、接予、慎到、环渊之徒七十六人，皆赐列第，为上大夫，不治而议论。”（《史记·田敬仲完世家》）政治上的宽松，言论上的自由，促进了稷下学宫的复兴，《史记·田敬仲完世家》记载，宣王时“稷下学士复盛，且数百千人”。此外，在经济上也给予稷下学士优厚的待遇，“开第康庄之衢，高门大屋，尊崇之”，“受上大夫之禄”。如此优惠的政策，吸引各国学者纷至沓来，“聚天下贤士于稷下”。他们常与齐宣王会见、问对、辩论，为齐国的政治、经济、军事出谋划策。

（三）齐宣王纳谏

能够听取不同的意见，甚至是反对的意见，不但体现了一个君王的胸怀，更是君王实现政治目标的必要条件。

孟子劝齐宣王与民同乐。齐宣王爱好音乐是出了名的，滥竽充数的故事就源于他的好乐。孟子谒见齐宣王，从音乐爱好入手，阐明了君王要从一个人单独欣赏音乐到与别人一起欣赏音乐，再到与民同乐。能做到与民同乐，天下百姓自然归服。还有一次，齐宣王在别墅雪宫接见孟子。孟子告诫道：以百姓的快乐为自己的快乐，百姓自然也会以君王的快乐为自己的快乐；以百姓的忧愁为自己的忧愁，百姓自然也会以君王的忧愁为自己的忧愁。能与天下百姓同忧同乐，却不能使天下归服于他的，历史上从来没有过。对于如何才能选用有才能的人而不任用平庸之辈，孟子的建议是：左右亲近的人都说某人好，不可轻信；众大夫都说某人好，也不可轻信；全国的人都说某人好，就去了解他，若发现他确实有才干，再任用他。这里已涉及人才的甄别、选拔、任免等治国理政的实际问题了。

尹文同齐宣王谈治国之道。尹文建议齐宣王要无为而治，要重点抓好国家的大政方针，不要陷于纷繁庞杂的日常事务。只有这样，君王才有精力去思考国家大计，有利于官吏放手大胆地开展工作。尹文还规劝齐宣王必须把赏、罚这两个锐利武器牢牢掌握在手中，并恰当地运用。另外还要注意尊贤任能，罢免平庸之辈。这些见解，即便放在当下，也是很有启发借鉴意义的。

春居谏齐王。齐宣王曾经大兴土木，一座宫殿修了三年还没有完工，但群臣没人敢当面进谏。春居觉得再这样下去会有损国力，且容易引起国人的不满，于是主动向宣王进谏。春居从楚王抛弃正乐而爱好淫乐，但楚国的贤臣没有人出来劝阻说起，痛陈齐宣王大修宫殿劳民伤财，却同样没有人敢劝谏，以此说明齐国既没有贤君也没有贤臣。齐宣王恍然大悟，动情地呼喊着春居的名字，深刻地自我检讨，并让史官记下来：自己不贤德，是春居及时进行了阻止。

齐宣王在其父齐威王的基础上，继续修明政治，发展经济，加强国防，广纳贤士。在他执政期间，齐国国力强盛，与西方秦国并称“东西二强”。稳定的社会秩序，贤明的政治，发达的经济，强大的军事力量，尤其是拥有众多天下奇士，为齐宣王对外扩张奠定了基础。

六、稷下学宫“广纳人才，百家争鸣”促成学术繁荣昌盛

战国时期，齐国称雄天下，在政治、经济以及军事等方面强于诸侯国，

是东方的大国。在文化上，更是出现过鼎盛一时的局面。当时，各国学者聚集齐地，讲学辩论，言治乱，明是非，形成了诸子云集、百家驰说的兴盛局面。稷下学宫就是为四方游学齐地的学者传道授业、著书立说而建立起来的一个场所。有学者称它为“一所由政府创办的高等学府”，也是“一所多学科的社会科学院”。因学宫建于齐都临淄的稷门外，故称“稷下学宫”。

（一）稷下学宫产生的社会历史条件

第一，经济基础。稷下学宫的出现，是春秋战国时期社会经济发展的产物，尤其与齐国发达的经济密切相关。自姜太公建立政权之后，确定了商工立国的方针，齐国经济得以迅速发展。至春秋时期，齐国已成为地大、人众、资源丰富，农业、手工业和商业都很发达的国家。齐桓公以此为基础，成就了“九合诸侯，一匡天下”的伟业。田氏代齐之后，随着封建生产关系的建立，社会生产力从奴隶制生产关系的束缚下解放出来，农业、手工业和商业都得到进一步发展。后来齐威王时期的社会变革，更使齐国的经济达到空前繁荣的程度。

农业方面，随着铁制农具的广泛使用和牛耕的推广，齐国的耕地面积进一步扩大，耕作方法进一步改良，农业生产发展飞快。据《战国策·齐策一》记载：“齐南有太山，东有琅邪，西有清河，北有渤海，此所谓四塞之国也。齐地方二千里。”《史记·货殖列传》则记载：“齐带山海，膏壤千里，宜桑麻。”

手工业方面，齐国凭借丰厚的自然资源和良好的手工业基础使之进一步发展。漫长的海岸线使齐国具有丰富的沿海渔业资源，同时为发展煮盐业提供了便利条件。齐国的制铜、冶铁、纺织、制陶、漆器等手工业也有长足的发展。尤其是齐国的纺织业更是独树一帜，有“冠带衣履天下”的美誉。

商业方面，齐国出现了“富商蓄贾，积余藏羡跱蓄之家”（《管子·轻重甲》）的局面。交通方面，有西起济南、东至荣成，横贯齐都临淄的交通大道，也有南北往来的交通干线，沟通着齐国与其他地方的经济交流。齐都临淄成为列国间最繁华的城市之一，是当时的商贸中心。

齐国经济的繁荣为文化的发展提供了必要的物质基础。只有依赖雄厚的经济实力，才能“开第康庄之衢”，修筑“高门大屋”，为众多的游说之士提供优厚的物质生活条件，鼓励其高谈阔论、争鸣驳难。

第二，政治环境。春秋末战国初，由于社会经济的发展，新兴的地主阶级在经济上逐步取得主导地位，与此相适应，新兴封建势力进一步要求政治上的统治权。在由奴隶制向封建制过渡的社会大变革中，齐国较早实现了这一历史性转变。田氏代齐之后，新兴的封建势力经过长期斗争，最终掌握了齐国大权，整个社会的阶级关系由此发生重大变化。地主阶级成为新的统治阶级。奴隶主阶级中的一部分破产、没落，一部分则转化为地主；奴隶大多转化为农民；“工商食官”的格局被打破，大量个体手工业者、私营手工业主和商人出现。部分手工业者、农民、商人也逐步上升为地主、新贵，加入统治阶级行列。地主阶级分为不同的阶层和利益集团。随着“学在官府”局面的瓦解，文化开始下移，社会上涌现出了一个特殊的“士”阶层，这些人有知识、有文化，他们依附于不同的阶级、阶层和利益集团，其思想、言论、行动成为反映社会各阶级、阶层利益和愿望的“晴雨表”。

在诸侯争雄的历史条件下，各国统治者都面临着如何统治人民、管理国家、富国强兵等一系列重大问题。他们需要一批文人、武士为其出谋划策、辅政掌军。此时，士人阶层获得了可以充分施展自己才华的大好时机，他们逐渐成为可以左右时局的重要社会力量。在列国政治、军事角逐中，他们“入楚楚重，出齐齐轻，为赵赵完，畔魏魏伤”（《论衡·效力》）。士人为自己的理想抱负而奔走各国，“择君而事之”。国君为称雄天下，也特别注重广纳贤士，一展“好士”“贵士”的明主风范，以期取得政治、经济、军事上的优势，在激烈的兼并战争中立于不败之地。因此，“礼贤下士”成为盛极一时的政治风气。要在激烈的人才竞争中占据优势，就必须采取一系列的政策和措施，为士人提供优厚的生活条件，以增加吸引力和凝聚力。稷下学宫就是在这样的政治环境下应运而生的。

第三，思想文化氛围。春秋以前，“学在官府”，文化知识为奴隶主贵族所垄断。春秋末期，随着奴隶制宗法制度的崩溃，出现了“天子失官，学在四夷”

(《左传·昭公十七年》)的新局面。进入战国以后，私人聚徒讲学蔚然成风，并形成了各具特色的学术派别。“学在官府”的瓦解，私学的兴起，使文化知识逐渐渗透到了社会的各个层面，使新思想、新文化的产生成为可能。

社会变革的深入，造成了人们思想、观念的剧烈震荡。新的社会问题、思想问题亟待解答，这一切引发人们特别是士人的深入思考。各诸侯国所提供的宽松的政治环境，使得人们在新旧思想交替之际可以提出自己的见解和主张，思想上获得自由发展的机遇，出现了“处士横议”“百家异学”的局面。

稷下学宫的出现，不仅是战国时期思想解放的产物，更与齐国特定的思想文化环境密不可分。自姜太公封齐建立政权，就奠定了“尊贤尚功”的格局，并使之逐渐成为一种文化传统。后来齐桓公任管仲为相，齐景公任晏婴为相、司马穰苴为将等都是例证。到战国“诸侯并争，厚招游学”的新形势下，齐国统治者不失时机地创办了稷下学宫，正是对齐国“尊贤重士”传统的继承和发展。

稷下学宫的产生与发展，更重要的还有赖于齐国统治者所推行的文化政策。他们礼贤下士，喜文学游说之士，但又不追求统一的思维模式；他们“愿得士以治之”，但不要求学术思想时时处处直接服务于政治；他们倾向于黄老之学，但允许并鼓励不同学派的游士们畅所欲言、各驰其说。这与楚国任用吴起变法“破驰说之言从横者”的做法以及秦国商鞅变法所施行的“壹教”“壹言”是截然不同的。这正是齐之稷下能成为当时学术中心的重要原因。

(二) 稷下学宫百家争鸣的盛况

“稷下时代”，政治上全国尚未统一，思想文化领域更不可能有公认的圭臬和定于一尊。众多学者从自己的立场和思想倾向出发，积极探求现实社会的出路。由于他们看问题的角度不同，解答问题的方案各异，从而导致彼此之间竞长论短、争论不已。这种风气，促进了稷下学宫在学术上百花竞放、百家争鸣局面的出现。当时活跃在稷下的各家学派，基本上代表了先秦时期的主要思想倾向。

道家。在稷下学派尤其是其前期发展过程中，稷下道家居主要地位。稷下道家的重要特点是融合各家思想，形成了以下两派重要代表：一是将道家与法、儒、刑名、阴阳等派学说相融合，以“因道全法”为基本特点的新道家——黄老学派；二是以宋钘、尹文为代表，从道家立场出发，兼采儒、墨的宋、尹学派。

阴阳家。以邹衍为主要代表，运用“五行生胜”理论来解释自然、社会历史现象。这一理论无论在当时还是对后世，均具有广泛而深远的影响。

法家。是稷下学派中的重要一派，其思想主张是以法治为主。但随着当时政治风云的变化和现实斗争的需要，其法治理论与道家、儒家相融合，道法并提，主张“引道入法”“明君重道法”。齐法家的这种思想倾向，与秦、晋法家是不同的。主要代表人物有田骈、慎到等。

儒家。孔子去世后，儒家思想非常活跃。战国时期，“儒分为八，墨离为三”。稷下儒家前有孟子学派，后有荀子学派，在当时都产生了极大的影响。他们思想的变化发展，充分体现了对诸子各家学说的融合吸收。孟子一派继承了孔子的仁学思想，在稷下又吸收了道家思想的因素，形成了以人为中心的上下与天地万物同流的体系。此外，还吸收了宋、尹学派中的“人欲固寡”思想，提出了性善论；孟子的“善养浩然之气”的论述，则明显受宋钘“精气”说的影响。正因为孟子一派一方面继承了孔子之儒学，一方面又大量融合稷下诸子的思想精髓，所以使得孟氏之儒明显具有战国时代的特色。稷下学的后期，以儒学为基础，援法入儒，儒、法融合，构成了孙氏（荀子）之儒的主要特色。

名家。随着社会形态的新旧交替，社会上的名物制度发生了重大变化，从而使得反映旧制度、旧事物的“名”，同反映新制度、新事物的“实”之间，抑或反映新制度、新事物的“名”，同反映旧制度、旧事物的“实”之间，不相符合而产生矛盾，出现“名实之相怨久矣”（《管子·宙合》）的现象。早在春秋时期，就存在孔子强调“正名”和墨子主张“取实于名”两种不同的观点。随着人们认识的深入和百家争鸣的展开，战国中期出现了一批致力于名词、概念、语义的分析，着意于名实问题的研究，侧重探讨思维形式和规律的学者，后人称之为“辩者”或“名家”。主要代表人物有兒说、田巴等。

此外，稷下学宫中还有墨家、农家、兵家、纵横家等学派。正是由于各家学派并立，相互辩难争鸣，才使稷下学宫成为当时学术发展、繁荣的中心。

（三）稷下学宫的性质及学风

稷下学宫是一所由官家操办而“私家”主持的特殊类型的学校，于田齐政权而言，至少扮演了以下几种角色：

第一，田齐政权的智囊团。田齐政权创办稷下学宫的主要目的，就是最大限度地利用天下贤士的聪明才智，巩固自己的统治进而获取天下、实现统一。用齐王的话说就是“有智为寡人用之”（《说苑·尊贤》）。为了用其智，齐国君主授稷下先生以禄位，给他们提供优厚的待遇。稷下学宫吸引的对象是该时期十分活跃的“士者流”，即各种各样的知识分子。他们在稷下研讨、争辩、讲学、集会，活动多样，但都带有浓厚的政治色彩，有着明确的政治目的。无论是淳于髡的隐语阐幽，还是孟子见齐宣王、田骈说“道术”，稷下先生的思想理论，明显影响着田齐政权的内外政策，对齐国的发展产生过重大影响。更有一些稷下先生肩负外交重任，奉齐国君主之命出使别国，搅动政治风云。所有这些都说明，稷下学者并非醉心学术争鸣而逃避现实的隐者之派，恰恰相反，他们都是热衷于社会现实的风云人物。正是这些风云人物，使稷下学宫成为一个充满政治色彩的“智囊团”。

第二，稷下学宫是当时的学术中心。稷下学宫具有浓厚的政治色彩，但绝不是政治的附庸。稷下先生也不是依附于诸侯的一般政客，他们见多识广，除了参政，也著书立说、相互议论。他们的著述和议论往往旁征博引，曲尽事理，具有很高的理论性和学术性。除了见诸史书的稷下诸子之书，据学者考证，《孟子》《荀子》《鲁仲连子》《黄老帛书》《吕氏春秋》的部分篇章也出自稷下先生之手。《管子》一书中，有半数以上的文字为稷下学者所写。稷下学者研究的问题，涉及政治、经济、哲学、历史教育、文学艺术、逻辑、天文、医学等领域。稷下学宫可谓中国历史上最早的多学科研究院，是战国时代学术研究、争鸣的中心。

第三，稷下学宫是一所高层次的教育机构。稷下学宫不但发挥了政治功能和学术功能，而且稷下先生大都广收门徒，授业解惑，积极从事教育活动。稷下学宫有各种形式的讲学活动，还定期举行学术集会，培养了成千上万的人才，对战国中后期教育的发展产生了积极影响。为了使庞大学宫的日常教育活动正常运转，还设立了学则——《弟子职》，详列了弟子入学、受业、尊师、起居、交游等方面必须遵守的基本要求和准则。

稷下学宫学风的最大特色是“自由”，包括思想自由和学术自由两方面。在稷下学宫，名家并立，平等共存，诸子百家可以提出各种观点，政治上也没有什么限制和禁忌，齐国统治者也不以好恶而褒贬。各家为求自身的存在和发展，相互之间展开了激烈的学术争论。其中，既有同辈学者间的理论探讨，也有前辈学者与后生的对话；既有互相尊重、平等相待、悉心求教的学术研讨，也不乏各抒己见、据理力争、咄咄逼人的思想交锋。激烈的学术争鸣，使得各家学派在发展过程中都注意吸收、融合他派之长，形成了融合发展式的学风，产生了一大批集大成式的思想家，如邹衍、荀子、淳于髡、鲁仲连、尹文、环渊等。

（四）稷下学宫的历史地位及影响

稷下学宫的创立，是先秦时期思想文化领域的一个伟大创举。郭沫若曾高度评价说：“这稷下之学的设置，在中国文化史上实在是有划时代的意义。”① 作为中国历史上最早的集政治、学术、教育于一体的机构，其主要贡献有以下几个方面：

第一，稷下学宫推动了政治的昌明、思想的解放和民主精神的发扬。稷下先生“喜议政事”（《新序·杂事》），“各著书言治乱之事，以干世主”

① 郭沫若：《十批判书》，东方出版社 1996 年版，第 158 页。

（《史记·孟子荀卿列传》）。他们顺应天下一统的时代大潮，积极为之奔走呼号，为统一大业起到了有力的推动作用；他们抨击时弊，匡正国君，宣扬民本思想，对政治的昌明是一种有益的启蒙；他们不治而议论，直言极谏，把一些带有民主色彩的思想直接传递给统治者，促进了民主精神的发扬。

第二，稷下学宫代表了战国时期百家争鸣的高峰。稷下学宫所提供的优厚条件，使诸家学派在这里得以长足发展。正如翦伯赞所言："他们著书立说，上说下教，文化学术获得空前的发展。"① 稷下学宫为各派学术的交汇融合、相互促进提供了有利条件。在宽松的文化政策下，各派思想相互渗透、互为补充，产生了大量的新学派，如黄老之学、齐法学、名辩思潮、阴阳五行学说等，都是在稷下这块良好的"土壤"中孕育、成长和发展起来的。

第三，稷下学宫是战国时期教育发展史上的重要里程碑。作为一所高层次的教育机构，它为齐国统治者培养了许多人才。他们不分国别、不论学派，自愿前来，自由讲学。稷下学宫采取的以游学为主的教学形式，适应了当时列国纷争的社会现实和政治文化需要，使学生们开阔了眼界、增长了才识，促进了有用人才的成长。

总之，稷下学宫作为思想大解放时期的产物，不但对当时政治的昌明、学术的繁荣、教育的进步等有极大的推动作用，对后世的影响也极为深远。秦汉两代，在稷下产生、发展、成熟的阴阳五行学说，直接被秦汉皇帝作为统治百姓的工具。稷下学者所讨论的诸如天人之辩、古今之辩、王霸之辩、人性善恶之辩、义利之辩等，几乎成为中国古代思想的中心议题。在这些问题上，历代学者大都吸收了稷下诸子的思想，并在新的历史条件下赋以新的内容。

七、"以人为本，尊贤尚功"的现代意义

"以人为本，尊贤尚功"既是一个历史话题，又是一个现实课题，更是一

① 翦伯赞主编：《中国史纲要》，第一册，人民出版社 1979 年版，第 85 页。

个永恒的命题。以《管子》人性论为代表的“人本思想”，从最基本的“人性”角度出发，着力调动人的主观能动性，成为推动社会发展变革的根本动力，从而使齐国的经济制度变革得以落实、政治变革得以实现、民俗得以养成。自太公至桓管乃至田齐，齐国统治者“尊贤尚功”，不拘一格大力荐举、培养、使用人才，贩夫走卒亦可为卿为相，这些政策的实施扩大了社会治理的政治基础，为国家的长治久安注入了新鲜的血液和强劲的发展动力。齐国在指导思想上尊贤尚功，重民、爱民；在政治实施上守礼敬德，忧民、顺民；在经济发展上重农轻赋，富民、利民；在社会治理上宽刑缓政，以法保民、安民。尊重人性，顺应民情，重用人才，奖勤罚懒是亘古不变的价值观，即便对当下的治国理政亦足资借鉴。

当今世界正面临百年未有之大变局，时下中国的经济转型主要有两条主线，一条是从旧动能转向新动能，另一条是从高速增长转向高质量发展。在高质量发展阶段，党和国家强调不是单纯地追求经济发展的高速度，而是要追求效率更高、供给更有效、结构更高端、更绿色可持续以及更和谐的增长，甚至可以部分放弃对经济增长速度的追求，从而达到更高质量的发展。绝“不因利益放弃底线、不因当前制约未来”，绝不以牺牲环境为代价来发展经济，时刻铭记“绿水青山就是金山银山”。党和国家正是从最基层的民众个体角度出发，坚定不移地贯彻“创新、协调、绿色、开放、共享”的发展理念，努力实现好、发展好、维护好最广大人民群众的共同利益，共享经济发展红利，提升人民的幸福感和获得感，应当说这是最普遍、最深刻、最彻底的以人为本。同时，党的十八大以来，广大党员干部牢记为人民谋幸福、为民族谋复兴的“初心”和“使命”，切切实实解决老百姓生产、生活中的难题。对干部的要求则是既要干干净净，又要干事创业，“能者上，庸者下，劣者汰”，这成为为官从政的基本主线，也是对“尊贤尚功”思想的继承与发展，其必然为人的全面发展，为全面小康社会的建成，为实现中华民族伟大复兴的中国梦助力扬帆。

第二章　变革创新　开放包容

齐文化源远流长，璀璨夺目。它既是中华优秀传统文化的主要来源之一，也是其重要组成部分，是中国传统文化宝库中的一朵瑰丽奇葩。在千百年的历史发展过程中，齐文化形成了尚变革、重开放、崇务实、尚法制、兼容并包等鲜明特点。这些精神品质历久弥新，具有超越时空的迷人魅力。特别是变革创新以及开放包容的精神要义，早已深深融入中华民族的血脉，成为伟大民族精神的典型代表。无论是在过去还是现在，都有其永不褪色的时代价值。对它们进行系统梳理及深入阐释，能够为培育和践行社会主义核心价值观，实现中华民族的伟大复兴，提供有益借鉴与丰厚的精神滋养。

一、变革创新

中华民族是善于变革、敢于创新的民族。早在文明发展的初期，中华民族就已经意识到世界万物皆处于不断运动变化之中。如《诗经·大雅·文王》说："周虽旧邦，其命维新。"《周易·系辞下》说："易，穷则变，变则通，通则久。"《周易·杂卦》说："革，去故也；鼎，取新也。"《礼记·大学》说："苟日新，日日新，又日新。"又如《论语·子罕》说："子在川上曰：'逝者如斯夫，不舍昼夜。'"这些论述无不揭示出万事万物都在不断改变和创新的奥秘。它们既是圣哲先贤关于自然、社会、人生变化不息之认识智慧的反映，更折射出中华民族变革创新的可贵精神。可以说，这一精神始终伴随着中华民族五千年灿烂辉煌、绵延不绝的发展历程，是中华民族生生不息的动力之源。

齐文化博大精深，异彩纷呈。在其产生、发展的漫长历程中，逐步形成了变革创新的鲜明特质，这一特质与中华民族变革创新的精神具有高度契合性。

变革创新是齐文化的重要内涵之一。《管子·内业》说："一物能化谓之神，一事能变谓之智。"《管子·心术下》说："一气能变曰精，一事能变曰智。"《管子·正世》进一步明确指出："古之所谓明君者，非一君也。其设赏有薄有厚，其立禁有轻有重，迹行不必同，非故相反也，皆随时而变，因俗而动。"《管子·正世》更说："不慕古，不留今，与时变，与俗化。"以上思想，均点明了齐文化主变合时的革新观，是齐人变革创新精神的显现。这一精神外化在齐人的行为上，突出表现为齐国历史上产生的多次伟大的变革运动。齐国在八百多年的历史发展过程中，经历了诸多变革，其中规模较大、影响深远的有三次：西周初期的姜太公变革、春秋中期的桓管变革、战国时期的齐威王变革。从中，我们可以看到，齐文化的变革创新精神是如何在一次次的社会实践中逐渐形成、发展和完善的。

（一）西周初期的姜太公变革创新

齐国历史上的第一次变革发生在西周初期。众所周知，姜太公以首功之臣的身份被封于齐，成为齐国的开国之君。太公在封齐伊始，就以超凡的智慧和惊人的魄力，把殷商时代的东方习俗与西周的政风礼制相结合，因地制宜，在政治、经济、文化等诸方面制定了一系列基本国策和相关措施，从而完成了对夷俗和周礼的第一次改造。在治理齐国的过程中，姜太公表现出了勇于实践、敢于创新的可贵精神。

第一，在政治上推行尊贤尚功的用人政策。统治者制定的任何路线、方针、政策，最终都需要由人去贯彻执行。因此，在将正确的方针、政策变为人们的自觉行动的过程中，人无疑为决定性因素。尽管太公也是“东海上人”，但仅仅依靠他自己及周围的部分人，是难以治理好国家的。因此，就需要广泛地团结各部族的人，重用各部族中确有才能而不抱偏见的人，广集贤士。建立政权伊始，太公就以卓越的政治眼光，认识到了人尤其是人才的极端重要性。太公曾说：“王人者上贤，下不尚。”即统治者应该推崇贤人，贬抑不贤的人。《六韬·龙韬》说：“得贤将者兵强国昌，不得贤将者兵弱国亡。”即得到好的将领，就会军队强大，国家强盛；得不到好的将领，就会军队衰弱，国家灭亡。这些都反映出太公的举贤思想。另据《汉书·地理志》记载：太公始封之时，周公和太公曾有过一次著名的对话。周公问太公怎样治理齐国，太公回答道：“举贤而上功。”意思是任用有才能的人，奖励有功劳的人。太公不仅发之于言，更践之以行。他没有拘泥于西周以血缘关系为基础的“尊尊亲亲”的正统思想，而是在用人方面进行了大胆改革，举贤任能，唯才是举，尊贤尚功。具体而言，就是不论出身高低贵贱，不分部族、门第和国别，只要有才干、有业绩，愿为国效力，就委以重任，给予爵位，授予实权，赏赐封地，为其提供施展的平台，充分发挥其智慧和才能。这样就吸引了大批东夷土著中的贤士加入齐国统治阶层，使一大批出身寒微的政治家走上齐国的政治舞台，让其在国家建设中发挥应有的作用。与当时鲁国实行的“尊尊亲亲”的用人政策相比，齐国实行的“尊贤尚功”的思想和用人政策无疑是一个巨大进步，其意义广泛而深远：一是发现了人才使用的客观规律，打破了门第、出身、国别等方面的限制，有利于人才的选拔，更有利于最大限度地调动和发挥人才的积极性和创造性；二是对后代齐国君主的国策制定产生了深远影响，开创了“尊贤尚功”的人才使用先河，形成了齐国的用人传统，进而为后来齐国称霸称雄、位列诸国至尊奠定了雄厚的人才基础。

第二，在经济上倡导“农、工、商”并举、“通商工之业，便鱼盐之利”的宏观战略。太公曾说：“人君有六守、三宝。”（《六韬·文韬》）这里的“三宝”即大农、大工、大商。周朝实行的是农业立国的方针，太公并未完全照搬这一方针，而是倡导“三宝”并举，这是基于对齐地具体情况客观分析的基础上做出的正确决策。那么当时齐地的具体情况是怎样的呢？据《汉书·地理志》记载，当时的齐地“负海潟卤，少五谷而人民寡。”《盐铁论·轻重》也说：“昔太公封于营丘，辟草莱而居焉。地薄人少。”这些都说明当时齐地尽潟卤之地，不利于种植五谷，生存环境十分恶劣。同时，齐地又人烟稀少，缺乏必要的劳动力，这也就意味着仅依靠发展农业来富国强兵，困难极大，周朝的农业立国方针并不符合齐地的具体情况。另一方面，齐地又具有明显的区位优势——依山傍海，多山泽鱼盐之利，而且齐地的土著东夷人素有植桑养蚕、制陶、冶炼等手工业传统。在这种情况下，太公因地制宜，创造性地倡导“农、工、商”三宝并举，并制定了“通商工之业，便鱼盐之利”的工商立国方针。具体而言，就是在注重发展农业生产的同时，充分利用境内矿藏、鱼、盐资源丰富的特点，大力发展冶炼业、丝麻纺织业、渔盐业等手工业，并利用齐国交通便利、人民有重商传统的优势，大力发展商业，推行与列国通货的外贸政策。由此使齐国逐步发展成为“冠带衣履天下”的富强之国，出现了“人民多归齐”的局面。正如《史记·货殖列传》所称赞的：“故太公望封于营丘，地潟卤，人民寡，于是太公劝其女功，极技巧，通鱼盐，则人物归之，繦至而辐凑。故齐冠带衣履天下，海岱之间敛袂而往朝焉。”由此，齐国由偏僻荒凉的小国、穷国，逐步发展成为雄踞东方的大国、富国。

第三，在文化上推行“因其俗，简其礼”的开明政策。（所谓“俗”，指“夷俗”，即当时东夷人的生活方式；所谓“礼”，指“周礼”，即君臣之间的礼仪制度）所谓“因其俗，简其礼”，就是从齐地的实际情况出发，尊重东夷人的文化传统，不强加干涉，且不强制推行周礼，这样，既赢得了民心，又调动起齐民兴齐建国的积极性。历史证明，姜太公“平易近民”“以俗治国”的方略促进了周文化与东夷文化的融合，完成了对夷俗和周礼的第一次改造，为齐文化的勃兴做出了卓越贡献。

综上所述，齐国的开国君主姜太公在封齐伊始，就摆脱了传统思想的束缚，以超凡的智慧和惊人的魄力，在政治、经济、文化等方面进行了大胆改革与创新，这不仅是一次思想的解放，更是一次实践的创新，体现了难能可贵的实事求是精神和变革创新精神。太公变革不但使齐国人口剧增，百姓富足，国库充盈，也为齐桓公创建“九合诸侯，一匡天下”的春秋霸业奠定了雄厚基础，而且为齐国确立了因俗立国、工商立国、尊贤立国的三大传统，开齐文化变革创新之先河。

（二）春秋中期的桓管变革创新

齐国历史上的第二次变革发生在春秋中期。彼时，改革浪潮风起云涌，以不可阻挡之势，席卷华夏大地。率先拉开各国改革序幕的则是桓管变革。如前所述，太公变革使齐国逐渐成为雄踞山东半岛的大国。然而，到了春秋初年齐国第十四代君主齐襄公时，由于襄公乱政，齐国的各种社会矛盾激化，国家日益衰败。齐桓公即位后，面对的是一个满目疮痍的烂摊子。为了使齐国走出荆棘之境并称霸天下，桓公弃一箭之私仇，任管仲为相。管仲上任后，敏锐地认识到改革对于实现富国强兵目标的重要性，他认为：“仓廪实而知礼节，衣食足而知荣辱。”（《管子·牧民》）在他看来，只有让人民过上富裕的生活，才可以让人民知礼节、知荣辱。而如何让人民过上富裕的生活？唯有改革。于是在管仲等人的辅佐和推动下，桓公借鉴西周初始太公的治齐之策，根据当时的国际国内形势，除旧布新，对齐国的政治、经济、军事、社会等方面进行了一系列大规模、全方位的系统而深刻的变革。

桓管变革主要包括以下几个方面：

1. 政治方面的变革

第一，实行君主制下的相国责任制。相国是辅助国君处理国家大事的最高长官。黄帝时，“置左右大监，监于万国”（《史记·五帝本纪》）。唐虞之世，设百揆总领事务。夏制之六卿、殷制之六太、周制之三公，都与后世的相国之职相类似。但是专家们普遍认为，真正的宰辅制度形成于春秋时期的齐国。[①] 桓公即位后拜管仲为相，尊为“仲父”。在当时的齐国，相国一职拥有极高的权力：一是总揽枢要，即上承君令，下统群臣，为百官之长；二是

---

① 宣兆琦、杨宏伟主编：《齐国史话》，兰州大学出版社 1997 年版，第 107 页。

制定行政法规，规谏君主，考察群臣，并执掌赏罚大权；三是掌握军权，出将入相；四是掌握外交权。相国既可代君参与会盟，也可随君或单独出使别国。由此可见，相国一职可谓位高权重，堪称国君的左膀右臂。正是由于实行了君主制下的相国责任制，管仲的才能才得以尽情发挥，从而辅佐桓公成就了一番霸业。

第二，中央实行“五官制”。桓管时代，齐国在相国之下设五官，以司各项专门事务。当时，齐国所设的五官是：主管司法的最高长官“大司理”，曾由宾胥无、弦子旗担任；主管军事的最高长官“大司马”，由王子城父担任；主管经济的最高长官“大司田”，由宁戚担任；主管外交事务的最高长官“大行”，由隰朋担任；主管进谏、咨议的最高长官“大谏”，由东郭牙担任。相国责任制下的“五官制”，使经济、军事、外交、司法等各项具体工作职责分明，五官各负其责，国家的各项事务清晰而不杂乱，提高了办事效率，保证了政令的推行。尽管“五官”并非齐国首创，但是齐国的“五官制”，较古代“五官”，体系更加完备，各项规定更加具体、完善和规范，对后世影响也颇为深远。

第三，地方实行“国”“鄙”的行政区划。据《国语·齐语》记载，桓管时期，为了集权于中央，建立了新的地方行政区划，先后实施了“叁其国”和“伍其鄙”的制度。“国”即国都及其郊区，“叁其国”就是把“国”划分成二十一个乡，其中工商之乡六个，士农之乡十五个，“公帅十一乡，高子帅五乡，国子帅五乡，参国故为三军”（《管子·小匡》）。“鄙”即乡村，“伍其鄙”就是规定三十家为一邑，每邑设一司官；十邑为一卒，每卒设一卒帅；十卒为一乡，每乡设一乡帅；三乡为一县，每县设一县帅；十县为一属，每属设一大夫。全国乡村共分为五属，分别由五个大夫管理。每年正月，五属大夫例行向桓公报告属内政绩，由桓公督责他们的功过。地方各级官吏由国君直接任免，统一执行国君的政令。“叁其国而伍其鄙”的目的是“定民之居，成民之事”（《管子·小匡》），也就是使民众各有其居，各守其业，不许杂处或任意迁徙。这一改革强化了国君对直属领地的控制，使全国在行政上形成统一整体，并引领了区域行政建制的改革，促使了郡县制的出台。

第四，改革用人制度。一是以国家政令的形式选拔人才，实行“三选之法”。即推行乡长进贤、官长选贤、国君考察用贤的三级举贤制度，并规定当地官吏有责任推荐各地好学、慈孝、聪慧或者武力出众者，否则就要追究其“蔽贤”“蔽明”之罪。（《国语・齐语》）“三选之法”有固定的时间、规定的程序、明确的职责和任用办法等。由此建立起一套包括官员选拔、桓公面试、实践考察在内的人才选拔制度。无论出身贵贱、地位高低，只要有一技之长，士人都可能被推荐和选拔为官员，实现了“匹夫有善，可得而举”（《管子・小匡》）。“三选之法”不仅冲破了世卿世禄制的束缚，为大批德才兼备的中下层士人进入仕途敞开了大门，从而大大扩大了选贤范围，也使人才选拔制度化、规范化，使用人制度更具活力，还使得太公确立的“尊贤尚功”的用人方针有了制度保证。二是察能授官，因功授爵，不拘一格选用人才。管仲劝桓公“无听左右之请，因能而受禄，录功而与官”（《韩非子・外储说左下》），“爵授有德”“禄予有功”（《管子・问》），“使贤者食于能，斗士食于功”（《管子・法法》）。由此打破了世卿世禄制和请谒成风、用人唯亲的陋习，使下层士人只要有善行或治国才能，便可被授任官职，也使无功无能的人“莫敢索官”（《韩非子・外储说左下》）。“桓公得宁戚”“管仲荐五杰”都是桓管唯才是举、不拘一格选用人才的例子。前者说的是桓公慧眼识才，“不以小恶掩大善，不以众短弃一长”，不重出身，不论资历，破格任用出身微贱的宁戚，使其由一个放牛青年走向参与国政的高位；后者说的是管仲向桓公推荐了地位卑微但有真才实学的“五杰”担任要职，这都是实行唯才是举人才政策的典型例证。

此外，还建立了官吏考核奖励制度。桓公每年都定期听取基层官吏汇报工作，听其言，观其行，禁绝虚言佞幸之徒的升迁之路。以上举措都反映出桓管时期人才政策的独树一帜。正是由于人才的优势，齐国得以迅速崛起而称霸。

2. 经济方面的变革

称霸诸侯需要有强大的经济后盾作为支撑。因此，桓管革新政治的同时，在经济方面也进行了一系列配套改革。

第一，对农业进行改革。最重要的举措有以下两项：一是实行“均田分力”的土地政策。春秋时期，由于生产工具的改进，大量荒地被开垦出来，出现了公田之外的私田，导致出现“公田不治”“田在草间”的荒凉景象，使得“井田制”成为当时制约生产力发展的障碍。针对这一情况，管仲对土地经营制度进行了大胆改革，实行“均田分力”，即土地经过公平折算后，直接分给农民耕种，除了把“私田”“伤田”以及新开垦的田地分给农民，还把一部分公田分给新增农户。这一举措使农民抓紧农时，晚睡早起，父子兄弟全家关心农业生产，不辞辛苦（《管子·乘马》），农民的劳动热情被大大激发。二是在农业税征收上，创造性地提出了“相地而衰征”这一新的土地租税制度，即按土地的肥瘠优劣程度等条件给土地分等级，由此确定租税额。这一改革产生了积极而深远的影响：它不但使农民经营土地的积极性大大提升，齐国的农业由此得到较快恢复和发展，出现了地广、人众、粟多的强盛局面，而且带动了其他诸侯国的改革，加速了封建制度的进一步发展。如之后鲁国实行“初税亩”，秦国实行“初租禾”，都是受到了齐国租税改革的影响。

第二，对工商业进行改革。一是实行“官山海”的政策。所谓“官山海”，即由国家对盐、铁进行专卖。盐和铁在人们的生活、生产中必不可少，在国民经济发展中具有举足轻重的地位和影响。管仲早就认识到这一点，于是实行“官山海”政策，加强国家对盐、铁等生产与销售的控制。“官山海”的实质就是国家对经济的干预和控制，由此也拉开了国家宏观干预经济命脉的序幕。二是主张“利出一孔”，加强政府对经济调节的干预。管仲主张“利出一孔”，即涉及国计民生的物价，要由国家来主导。认为经济权益由国家统一掌握，这样的国家强大无敌；分两家掌握，军事力量将削弱一半；分三家掌握，就无力出兵作战；分四家掌握，其国家一定灭亡。否则，不懂得轻重之术，就不能组织经济之“笼”来控制百姓；不能够调剂民利，就不能讲求管制经济来实现国家大治。（《管子·国蓄》）尽管史书中没有关于“利出一孔”具体措施和方案的记载，但这一思想影响深远，典型的例子就是商鞅运用其思想在秦国实行“农战”国策，使秦国富强一方。

第三，改革对外贸易。在致力发展国内贸易的同时，十分重视发展与其他诸侯国之间的境外贸易，并实行了比国内贸易更为自由、开放的贸易政策。为促进境外贸易，实行对商业贸易减免税收的优惠政策，鼓励商品的流通与交换。一是鼓励出口。让商人自由出口鱼、盐等商品而不上税，“关市讥而不征，以为诸侯利”（《国语·齐语》），就是在关、市只进行检查不收税。二是鼓励进口。对进口货物也实行“讥而不征”，或收取很少的税，如“三十税一”“五十税一”。此外，还为外商在旅途和生活方面提供诸多便利，“请以令，为诸侯之商贾立客舍”，外商来车一乘的免费供应来人伙食，来车三乘的供给马的饲料，来车五乘的除享受上述优待外，还有役使仆人。而且三十里设一驿站，积储食物以供来往商贾。（《管子·轻重乙》）上述优惠政策的实行，使得“天下之商贾归齐若流水”。通过发展商业和对外贸易，使齐国的经济迅速发展，国力日益强盛，从而为称霸诸侯打下了坚实的基础。

3. 军事方面的变革

桓管不仅在政治上、经济上进行大幅度的革新，在军事上也进行了变革。具体地说，管仲进行军制改革，实行“作内政而寓军令”，也就是把军事编制隐藏于行政编制中，寓兵于农，兵农合一，平时生产，战时从征。十五个士乡的行政组织是：五家一轨，设一轨长；十轨一里，设一有司；四里一连，设一连长；十连一乡，设一良人。与此相应的军事组织是：每家出一人，一轨组成一伍，由轨长率领；一里五十人，组成一小戎，由里有司率领；一连二百人，组成一卒，由连长率领；一乡两千人，组成一旅，由乡良人率领；五乡一万人，组成一军，立一元帅。这样十五个士乡可以组成三军，从而扩大了兵源，增强了军力。为了解决军队武器短缺的问题，规定罪犯可以用盔甲和兵器来赎罪：犯重罪，可用犀牛皮制的甲与车戟赎罪；犯小罪，可以用铜铁赎罪。这是一种社会与军事相结合的战斗体制，亦为后来的大规模战争做了准备。

另外，前述“叁其国而伍其鄙”的行政区划，也不是一套一般的行政机构，而是一种军事政治体制。它是借建立配套的行政机构之机，寓兵于民，把全国人民组织起来，纳入军事编制，建立军政合一的体制。

4. 社会管理制度方面的变革

第一，创立四民分业定居制度，加强对全国居民的控制。商代一直到春秋时期，以血缘为纽带的宗族组织依然普遍存在。桓管改革之前，原有的宗族行政管理体制已遭到严重破坏，人们纷纷脱离原来的血缘组织，混居“杂处”，使得政治秩序难以维持。而要想让人们回到原来的宗族组织已经变得不可能，在这一情况下，管仲便采取了顺应时势的策略，“定民之居”“令勿使迁徙”“勿使杂处”（《国语·齐语》）。他把士、农、工、商并列为“四民”，说：“士、农、工、商四民者，国之石民也。”（《管子·小匡》）他认为，这四种职业的人，都应世代相传，且各居其职，不相混杂。（《管子·小匡》）这样，就可以使他们专心于自己的职业，即所谓“少而习焉，其心安焉，不见异物而迁焉”（《国语·齐语》）。基于此，管仲在全国实行了四民分业定居的措施，即按照人口分布的地域和职业，使士、农、工、商四民各居其职所，各有专业，并可世代承袭本职，不相混杂，也不能自由迁移。这一措施，不仅有利于社会秩序的稳定，还使同行业的人因聚居而便于互通信息，交流生产经验，提高劳动效率，促进生产的专业化。这一措施对中国古代职业分类产生了重要影响，成为我国最早的类型分组，在此后两千年一直成为被统治集团的典型分类。

第二，实行“九惠之教”制度。管仲认为，对民“‘爱之，利之，益之，安之。’四者道之出，帝王者用之而天下治矣”（《管子·枢言》）。其中的安民，就是要建立社会保障制度，因此，齐国实行了“九惠之教”。据《管子·入国》记载，管仲出任相国四十年，十分重视实施“九惠”的教化政策。第一叫老老，第二叫慈幼，第三叫恤孤，第四叫养疾，第五叫合独，第六叫问疾，第七叫通穷，第八叫赈困，第九叫接绝。具体地说，“老老”制度规定，年纪在七十岁以上的老人，免其一子的征役，每三个月官府有馈肉；八十岁以上的老人，免其二子的征役，每月官府有馈肉；九十岁以上的老人，全家免除征役，每天有酒肉供应。子女要细作饮食，经常询问老人的需要，满足老人的嗜好。老人死了，君主供给其棺椁。“慈幼”制度规定，凡士民有幼弱子女，无力供养而成为拖累的，养三个幼儿的即可免除“妇征”，养四个全家免除“妇征”，养五个还配备保姆，官家发给两个人份额的粮食，直到幼儿能生活自理为止。“恤孤”制度是动员社会力量抚育孤儿。“养疾”制度规定，对身体残疾、生活不能自理的人，官家将其养在“疾馆”供给其饮食，直到身死为止。“合独”制度规定，丈夫丧妻的叫作鳏，妇人丧夫的叫作寡，使鳏寡相配，给予其田宅而使之安家，三年后给国家提供职役。“问病”制度规定，士民有病的，“掌病”官吏以君主旨意进行慰问，要巡行国内，以慰问病人为专职。“通穷”制度规定，要对那些居无定所、食无粮食的贫寒之家给予救济。“赈困”制度规定，凶灾之年的时候，为人佣工者往往病而至死，要宽缓刑罚，宽赦罪人，发放仓库粮食来救济他们。“接绝”制度规定，对死于国事或死于战争的人士，使其生前友好或故旧领受国家一笔钱，负责祭祀他们。由上可知，“九惠之教”制度是关于民生治理的大政方针，涉及各种社会弱势群体，包含了民生、民政领域的大部分内容，是一个完整的民生管理和社会保障方案。其内容之具体、措施之完整、规制之得当，堪称中国古代民生关怀之大成。

5. 外交方面的变革

为了早日实现霸业，在以上改革的基础上，管仲又对齐国的外交政策进行了变革。

第一，改变国与国之间的敌视政策，“亲邻国”“安四邻”。管仲反对单纯以武力征服诸国，主张先以外交手段亲近邻国，交好诸侯，争取各国的拥护与信赖，然后择乱而征，保证师出有名，以顺利称霸。所以，他劝齐桓公首先以实际行动亲近邻国，返还侵地，不受其资财，多给他们重礼，经常与诸侯往来，让邻国安心并亲近齐国。对于诸侯，管仲主张采取“拘之以利，结之以信，示之以武”的政策，使诸侯“莫之敢背，就其利而信其仁，畏其武”（《国语·齐语》）。据《史记·齐太公世家》记载，公元前681年，齐国与鲁国会盟于柯，鲁国司马曹沫持匕首劫持桓公，要求他归还被侵占的鲁国之地汶阳，桓公被迫答应。事后，桓公想毁约并出兵报复鲁国，管仲及时加以谏止，并开导桓公说，背信毁约只不过是图一时快意，却因此失信于诸侯，失去天下的拥护，得不偿失。于是桓公听从管仲之言，履约归还了鲁地。各国诸侯得知此事，都认为齐国守信而想归附齐国。所以，“桓公之信著乎天下，自柯之盟始焉”（《公羊传》）。此后不久，齐国还归还了以前侵占的鲁国棠、潜两邑，卫国台、原、姑、漆里四邑，燕国柴夫、吠狗两邑，从而使南面的鲁国、西面的卫国、北面的燕国都成为齐国的友好邻邦。此外，齐国还主持正义，抑强扶弱；管仲重礼聘赠诸侯，划正疆界等。通过以上改革，改变了齐国与邻国之间的敌视政策，缓和了与周边国家的外交关系，稳定了诸侯国，赢得了诸侯对齐国霸业的归心。

第二，提出“尊王攘夷”的战略方针。在争霸战略上，管仲充分利用太公建立政权时齐国获得的“五侯九伯，女实征之”的征伐大权，以“尊王攘夷”为令旗号召天下诸侯。“尊王”，即尊重周王室，承认周天子的地位。“攘夷”，即联合当时中原诸侯国，即所谓“诸夏”，共同抵御戎、狄等少数民族对中原地区的侵扰。当时，夷狄不断进犯中原，齐国打出“攘夷”大旗，符合各诸侯国的根本利益。因此，“尊王攘夷”的外交路线，使齐国在舆论上获得了号召力，在行动上掌握了主动权，在效果上为桓公名正言顺地成为春秋首霸铺平了道路。

通过以上分析不难看出，桓管变革具有以下特点：一是涉及面广。这场变革是全方位的，不仅局限于政治、经济、军事方面，还涉及社会、外交等领域。二是持续时间长。这场变革不是一朝一夕就完成了，而是持续了四十年之久。三是影响极其深远。这场变革不但对齐国产生了重要影响，使齐国实现了富国强兵的目标，成为春秋五霸之首，而且对其他诸侯国如鲁国等国的改革提供了重要借鉴，在中国古代也产生了深远影响。

除以上三个特点，桓管变革还有一个鲜明特点，即实现了变革与创新同步，做到了传承与创新的有机统一。桓管变革，一方面是基于对西周初始太公治齐之策的借鉴，这体现了对传统的继承和发扬；另一方面也是更为可贵的，即桓管变革更富有创新性。这一创新是多方面的，其中最突出的体现是制度创新。在这场伟大的变革运动中，管仲创新了一系列政治制度、经济制度、社会管理制度、军事制度等。如在政治变革方面，相国制度的实施具有开创性，它开启了中国古代宰相制度之先河；“五官制”是一种崭新的富有浓厚地方特色的职官制度，是对古代职官制度独树一帜的创新；“国”“鄙”行政制度可以说是郡县制的初端。虽然在周初至秦始皇实行郡县制之前，历史文献中都可见“郡”“县”作为行政区划的名称，但对地方全面实行分辖区管理的，齐国是首屈一指的代表；“三选之法”则打破了世卿世禄制的束缚和任人唯亲的陈规。这些政治方面的变革均体现了明显的创新性。又如在经济变革方面，“均田分力”土地制度的实行，“相地而衰征”租税制度的实施，以及“官山海”政策的实行，无不带有典型的开创性特征。再如在军事变革方面，“作内政而寓军令”，将军事寓于行政，其实质就是军政一体化，更突显了创新性特征。

由上观之，桓管变革既有继承，更有创新。变革和创新二者相辅相成，相互作用，相互支撑，共同铺就了齐国轰轰烈烈的变革实践，不仅成就了桓公“九合诸侯，一匡天下”的春秋伟业，也使得桓管变革成为春秋史上一道亮丽的风景线，更是对齐国历史上变革创新精神一以贯之的继承与弘扬。

（三）战国时期的齐威王变革创新

齐威王像

齐国历史上的第三次变革发生在战国初期。公元前356年，齐桓公去世，齐威王即位。威王在位初年，好为淫乐，沉湎酒色，荒于朝政，出现了“诸侯并伐，国人不治”（《史记·田敬仲完世家》）的局面，整个齐国危如累卵，人心惶惶。幸赖淳于髡隐语劝谏，威王才“一鸣惊人”，迷途知返，在邹忌、田忌、孙膑等人的辅佐下，知耻反勇，励精图治，推动了一场轰轰烈烈的变革运动。

威王变革包括以下主要内容：

1. 整顿吏治，严罚重赏

针对当时齐国“百官荒乱”的局面，齐威王加紧整顿朝政，以铁腕肃清吏治。据《史记·田敬仲完世家》记载，威王在对官吏整顿前夕，派出得力大臣，深入地方进行调查。在掌握了第一手资料后，召集地方官到朝廷，烹杀了没有政绩、只知贿赂收买朝廷官员以求赞誉的阿大夫，以及收受阿大夫贿赂的官吏，又奖励给虽在朝廷内倍受毁谤却政绩优秀的即墨大夫一万户的食邑。从此，齐国上下吏治肃然，无论朝廷百官，还是地方官吏，都不敢文过饰非，而是勤勤恳恳，忠于国事，于是“齐国大治，强于天下”（《资治通鉴》）。邹忌被拜相之后，又提出“谨修法律而督奸吏”（《史记·田敬仲完世家》）的主张，并采取“减吏省员，使无扰民”（《新序·杂事》）的措施，用法律来约束群臣，对于整顿吏治起到了广泛而又深刻的作用。

2. 人才是宝，选贤任能

凡开明的君主都能不同程度地做到任用贤能，像威王那样视人才为宝者却凤毛麟角。典故“威王论宝”足以看出其对人才的高度重视。据《史记·田敬仲完世家》记载，威王与魏惠王在郊外会猎，魏惠王以夜明珠为宝炫耀于威王，威王则认为宝珠非宝，檀子、朌子、黔夫、种首四位镇守国土的大臣才是真正的国宝。威王把人才提到了国宝的高度，彰显了其非凡的治国远见。基于这一深刻认识，威王不拘一格任用贤才，他一方面选用宗室中有作为的人为官，如拜田忌为将；另一方面又求贤若渴，选将任相不问出身，全凭才能。他选了一大批门第寒微的士人委以重任，如出身赘婿、受过髡刑且相貌丑陋的淳于髡，因受妒而惨遭迫害的残疾人孙膑等，他们都为威王开创霸业立下了汗马功劳。平民邹忌毛遂自荐，鼓琴论政，三月而受相印，次年封侯。邹忌任相之后，执行威王重用人才的政策，进一步提出了“谨择君子，毋杂小人其间”（《史记·田敬仲完世家》）的要求，并大量选用、提拔有才干的人如田居子、田解子、黔涿子、田种首子、北郭刀勃子等为国家效力（《说苑·臣术》）。一时间，齐国人才脱颖而出，尊贤重士蔚然成风。

3. 广开言路，奖励进谏

威王积极纳谏，广开言路。威王就多次接受淳于髡的劝谏，如威王喜欢饮酒，往往置酒后宫，通宵达旦，淳于髡讽谏说：“酒极则乱，乐极则悲；万事尽然。”威王听后，深感有理，从此罢长夜之饮，除淫靡之风，以淳于髡为诸侯主客。（《史记·滑稽列传》）再如威王还接受了平民邹忌的进谏，典故“邹忌讽齐王纳谏”堪称千古佳话。据《战国策·齐策一》记载，齐相邹忌身高八尺，是齐国的美男子。一天早晨，他穿戴整齐，自窥其镜，左顾右盼，认为自己的容貌很美。于是先问其妻，次问其妾，后问其客：“我与城北徐公比较，谁更美？”三人异口同声道：“您美极了，徐公哪能比得上您呢？”过了几天，徐公前来拜访，邹忌仔细打量他，觉得徐公比自己美；继之又偷偷地照着镜子比较，愈加觉得徐公比自己美多了。对此，邹忌夜不成寐，反复思考，终于悟出了“妻子说我美，是因为她偏爱我；妾说我美，是因为害怕我；客人说我美，是因为有求于我”的道理。于是，邹忌上朝拜见威王，从自己的亲身经历出发，以小比大，以家喻国，寓治国安邦之道于形象的比喻，晓之以理，动之以情，让威王既明白了自己受蒙蔽的严重性，又懂得了纳谏的重要性。威王旋即下令群臣吏民：“能当面指出我的错误的，给上等奖励；书面提出劝谏的，给中等奖励；在大庭广众之中议论批评我，传到我耳朵里的，给下等奖励。”诏令刚颁布时，进谏者络绎不绝，门庭若市。数月之后，进谏者日渐减少。一年之后，因齐国政治得到彻底改善，人们即使想进谏也无谏诤之言了。燕、赵、韩、魏诸国听到威王悬赏纳谏的事后，都纷纷到齐国朝拜，愿与齐国结成联盟。由此齐国国势强盛，威震诸侯。

4. 发展学术，养才用智

早在齐桓公时期，为了培养人才，招贤纳士，巩固田齐统治，在齐都临淄稷门附近创建了巍峨的稷下学宫。威王出于重振齐国雄风的需要，恢复了一度中断的稷下学宫，对稷下先生给予优厚的待遇，提供衣食起居以及极为宽松的学术环境，并鼓励他们对朝政发表意见，“不治而议论”，使天下英才云集齐国境内。据《七国考·田齐职官》引刘向《荀子目录》说：“方齐威王之时，聚天下贤士于稷下，尊宠之，若邹衍、田骈、淳于髡之属甚众，号曰‘列大夫’，咸作书刺世。”这些贤士在稷下学宫，一方面授徒讲学，为齐国培养人才；另一方面著书立说，为田齐统治者出谋划策。天下贤士齐聚齐国，既促进了齐国文明的发展，也丰富了齐文化的内涵，弘扬了齐文化之精神。

5. 变革军事

齐威王也非常重视军事变革。他任用田忌为主将，孙膑为军师，组建了一支实力强大且忠于齐王室的军队。威王不仅重视军队实力的提升，还重视军事理论的发展，让人将古代各种司马兵法与司马穰苴兵法合二为一，编纂成《司马穰苴兵法》。

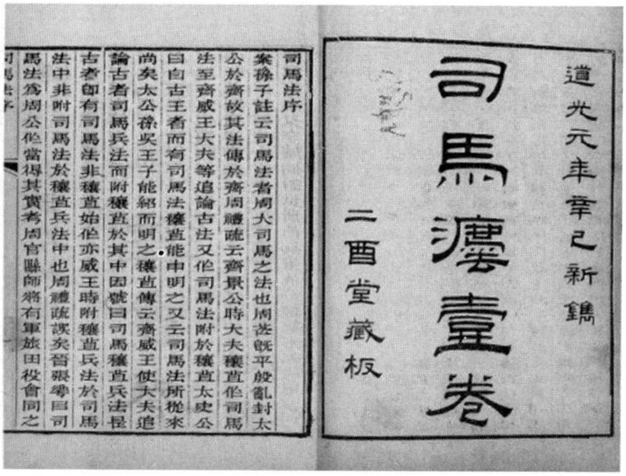
道光元年辛巳新镌
司馬穰苴卷
二酉堂藏板

司馬法序
案孫子註云司馬法者周大司馬之法也周咨既平殷亂封太
公於齊故其法傳於齊周禮疏云齊景公時大夫穰苴作司馬
法至齊威王大夫等追論古法又作司馬法附於穰苴太史公
曰自古王者而有司馬法穰苴能申明之又云司馬法所從來
尚矣太公孫吳王子能紹而明之穰苴傳云齊威王使大夫追
論古者司馬兵法而附穰苴於其中因號曰司馬穰苴兵法据
古者即有司馬法非穰苴始作亦威王時附穰苴兵法於司馬
法中非附司馬法於穰苴兵法中也周禮疏誤矣晉張華曰司
馬法為周公作當得其實考周官縣師將有軍旅田役會同之
司馬法序

《司马法》书影

总之，齐威王变革尽管主要涉及政治、军事、思想、学术等方面，但变革中同样既有继承，也有创新，且使齐国民富国强，实现大治。正如《战国策·齐策一》所言：“齐南有太山，东有琅邪，西有清河，北有渤海，此所谓四塞之国也。齐地方二千里，带甲数十万，粟如丘山。齐车之良，五家之兵，疾如锥矢，战如雷电，解如风雨。”威王变革使齐国实现了二次崛起，一举成为战国七雄之冠。

由上观之，在齐国八百多年的历史发展中，“变革”之风一直贯穿其中，“创新”大潮也持续涌动。变革从未离开过创新，创新也总是有变革作为铺垫，二者相辅相成，共同为齐国的生命机体注入了新鲜血液，使齐国不断焕发出朝气蓬勃的活力，也使其一步步跃居大国、富国和强国的行列，完成了霸业和王业，从而谱写了一篇篇以变革求生存、以创新谋发展的华章。由此更进一步地说，齐文化从一开始便具有敢于变革、勇于创新的秉性，变革创新具有一脉相承的历史继承性。与此同时，尽管这些变革历经不同时代，跨越数百年，但这种“穷则变，变则通，通则久”的变革创新精神，在一次次变革实践中得到彰显、发展、完善，变革的精髓也得到传承。因此可以说，齐文化首先是一种崇尚变革的文化，也是一种崇尚创新的文化。变革创新精神既是齐国发展的精神动力，更是齐文化鲜明的文化特质，齐文化之所以在与先秦时代其他地域文化的比较中独树一帜、分外璀璨，正是源于这一不断锐意进取、创新求变的文化精神。毋庸置疑，这一精神在漫长的历史发展中已经熔铸成一种中华民族的伟大精神，正是这种精神支撑中华民族于艰难困苦中实现飞跃。

齐国的辉煌已成为遥远的记忆，但它所塑造出的变革创新的人文性格和精神，早已沉淀于人们的血液代代相传。它早已超越了时空的意义，对正处于新的社会发展时期的我们依然大有裨益。习近平总书记指出：“变革创新是推动人类社会向前发展的根本动力。谁排斥变革，谁拒绝创新，谁就会落后于时代，谁就会被历史淘汰。”习近平总书记还说：“惟改革者进，惟创新者强，惟改革创新者胜。”当今世界正面临百年未有之大变局，站在改革开放再出发的历史关头，我们应该坚定地弘扬齐文化伟大的变革创新精神，吸收其中锐意进取、顺势而为、创新求变、变革图强的文化养分，获得开拓创新、自强不息的灵魂和力量，正确认识和把握世界大势和时代潮流，狠抓机遇，进一步解放思想，勇于冲破各种束缚，创新求变，在新时代继续把改革推向前进。

二、开放包容

开放包容是齐文化的又一显著特征，这与同期的鲁文化等地域文化形成了鲜明对照。齐地依山傍海，使齐人充分领悟到“海纳百川”的真意，历来以开阔的胸襟迎接八方来客，不断吸收其他外来文化的营养，并逐渐形成了兼容并包的文化特质。这一特质代代延续，使齐文化历久弥新，不断焕发出生机与活力。与变革创新精神一样，开放包容精神也贯穿于齐国发展的始终，它不但在政治方面有明显表现，在经济、文化等方面也有鲜明体现。

（一）政治方面的开放包容精神

齐文化的开放包容精神首先体现在政治方面。

太公治齐之初，面对齐地十分复杂的局面，为了最大限度地调动东夷土著参与国家建设的积极性和创造性，太公审时度势，因地制宜，在政治上推行尊贤尚功的用人方针，任人唯贤，唯才是举，吸收大批东夷土著中的人才加入齐国统治阶层，让他们在国家建设中发挥应有的作用。太公尤其懂得广泛团结各部族，重用各部族中确有才能而不抱偏见的人。这一用人思路，冲破了西周以血缘关系为基础的“尊尊亲亲”正统思想的禁锢，扩大了选拔人才的范围，保证了执政者的能力，从而促进了国家的强大。可见，太公之用人方针较好地体现了其政治上的开放性，不仅彰显了太公卓越的政治胆魄与气度，更体现了海纳百川的包容精神，为后来齐国称霸称雄奠定了基础。

齐太公在政治上的开放包容性在桓管时期得到延续且发扬光大。管仲曾说：“不要因为不同姓，就不听取关系疏远者的意见；不要因为不同乡，就不采纳关系疏远者的办法；诸侯国不要因为不同国，而不听从关系疏远者的主张。君主治理天下就要不分亲疏，要像天地那样覆载万物，要像日月那样普照寰宇。”（《管子·牧民》）他认为用人要“任其所长，不任其所短”（《管子·形势》），即应扬长避短，充分发挥每个人的长处，不能责备求全。这不仅体现了齐人海纳百川的宽广胸怀和友善精神，更反映了齐人深刻的开放包容思想。

不仅如此，管仲还将这一开放包容思想落实到了政治改革的实践中。管仲任相以后，因时制宜，对齐国原有制度中合乎时宜者择而用之，不合时宜者则创制新法以行之。同时，他也注意因地制宜，使改革“与俗同好恶”（《史记·管晏列传》），努力把改革与百姓的期盼结合起来，顺民所欲，予民实惠，使得改革切合国情，顺乎民意。由此可见，桓管改革的一个重要指导原则就是因时制宜、因地制宜，而这也是开放包容精神的重要体现。

桓管政治改革中的一项重要内容，就是实行了选拔人才的“三选之法”，即任人选官不讲门第、身份、地位、族属和国别等，只要有德、有功、有才，任何人都有机会得到重用。“三选之法”的进步之处在于向平民敞开了政治的大门，大大扩大了选贤的范围，彰显了齐人的开放包容精神。

在选人用人方面，为求天下贤才，桓公规定，凡官吏引荐其他诸侯国之人来到齐国做事的，引荐得好，依据所荐对象能力的大小，给予举荐人赏赐；引荐的不好，也不追究举荐人的责任。桓公还派出游士八十人，供给他们车马衣裘，使他们带着充足的物资粮食和财宝货币，出国周游四方，以招收天下的贤士。（《管子·小匡》）此外，桓公还大胆任用外姓贤者来治理齐国，如作为“阶下囚”的管仲、放牛娃出身的卫人宁戚、平民出身的怪杰东郭牙等都先后进入齐国的领导集团。他们在执政时，也秉持了开放包容的理念，推行“俗之所欲，因而予之；俗之所否，因而去之”（《史记·管晏列传》）的政策。这些同样是开放包容精神的具体体现。

另据《管子·桓公问》记载，为了匡正君主过失，管仲还建议桓公设立“啧室之议”，并请派东郭牙主管，广开言路，鼓励人们发表不同意见，以便择善而从之。这从一定程度上也反映出齐国政治上的开放包容精神。

到了春秋后期的齐景公时期，由于景公“内好声色，外好狗马，猎射亡归，好色无辩”（《淮南子·要略》），致使齐国政治昏暗，侈靡之风盛行，民怨载道。为了稳定国家政局，贤相晏婴多次犯颜直谏，匡君救失。典故“出裘发粟”说的就是晏婴谏君的故事。据《晏子春秋·内篇谏上》记载，景公在位时，有一次大雪下了三天不停。景公披着白色的狐裘，坐在高堂侧面的台阶上，他说：“奇怪呀！下了三天雪，天气却不冷。”晏婴就回答说，古代贤君“饱而知人之饥，温而知人之寒，逸而知人之劳”。即古代贤君自己饱了还知道有人挨饿，自己暖和还知道有人挨冻，自己安逸还知道有人在辛苦劳作。景公听了晏婴这番话，下令拿出衣服，打开粮仓，把衣食送给挨冻挨饿的人，并下令在路上看到饥寒的人就给，不必问他们是哪乡的；在村里看见饥寒的人就给，不必问他们是哪个家的；巡视全国按数供给，无须注明受救济者的姓名。有职业的男子送给两个月的粮食储备，有疾病的人送给两年的粮食储备。晏婴谏君的类似故事不胜枚举，《晏子春秋》记载了近百条。晏婴还曾创造过一日三谏君王的历史佳话。对于晏婴的尽忠极谏，景公大都采纳并采取了相关改良措施。这一方面反映出作为“社稷之臣”的晏婴应有的担当与智慧，也体现了齐景公从谏如流的大度与开明，更可折射出当时齐国政治上的开放包容性。

说到齐文化的开放包容精神，不能不提及发生在当时齐国大地上的一段趣事。据《左传·昭公二十年》记载，公元前522年，齐景公打猎归来，晏婴在齐都临淄西南不远处的遄台随侍，景公的宠臣梁丘据驾着六匹马拉的车赶来向景公献殷勤。景公高兴地说：“只有梁丘据与我和睦啊！”晏婴回答说：“他也只不过是与国君相同而已，哪里算得上是与国君和睦啊！”景公问道：“‘和’与‘同’难道不一样吗？”晏婴回答说：“不一样。‘和’就好像做肉羹，用水、火、醋、肉、酱、盐、梅来烹调鱼肉，用柴火烧煮。厨师调配味道，使各种味道恰到好处，如果味道太淡就增加调料，如果味道太浓就减少调料。君子吃了这种肉羹，心性就会很平和。君臣之间的关系也是这样。国君认为可以做的，其中也包含了不可以做的，臣子进言指出其中不可以做的部分，就会使可以做的部分更加完备；国君认为不可以做的，其中也包含了可以做的，臣下进言指出其中可以做的部分，去掉不可以做的部分，这样政事才会平和而不违背礼仪，百姓也就没有争斗之心。……音乐的道理也像味道一样，由一气、二体、三类、四物、五声、六律、七音、八风、九歌各方面相配合而成，由清浊、小大、短长、疾徐、哀乐、刚柔、迅速、高下、出入、周疏各方面相调节而成。君子听了这样的音乐，可以平和心性。心性平和，德行就协调。……现在梁丘据不是这样。国君认为可以的，他也说可以；国君认为不可以的，他也说不可以。这就如同用水来调剂水，谁能吃得下去呢？就如同用琴瑟弹一个音调，谁能听得下去呢？”在另外一个场合，晏婴也说道：“所谓和者，君甘则臣酸，君淡则臣咸。”（《晏子春秋·内篇谏上》）

通过“和而不同”的典故可以看出，晏婴以调羹做比喻，认为只有将各种佐料、火候等相互交融，羹汤才有味道。继而晏婴指明，在政治上只有君臣所说的话有可有否，互有商讨，才能做到政平民和。在这里，晏婴对“和而不同”的内涵做了详尽论述，他不仅从日常生活、音乐的角度讲明了“和”“同”二者的区别，还以君臣关系为例，说明了“和”与“同”这两种不同态度。他认为，唯唯诺诺，不说不同意见，国君以为可，臣下也说可，国君以为否，臣下也说否，这是“同”。向国君提出不同意见，纠正其错误，弥补其不足，以形成正确的结论，这是“和”。他认为，君臣之间应采取“和”的态度，而不应采取“同”的态度。晏婴最后做了归纳，即君臣“和”则国兴，君臣“同”则国衰，从而将其上升到政治的高度。

晏婴通过与景公的“和同之辩”，提出了“君甘则臣酸，君淡则臣咸”以及君臣“和”则国兴、“同”则国衰的君臣关系理论，这在中国历史上尚属首次。这一理论的提出不仅充分体现了晏婴非凡的胆识与政治智慧，也内含着可贵的包容精神，它揭示了君臣之间唯有以大局为重，相互包容，求同存异，取长补短，方能实现融洽与和谐。更难能可贵的是，晏婴在辅政期间，一直践行他“和而不同”的事君哲学。晏婴辅佐齐灵公、齐庄公、齐景公三代国君长达五十多年，敢于犯颜直谏，纠君之过，由此形成了君主兼听纳谏，知错改错；臣子不隐君过，能直言敢说的局面，使已面临危机的齐国，一度实现“中兴”。

及至七雄纷争、弱肉强食的战国时期，齐威王在整顿吏治的同时，不仅重贤任能，还悬赏纳谏。威王视人才如生命，求贤若渴，用才不吝，像淳于髡那样出身家奴、社会地位低微的人，邹忌那样的平民琴师，都能得到充分发挥自己才能的机会，足以说明威王时期人才政策的开放性。在悬赏纳谏、广开言路方面，威王除了接受虞姬、淳于髡、邹忌等人的劝谏，更是公开号令国人，“能面刺寡人之过者，受上赏；上书谏寡人者，受中赏；能谤议于市朝，闻寡人之耳者，受下赏”（《战国策·齐策一》）。这一方面体现了他的豁达大度，同时也彰显了当时齐国政治上的开放性。

齐宣王即位后，为了巩固政权，加强统治，继承了威王尚贤重能的良好传统，号召天下人推荐品德好、有才干的人，还让淳于髡为其推荐贤士。淳于髡竟然在一天之内就向宣王举荐了七名贤士。宣王不仅重用了这七名贤士，还命令淳于髡继续去寻访贤士。过了一段时间，淳于髡又给宣王找来一批贤士，他们各有所长，且是各地知名的学者。有了这两批贤士的协助，齐国果然国威大震，齐国都城临淄也成为各国闻名的文化之都、学者之都。

（二）经济方面的开放包容精神

齐文化开放包容精神最显著的表现是在经济上的开放、融通。开放包容精神的形成是与齐国特殊的地理环境、历史条件等密不可分的。齐国建立政权伊始所面临的具体情况是：人少，地狭，土壤碱化，五谷不生；近海，有鱼盐之利；多山，拥桑麻之饶；地处交通要道，商旅往来频繁等，这些都为齐国的对外开放提供了有利条件。太公初封时，齐国是一个只有区区百里土地的弹丸之邦，但是太公并没有被眼前的困难吓倒，没有实行自我封闭，他把视野拓得很宽，将目光放得极远。他没有以封邦辖域为限，而是把齐以外的广大区域和许多诸侯国都纳入了本国经济发展的体系。在对齐地情况进行客观分析的基础上，他因地制宜，充分利用有利条件，克服不利条件，积极推行开放融通的经济政策，倡导“农、工、商”三宝并举，制定了“通商工之业，便鱼盐之利”（《史记·齐太公世家》）工商立国的经济方针。“通利末之道，极女工之巧。是以邻国交于齐，财畜货殖，世为强国。”（《盐铁论·轻重》）在这一经济政策的指导下，百姓多归附齐国，齐国成为东方大国。这种“通”与“便”的思维，“以邻国交于齐”的方针，奠定了齐国开放包容的经济模式，也显现了齐文化中开放包容的传统和特质。

桓管时期不仅继承了太公对外开放的经济政策，更给这一政策注入了更大的活力。管仲认为：“善者用非有，使非人。”（《管子·地数》）即善治国者，可以使用不是他自己所有的东西，也可以役使不是他自己管辖的臣民。只有这样，才能达到“天下之宝壹为我用”的目的。基于此，管仲积极利用本国的有利条件，实行更加开放包容的经济政策，鼓励贸易，招徕外商，以“来天下之财”。具体措施如下：

一设立市场。管仲认为，市场是物资流通的标志，通过市场，可以看出国家的治乱，可以了解物资的多寡。据《管子·乘马》记载，六里见方的区域命名为暴，五暴命名为部，五部命名为聚。聚要有集市，没有集市百姓日用供给将缺乏。五聚命名为乡，四乡命名为方。由此可知，一乡之内，有五个市场。另据《管子·小匡》记载，管仲设置“士农之乡十五”，据此可以说，齐国从都城临淄到各乡之间分布着若干个大大小小的市场。《管子·揆度》也说“百乘之国，中而立市 ”，“千乘之国，中而立市”，“万乘之国，中而立市”。这说明不管是“百乘”“千乘”还是“万乘”的诸侯国都设立了市场。市场吸引了众多客商前来从事贸易活动，使都城临淄很快成为商业中心。

二开放边关，降低关税。在管仲看来，“关者，诸侯之陬隧也，而外财之门户也，万人之道行也”（《管子·问》）。关税太高必然会影响商业贸易，制约经济发展。所以他不仅取消了对东莱一带鱼、盐的禁运，命令关市对过往的鱼、盐只检查不收税，以刺激齐国的鱼、盐出口（《国语·齐语》）；还允许齐国以外的商人自由地出入关卡，并实行“五十而取一”（齐国关税仅仅收取百分之二）的低税政策，让外地商人得到实惠。同时，还下令不得重复征税，即“征于关者勿征于市，征于市者勿征于关”。对来齐国做生意的商人，凡是空车来的、走路来的，都不征税。（《管子·问》）

三为来齐客商提供便利条件。为招揽外商，让他们有宾至如归之感，齐国充分利用“齐衢处之本，通达所出也，游子胜商之所道”（《管子·地数》）的地理优势，每三十里设一个驿站，以供客商食宿之用。公元前651年，桓公与诸侯在葵丘会盟，约定诸侯国之间要为商贾提供食宿方便，对外商来齐货车一乘的提供本人伙食，三乘的兼供给牲畜饲料，五乘的并供给役使仆人，（《管子·轻重乙》）结果出现了“天下之商贾归齐若流水”的繁盛场面。另外，考古工作者也在齐境内发现了不少别国货币，表明彼时外商的活动范围已遍布齐国各地。在齐国通往外地的主要交通干线上，考古工作者也发现了大量齐刀币，如1972年在山东海阳发现齐刀币，说明当时齐国与其他诸侯国已有贸易关系。前述《国语·齐语》说：“通齐国之鱼盐于东莱，使关市几而不征。”齐国将东夷生产的盐低价收购，又加价卖给梁、赵、宋、卫、濮阳，换取黄金万斤，从转口贸易中获取数十倍的差价。这一方面说明齐国的对外经济交往重在谋利，具有鲜明的转口和中介贸易的性质；另一方面也印证了在诸侯争霸的形势下，齐国经济与各诸侯国的联系很密切，开放包容性特征也很明显。

四在与各诸侯国的会盟中订立保障商贸活动的条款。为了保护商人的利益，保障列国之间正常的经济联系和通商贸易，齐国在与列国的会盟中订立了一系列保障商贸活动的条款。如公元前 651 年，齐桓公在葵丘与鲁、宋、郑、许、曹等国会盟，这次会盟的重要成果就是与会各国缔结了共同遵守的“国际条约”。盟约共有五条，其中有两条是关乎商贸活动的，即“无忘宾旅”“无遏籴”，（《左传·僖公九年》）保护来往客商，保护粮食贸易，不可阻止和垄断粮食贸易，要求各诸侯国为来往商旅提供便利的商业设施和优惠的外商政策。此后的两次会盟，也都增加了降低关税、市税等内容，如“市赋百取二，关赋百取一”，以及“修道路，偕度量，一称数，薮泽以时禁发之”等。（《管子·幼官》）这不仅说明当时列国之间的贸易已十分繁荣，同时也折射出齐国的影响力及经济的开放性。

五发展海外贸易。齐国通过渤海与燕国进行海上贸易，使渤海成为当时齐国的一个海上对外贸易区，取得了“天下之商贾归齐若流水”的效果。而且据专家推测，齐国当时很可能与海外也有了初步交往，只是在当时诸侯争霸的形势下，齐国开放的方向主要是其他诸侯国，开放的目的主要是以商战取得对其他诸侯国的优势，对海外似乎缺乏兴趣。

上述经济政策的一个显著特点就是开放包容。这一系列经济政策的实施，成就了齐国的富裕繁华，并使齐国迅速实现富国强兵，成为春秋首霸。

到了战国时期，开放包容精神更是得到发扬光大。战国时期，齐国继续秉承开放原则，商品经济和对外贸易得到进一步发展，齐国首都临淄更是繁荣至极。早在春秋时期，临淄就成为久负盛名的工商业都市，桓管变革后，随着齐国工商业的日益繁荣，临淄自然成为各地工商业者的汇聚地，临淄居民有四万余户，人口二十多万。在《晏子春秋·内篇杂下》中，晏婴更是用“张袂成阴，挥汗成雨，比肩继踵而在”来形容临淄的繁华。及至战国时期，临淄堪称当时商贾云集的海内大都会。《战国策·齐策》和《史记·苏秦列传》都描述了临淄当时的繁荣景象。“临菑之中七万户……临菑甚富而实，其民无不吹竽鼓瑟，弹琴击筑，斗鸡走狗，六博蹋鞠者。临菑之途，车毂击，人肩摩，连衽成帷，举袂成幕，挥汗成雨，家殷人足，志高气扬。”（《史记·苏秦列传》）从苏秦的描述中可以看出，齐宣王时期，临淄居民有七万余户，如果按照每户六人计算，则临淄人口有四十二万，可谓名副其实的“海内名都”。尤其是稷下学宫的建立和发展，不仅使临淄成为第一个真正意义上的商业大都会，更使其成为文人学士的汇聚之地和思想文化中心。临淄规模之大，人口之多，经济之繁荣，文化之昌盛，军事之强大，当时没有能与之比肩者。一直到西汉，临淄“巨于长安”，“非天子亲弟爱子不得王此”，（《史记·齐悼惠王世家》）有户十万（当时都城长安仅八万多户），人口过百万，居民富足，每天“市租千金”；“富冠海内”，“为天下名都”（《盐铁论·通有》），被誉为古代“东方罗马”。这从侧面折射出齐文化海纳百川、多元并蓄的开放包容精神。

齐国故城遗址出土赛马瓦当

齐国经济的开放包容性从齐国盐业及丝织业的影响上也可见一斑。先以盐业为例，作为一种生活必需品，盐具有广阔的市场，齐国三面环海，北部地区藏有丰富的盐业资源，而内陆各诸侯国很少产盐，这就为齐国发展盐业提供了得天独厚的条件。早在姜太公建立政权伊始，就大兴“鱼盐之利”。到了春秋时期，尤其是桓管时期，管仲利用齐国近海的有利条件，制定并颁布了煮盐法，大力发展盐业，“设轻重鱼盐之利，以赡贫穷”（《史记·齐太公世家》），即国家利用“轻重之术”严格控制盐的价格，从中获利。同时，国家还组织民众在秋冬季节晒盐，然后以高价卖给周边国家，从而获取巨额利润。再以丝织业为例，众所周知，中国是世界上最早养蚕和生产丝织物的国家，据史书记载，我国最早出现的丝织物中心，可以追溯到春秋时期以临淄为中心的齐鲁地区。山东以齐、鲁两大诸侯国为主，丝织业在齐、鲁两国占据首要地位，“齐纨鲁缟”誉满天下。齐国丝织品美名远播，尤其是齐国生产的“冰纨、绮绣、纯丽”等高档精细丝织品，不仅能够保证国内居民的使用，做到国内“人民多文彩布帛”，还大量输出他国，畅销各地，以致“天下之人冠带衣履，皆仰齐地”（《汉书·地理志》颜师古注），齐“冠带衣履天下”（《史记·货殖列传》）。以上均可反映出齐国盐业及丝织业的影响，从中也可窥见当时齐国经济的开放包容性。

（三）思想文化方面的开放包容精神

同政治、经济的开放包容性相比，齐国在思想文化方面的开放包容性表现得更为突出。

齐国思想文化方面的开放包容性早在姜太公建立政权伊始就有显现。东夷齐地素有尚武、重仁等传统，东夷土著具有不同于其他地区居民的性格特征和风俗习惯，如“八主”祭祀等。这些经过长期积累形成的礼和俗具有一定的稳定性和顽强的生命力，要改变它们势必会遇到很大阻力，容易产生民族矛盾，不利于治国安邦。姜太公经过再三斟酌，认为治国最好的办法是顺其自然，其次是随势引导，其次是加以教诲，再次是制定法律规章制度加以约束，最坏的做法是与民争利。（《史记·货殖列传》）于是太公从齐地实际出发，推行了“因其俗，简其礼”的开明政策。即尊重东夷人的文化传统，不强制推行周礼，而是循循善诱地让当地人接受一些习俗。这不仅降低了东夷人对新生政权的反抗意识，还减少了礼对人们思想的束缚；既赢得了民心，又最大限度地调动了一切积极因素来兴齐建国，使齐国的政局才短短五个月便稳定下来。以上都体现出齐国文化政策之开明、包容，这一政策的实施为各种不同政治、学术思想的自由发展打开了方便之门，而且也开启了齐国思想文化开放包容之先河。

说到开放包容精神，不得不提及一个有趣的故事。据《史记·鲁周公世家》记载，西周初年，周公旦的儿子伯禽封于鲁地，是为鲁公。鲁公三年后才向周公汇报其施政情况。周公问："为什么如此迟晚？"鲁公回答道："变其风俗，改其礼仪，要等服丧三年除服之后才能看到效果，因此迟了。"而太公到了齐地仅五个月就去向周公汇报其施政情况。周公诧异地问："为什么如此迅速？"太公说："我简化君臣之间的仪节，一切从其风俗去做。"等后来太公听说鲁公汇报政情很迟的情况后，叹息道："唉！鲁国后世将臣服于齐国了。"并说："平易近民，民必归之。"可见，正是太公的"平易近民"，兼容并包，才使得"民必归之"，进而奠定了齐国逐渐强盛的基础。这一闪烁数千年的治国智慧集中彰显了齐文化的开放包容特性。

春秋中期，在管仲等人的辅佐下，桓公"九合诸侯，一匡天下"。由于频频盟会，攘夷抚边，齐国大大加强了与其他诸侯国尤其是少数民族国家的交往，在齐国开放包容的文化政策下，齐文化对其他文化吸收的步伐也日益加快。

公元前 517 年，儒家创始人孔子为了逃避鲁国内乱来到齐国。他以家臣身份住在了齐国上卿高昭子家中，并曾随高昭子入齐国宫廷观赏《韶》乐。在聆听《韶》乐之后，孔子竟然"三月不知肉味"，并由衷地发出"《韶》尽美矣，又尽善也"（《论语·八佾》）的赞叹。尽管孔子最终无功而返，无为而归，但孔子适齐，对齐、鲁文化的交流发挥了重要作用，同时也反映出齐文化山容万壑的开放包容精神。

据《左传·襄公二十九年》记载，以诚信礼让著称的吴公子季札出使鲁国，鲁国人为他表演了周王室的乐舞。在演奏的过程中，季札多次点评乐曲。当乐工为他演唱《齐风》时，他情不自禁地赞叹道："美哉！泱泱乎！大风也哉！表东海者，其大公乎！国未可量也。"这个典故不但表现了季札非凡的音乐鉴赏水平和精准的音乐领悟能力，反映了周代的礼乐之道，而且体现了齐国音乐文化"泱泱乎！大风也哉！"的风采和魅力，也让我们进一步认识到齐国不因循守旧、兼容并包的文化精神。

齐文化开放包容的精神在思想文化方面最鲜明的体现，莫过于设立于战国时期的稷下学宫了。

孔子闻《韶》处

战国时期，齐国统治者基于政治的需要，在齐都临淄设立了一所巍峨宏大的“学宫”，招揽天下饱学之士前来讲学授徒、著书立说，史称稷下学宫。稷下学宫是世界上第一所由官方举办、私家主持的高等学府，它始建于齐桓公田午时期，历威、宣、湣、襄，至齐王建时期结束，因位于齐都临淄稷门附近而得名。在长达一百五十年的兴衰历程中，云集于此的九流十家及其代表人物围绕王霸、义利等话题展开论辩，形成了蔚为壮观的百家争鸣盛况。在稷下学宫兴盛时期，曾经容纳了当时诸子百家中几乎各个学派，如儒家、道家、墨家、法家、名家、阴阳五行家等，汇集天下名流千余人。稷下学者荀子、宋钘、尹文、鲁仲连、田巴等几乎都到过稷下。司马迁描述当时盛况时说：“宣王喜文学游说之士，自如驺衍、淳于髡、田骈、接予、慎到、环渊之徒七十六人，皆赐列第，为上大夫，不治而议论。是以齐稷下学士复盛，且数百千人。”（《史记·田敬仲完世家》）诸子百家聚集于稷门之下，或讲学，或著书，或游学，或争辩，或议论，形成了蔚为壮观的百家争鸣盛况。

这一盛况的形成主要归功于稷下学宫兼容阔达的开放包容精神。具体而言，主要体现在以下五个方面：

第一，开放包容精神体现在稷下学宫的办学方针上。田齐统治者实行了来者不拒、兼容并包、来去自由的办学方针，打破各家门户之见，不分国籍、学派和庶鄙，广招天下有识之士前来讲学。如“亚圣”孟子曾先后两次进出稷下学宫，都受到田齐统治者的礼遇。当他第二次来齐时，正值齐宣王初立不久，受到延揽人才心切的宣王的隆重礼遇，被“加齐之卿相”（《孟子·公孙丑上》），为当时三卿之一。另一位儒学宗师荀子曾三进三出稷下，历时数十载，“最为老师”，“三为祭酒”（《史记·孟子荀卿列传》）。如此兼容开明的政策，既孕育了稷下学术的宏阔博大、异彩纷呈，也使稷下学宫成为当时诸子百家荟萃的中心。

第二，开放包容精神体现在稷下学宫的人员管理政策上。稷下学宫在人员管理方面实行机构开放、来去自由的开明政策。不但“来者不拒”，精心安置学者，而且对要离开学宫的人才，也尽量以优厚的待遇进行挽留，挽留失败者亦以礼相送，对于“复而归者”，更是照样表示欢迎。邹衍本是齐国人，因不满齐湣王的暴政而到了燕国，成为燕昭王之师。齐襄王时，他又重回稷下学宫，并在齐王建时作为齐国使者出使赵国，从未受到非议。再如稷下先生接予、淳于髡等，在稷下学宫更是出入自由。这些足以看出稷下学宫管理制度的开明宽松，也折射出齐国在思想、文化方面的开放精神。正是如此，使得四方游士、各国学者纷至沓来，进而出现“致千里之奇士，总百家之伟说”（司马光《稷下赋》）的盛况。

第三，开放包容精神体现在各学派博采众长，相互吸收、交融与发展上。当时，稷下学者们尽管政治主张不同，学术立场各异，但他们相互论辩争鸣，融合交流，兼采众长。通过激烈的思想交锋，稷下学者们不仅展示了各自的理论优势和学术观点，还促进了各自思想的吐纳、渗透与融合，实现各派的共荣、创新与发展。无论稷下的哪一学派，从其学术思想中都可看到其他学派的思想踪影，由此造就了各派学说“你中有我、我中有你”的局面。如邹衍来稷下之初，“以儒术干世主”（《盐铁论·论儒》），后来他总结、融合了稷下阴阳说、五行说、精气说等学说，创造出新的阴阳五行学说。又如号称“稷下之冠”的淳于髡，博闻强记，学无所主，被称为杂家。再如荀子曾“遵夫子之业而润色之”（《史记·儒林列传》），但因他久居齐国，通过对稷下百家之学的全面批判、吸收和改造，思想明显带有黄老学派、管仲学派之倾向，表现出集大成之势。这些也同样折射出稷下学宫开放、兼容、博大的泱泱气象。

第四，开放包容精神还体现在对稷下先生的尊重和包容上。田齐统治者对稷下学者给予至高的礼遇和尊崇，一是给予他们优厚的物质待遇，如孟子第二次到稷下学宫时，正值宣王时期，他出门时常常“后车数十乘，从者数百人”（《孟子·滕文公下》）。孟子第一次离开齐国时，威王曾“馈兼金一百”；第二次离开齐国时，宣王也以“养弟子，以万钟”（《孟子·公孙丑下》）的厚禄挽留他。淳于髡曾贵为上卿，齐威王“赐之千金，革车百乘，与平诸侯之事”（《说苑·尊贤》）。田骈在齐国是“訾养千钟，徒百人”（《战国策·齐策四》）。二是让他们享有崇高的政治礼遇。宣王时，按照稷下学者的学问、资历、成就和贡献的不同，分别授予“客卿”“正卿”“大夫”“上大夫”“列大夫”以及“稷下先生”“稷下学士”“博士”“祭酒”等不同称号和荣誉。如淳于髡贵列“上卿”；孟子第二次到稷下学宫就受到宣王的尊敬，并尊为“客卿”；荀子则“三为祭酒”“最为老师”。再次，给予他们人格上足够的尊重。齐国国君面对各种士人都体现出尊重、礼敬之态。如宣王见颜斶，当安步当车的颜斶说“士贵耳，王者不贵”，“生王之头曾不若死士之垄（墓）”时，宣王仍谦恭待之，甚至“愿请受为弟子”。（《战国策·齐策四》）再如先生王斗一见到宣王就敢触龙颜，批评宣王好狗、好马、好酒、好色，而唯独不好士。面对王斗不留情面的揭短，宣王表现出应有的开明与包容，说：“寡人有罪国家。”（《战国策·齐策一》）齐国国君对稷下先生的礼敬之心由此可见一斑，这也折射出当时宽松包容的政治氛围。

第五，开放包容精神也体现在稷下文化所产生的辐射力和影响力上。稷下学宫不仅吸引天下才学贤士汇聚于此，还产生了较强的文化辐射力和影响力。一是稷下学宫创造的学术辉煌令各国君臣羡慕不已，纷纷仿而效之。“当是时，魏有信陵君，楚有春申君，赵有平原君，齐有孟尝君，皆下士喜宾客以相倾。吕不韦以秦之强，羞不如，亦招致士，厚遇之，至食客三千人。”（《史记·吕不韦列传》）战国时期，燕国设下都学馆，齐国设孟尝君门馆，赵国设平原君门馆，秦国设吕不韦门馆等，都可看出稷下学宫强大的辐射力。二是稷下学者在论辩争鸣、授课带徒的同时，也成为知识传播、技术交流、信息发布的友好使者。稷下先生及其弟子，在稷下学宫进行学术文化交流的同时，也把齐国的科技知识传播回他们的国家。如以扁鹊为代表的齐派医学在此时也得以传播，正所谓“至今天下言脉者，由扁鹊也”（《史记·扁鹊仓公列传》）。由此也可窥见稷下学宫对中华文化之交融、统一所产生的影响。毋庸置疑，这也是齐文化开放性的又一印证。

综上所述，齐文化的开放包容精神在政治、经济、思想文化等方面均有明显体现，并一直贯穿于齐国八百余年发展历史的始终。这一精神使齐文化在发展过程中，能够采取灵活的态度，突出发展适合自己国情的部分，又通过多种形式、各种途径，大量吸收其他外来文化的营养，从而造就了齐文化博大精深、蔚为大观、兼容并蓄、和而不同的精神特质。这一特质不仅对齐国由弹丸之国逐渐发展成为雄踞东方的大国、强国产生了积极影响，更成为齐文化生生不息、发展壮大、历久弥新、活力无限的丰厚滋养。不仅如此，齐文化的开放包容精神更展现出超越时代与地域的意义，在中国几千年的历史发展中，这一精神逐步汇入中华民族浩瀚恢宏的博大气象和文化品格，为中华民族海纳百川、兼容并蓄的开放包容精神之形成做出了突出贡献。

习近平主席指出：“当今世界，开放融通的潮流滚滚向前。人类社会发展的历史告诉我们，开放带来进步，封闭必然落后。”开放只有进行时，没有完成时。在世界大发展大变革大调整的新形势下，齐文化的开放包容精神依然具有鲜明的时代价值。一是对处理国际关系、解决国际纷争，颇具积极的借鉴意义。正如习近平主席所言：“面向未来，我们要兼容并蓄、和而不同，加强双边和多边框架内文化、教育、旅游、青年、媒体、卫生、减贫等领域合作，推动文明互鉴，使文明交流互鉴成为增进各国人民友谊的桥梁、推动社会进步的动力、维护地区和世界和平的纽带。”“文明是包容的，人类文明因包容才有交流互鉴的动力。”齐文化的开放包容精神对处理不同国家、不同民族、不同文化之间的关系具有现实而广泛的应用价值。在与不同国家、不同民族、不同文化进行交流交往的过程中，只有怀有海纳百川的宽广胸襟，协和包容，和平共处，求同存异，才能实现文明的和谐共生。齐文化的这种兼容并蓄、和而不同的包容精神，对我们在经济全球化的浪潮中保持良好的大国形象，在维护世界和平、促进合作交流中树立大国风范，无疑具有借鉴意义。二是从更广泛意义上讲，开放包容精神对组织管理、团队管理，抑或人与人之间关系，都具有现实指导意义。姹紫嫣红群芳艳，百花齐放香满园。在一个组织或团队中，只有进一步弘扬开放包容精神，才能打造出让一切聪明才智和发展因素充分施展的机会平台，进而有利于组织或团队的和谐与进步。而家庭、邻里、同事、朋友之间，只有相互包容，求同存异，才能在取长补短中共同进步，进而实现和睦、和顺、和谐的局面。面对新形势，我们应登高望远，正确认识和把握世界大势和时代潮流，继承和发扬齐文化开放包容精神，尤其是其中以开放促改革、以包容促发展的精神，为推动形成全面开放新格局，构建人类命运共同体而不懈努力。

第三章　以法治国　崇商重工

大凡天下治国方略，皆以德法及义利本末为核心。德法与义利本末孰重孰轻，则取决于时代的需要以及治国者之才智。西周时，一方面周公汲取商亡之教训，制定周礼，加大德治力度，敬天保民，以德辅天，从而开创了德治之先河，形成了浓重的德主刑辅的政治氛围；另一方面以大河流域农耕经济为根基的中华文明，必然形成以农为本义、以工商为末利的经济发展格局。但是，作为春秋战国时期大国之一的齐国，自姜太公封齐建立政权起，便在秉承周礼和发展农业经济的基础上，因地制宜，适时变通，逐渐确立了以法治国、德法并举，以及以农业为根基、崇商重工的发展理念，最终实现了春秋首霸和战国七雄之一的宏图大略。以法治国和崇商重工因此成为齐文化的重要内涵，对后世之发展发挥着重大推动作用。

一、以法治国

稳定是社会发展的前提，社会稳定与否主要取决于秩序。秩序井然则社会稳定，秩序混乱则社会不稳定。秩序稳定与否的关键在于条理性和组织性。如何确保社会有条理、有组织地发展呢？这不仅需要依据社会发展状况对时局进行有效判断，而且要适时、适宜地调整政策。西周立国后，制礼作乐，实现了社会的有序发展，成为以德治国的典范。但是，时至春秋战国时期，铁器与牛耕的出现推动了生产力的巨大发展，生产力的发展引起生产方式的巨大变化，井田制瓦解，等级秩序遭到破坏，原有的和谐安定局面被无情击碎，“礼乐征伐自天子出”被迫让位于“礼乐征伐自诸侯出”，甚至“礼乐征伐自大夫出”，社会秩序一片混乱。如何应对变化的时局，对当时的统治者来说是前所未有的挑战。天下兴亡，匹夫有责。士人阶层纷纷著书立说、出谋划策，出现了百家争鸣的局面；各国统治者进行相应地变革，以期突破重围。在众多学说与变革中，法家思想逐渐浮出水面，以法治国成为应对混乱时局的良策。齐国以管仲学派为代表的以法治国思想及实践，不仅挽救了危局，而且使齐国绽放出雄霸的光芒，从而为齐文化提供了重要内涵，为后世以法治国提供了重要启示。

（一）齐国的以法治国思想与实践

太公封齐、桓管时代、春秋末与战国时代分别是齐国以法治国思想与实践的奠基期、典型期和延续期。齐国的以法治国思想与实践大致有以下几个特点：第一，与中国历史发展的大趋势相吻合。在姜太公封齐之时，社会安定，秩序井然，因此，基本遵循西周的礼乐治国理念；但到春秋战国时期，社会秩序遭到破坏，以法治国思想提上日程。第二，在中国历史上最早提出以法治国概念，并且形成相对完整的理论体系。第三，在中国历史上最早进行以法治国实践，并且取得了显著成效，为韩非子法治思想的形成以及秦国依法统一中国奠定了基础。

1. 太公封齐——以法治国的奠基时期

西周建立后，周公大封诸侯，姜太公因首功被封齐地。周王朝之所以重视齐地，一方面与齐地的特殊地理位置有关，齐地位于周王朝的正东方，有大片土地以及莱国、纪国、杞国、郯国等众多部落方国，是周王朝向东发展的障碍，亟待智勇双全的太公前去征服安定；另一方面与齐地发达的经济文化有关。齐地古称东夷之地，生活着勤劳、善良、聪明的居民，有太昊、蚩尤、少昊、舜等祖先，创造了渔猎、纺织、冶炼、牧畜等灿烂辉煌的东夷文明。

太公不负众望，一方面日夜兼程，以最快的速度到达分封地营丘，击退了前来与之争国的东莱人；另一方面依据东夷方国众多风俗习惯与中原地区存在很大差异的复杂局面，采取了“因其俗，简其礼”（《史记·齐太公世家》）的灵活措施。即简化周王朝建立的完整的礼仪制度与体系，因袭东夷人带有氏族社会遗存的一些风俗习惯，同时也保留了原始社会末期农村公社的家庭聚居、以血缘关系为纽带的社会组织传统。太公的因俗简礼措施是一场静悄悄的、温和的革命，是与周朝以德治国思想相吻合的，它与军事征服一起，实现了立足齐地的奋斗目标。

太公建立政权之初，知名人士狂矞、华士和营荡以不同方式对抗太公。狂矞与华士主要是“不臣天子，不友诸侯”以抵抗新政，其事迹在《韩非子》《荀子》《论衡》《淮南子》中都有记载；而营荡的事例主要记载在《春秋繁露》中，体现出以“仁礼乱国”的特点。据记载，狂矞与华士兄弟二人常年生活在东海之上。太公建立政权后，曾多次前往邀请他们辅佐统治，但他们不仅闭门不见，而且相约不相佐于时政、不吃俸禄、不结交诸侯、自耕自食不求助于他人。

中国古代历来有隐居之风，一些有才华的人面对动乱的时局、新兴的政权、不顺的处境，或隐居山野，追求悠然潇洒的生活方式；或隐居市井，过无拘无束的生活；或讲求气节，誓死效忠旧政权，不为新政权服务。正如《史记·老子韩非列传》中老子对孔子所说：“得其时则驾，不得其时则蓬累而行。”即遇到明君、治世则出仕，遇到昏君当道或者乱世则隐居。这种“隐”的生活方式和处世态度本来无可厚非，是每个人的自主选择与追求，但是它往往会产生连锁反应，带来消极影响。太公建立政权之初，正是用人之时，狂矞与华士的言行明显是一种不合作的消极抵抗行为，自然对齐国招揽人才极其不力。于是，太公一反平和手法，下令诛杀二人，以整治风气。

营荡是齐国的司寇即司法官，太公曾问他治国的重点内容是什么，他说是“仁者爱人，义者尊老”（《春秋繁露·五行相胜》）。讲仁义，关爱他人、尊敬老者，这是一种好的思想品质，与齐地传统习俗相吻合，也是后来儒家思想的重要内涵。但是，当太公问他如何爱人和尊老时，他说爱人就是“有子不食其力”，尊老就是“妻长而夫拜”。（《春秋繁露·五行相胜》）子不食其力、夫拜妻，这是对周礼中所讲的父子、夫妇尊卑等级关系的否定与挑战，因此太公认为营荡的思想言论是打着仁义之名扰乱国家秩序，于是将之杀掉，以正言行。

太公建立政权后严惩扰乱治国的行为与言论，对齐国后世以法治国有很大的启迪作用。此外，有学者认为，《尚书·吕刑》是姜太公时代齐国奉行的第一部成文法典，它提出以德为本、刑罚为辅等思想以及五刑、五罚等具体内容。太公的治国方略正是《吕刑》思想的反映。

2. 桓管时代——以法治国的典型时期

桓管时代是齐文化发展过程中的第一个高峰期，这与管仲改革和以法治国有密切关系。太公之后到桓公之间，齐国虽出现过庄僖小霸，但也出现过胡公、献公的争权以及襄公的淫政，这些都与法治不健全有关。所以，管仲为相后，明确提出了以法治国思想，建立了当时最为完整的法律体系，以及法律体系保障下的政治、经济结构，使齐国走上有法可依、令出必行的道路。管仲的法治思想主要体现在《管子》一书中，多数学者认为，《管子》成书于战国时代，是以管仲为代表的管子学派的思想体现，书中有 435 处提及“法”字，足见管仲对法律的重视。

（1）法治的重要性

什么是法？在管子看来，法就如同尺寸、绳墨、规矩、衡石、斗斛、角量一样，是判明是非的尺度。衡量曲直的准绳、维护秩序的规范、赏罚奖惩的利器；法还可以用来明辨等级亲疏，如“天子出令于天下，诸侯受令于天子，大夫受令于君，子受令于父母，下听其上，弟听其兄，此至顺矣”（《管子·君臣上》）。法是非常重要的，是天下一切事务的规范和标准，是关系到政权存亡的重要工具，正如书中所说，它是“天下之程式也，万事之仪表也”（《管子·明法》），“天下之至道”，“存亡治乱之所从出”（《管子·任法》）。古之法包括法、律、令。法有时指刑法，刑法可以兴功惧暴；律指规范、标准，有了规范、标准便可以定纷止争；令即法律条文、法规，有了法律条文、法规便可以令人知事。

（2）立法

在法、律、令中，最为重要的是令，令可以达到有法可依的目的，因此，令被作为君主治国的重器和统治民众的根本。法令有分量，刑罚严厉，君主地位便尊贵，国家就安定。由谁来制定法令呢？管子认为应该由天子制定，《管子·明法》中称“威不两错，政不二门”，即权威与政令都不能出自两处，只能来自最高统治者。又如《管子·任法》中所说，立法的是君，守法的是臣，受法制约束与管理的是民，君臣、上下、贵贱都服从法律，可称之为大治。君主操纵着生、杀、富、贫、贵、贱等六方面的法律大权，号称六柄，它们涉及民众的生命生活，以及国家的威仪秩序，因此不能随便借于他人。

立法需要坚持几大原则：一是公开性原则。《管子·君臣下》说：“国有常式，故法不隐。”即国家行事都有一定程式，所以法律是需要公开的，凡要做一件大事，必须先出政令，并且将赏罚规定提前告诉大家，一方面让大家心中有数、便于行事，另一方面可以起到抑恶扬善的作用。二是顺民原则。《管子·形势解》说：“法立而民乐之，令出而民衔之。法令之合于民心，如符节之相得也。”立法必须使民众乐于遵从，法令出来后民众能执行，法令符合民心，民众就如同得到一定的利益权利一样。三是自然原则。管子的法制思想体现出了一定的自然原则，《管子·版法解》说，圣人颁布的法律，“法天地之位，象四时之行”，即效法天地的方位、模拟四时的运行以治理国家。四是稳定性原则。《管子·任法》说，法令如同天地和五角星一样坚固，如同日月四时一样明亮诚信，法令一旦确定，“不可不恒也”，否则将失去法律的威严，民众无所适从。五是灵活性原则。《管子·正世》说，法令虽然不能轻易改变，但也要根据时事和民俗差异适当进行变化，这样法就可立、事就宜行了。

立法的程序在于君主颁布政令，下属传达政令。《管子·立政》中记载了详细的立法程序和规定：“正月之朔，百吏在朝，君乃出令布宪于国。”即正月初一，新年伊始，逢百官朝会之时，国君向全国发布政令，然后由太史向全国颁布。太史颁布后，先由乡、属长官在国君面前学习政令，之后由他们向下逐级传达，政令传达完毕且返回朝廷汇报后才能回家休息。这套程序是非常严格的，如果不及时传达政令，或者不执行政令，随意增减或违反政令，一律杀无赦。

（3）执法

法令颁布后，怎样才能有效实施呢？针对这一问题，《管子》中给出了不少有益的建议。第一，执法要公平。公平即不分贵贱亲疏一律依法行事，这是对法律实施的基本要求。由于宗法制的实行，血缘亲属关系以及由此带来的其他人情关系是执法过程中最难处理的问题，能否对高低贵贱、亲疏远近一视同仁，是对执法者的严峻考验，也是法令能否正常实施、占人口大多数的民众能否心服口服的关键。《管子·重令》说，如果禁令不能制服亲近和尊贵的人，刑罚不肯施加于君主身边的宠臣，法律禁令不能惩罚严重犯罪者而只加害于关系疏远的人，庆赏也不肯给予出身低贱的人，那么，指望法令得到贯彻执行，是不可能的。反之，禁令必须能制服颁布法令者和执法者身边的亲近权贵，庆赏必须能到达社会下层，这样法令才能得到贯彻执行。第二，执法要公正。公正是对统治者素质的要求，统治者要正直、中正，为人不偏不倚。依据上行下效的原则，中正的关键在于君主，《管子·法法》说，凡是民众，都善于跟从君主所好，甚至有过之而无不及。君主爱好勇敢，民众便轻视死亡、勇往直前；君主爱好仁义，民众便会轻视财物、乐善好施。因此，明智的君主要“置法以自治，立仪以自正”，即设置法令来约束自己，建立准则来规范自己，在遵从法令、制定法律治理国家方面，做民众的表率。《管子·版法》说：“喜以赏，怒以杀，怨乃起，令乃废。”君主如果凭借自己的喜怒爱好施行法令，便会导致臣下、民众怨恨甚至亡国，因此，“爱人，不私赏”，“恶人，不私罚”（《管子·任法》），即对宠爱的人不私自赏赐，对厌恶的人不私自处罚，一切依靠法律决断，这些都是君主的良好品质。第三，执法要严格。执法严格体现在两个方面，一方面，对于犯罪者，必要时施以重罚。《管子·重令》认为，处罚力度太轻，法律如同儿戏，那么国君就没有威严；国君没有威严，臣下就不会重视，甚至会玩忽职守、投机取巧，那么国家就可能存在危险。所以说，想要树立国君的威严，使法令得以有效推行，必须严罚。“罚严令行，则百吏皆恐。”即处罚严厉，法令得以推行，那么官吏们都害怕。《管子·地数》明确规定，只要山中发现矿苗国家便立即封山，任何人不得私自出入，否则动封山者罪死不赦；有违反法令入山者，“左足入，左足断；右足入，右足断”。另一方面，对于执法不当者，必须严格处罚。如对随意曲解法令、增减法令内容、不执行法令、扣留法令、违背法令的人，一律诛杀。总之，“令重而下恐”“惟令是视”，只关注法令执行情况，违反者，死无赦。第四，执法者唯贤。堪当执法大任的必须是有品行、有才能的官员。怎样才算有品行、有才能呢?《管子·立政》认为，大德至仁，见贤能让，罚不避亲贵，好本事、务地利、重赋敛的人，才能堪当重任。

总之，管仲是我国以法治国思想的开拓者。他不仅认识到法律的重要性，最早明确提出以法治国是国家治理的重要举措，而且意识到以法治国是一个完整的体系，《管子·法法》第一段概括性地总结了这一观点：第一，法律实施相当重要，关系到国家的安危。“不法法则事毋常，法不法则令不行。”不遵守法度或者不用强制手段推行法度，则事情没有常规、法令得不到执行。第二，强制性手段是推行法令的保证。“令而不行，则令不法也。”法令得不到贯彻执行是因为没有使用强制性的法律手段。第三，谨慎、合理制定法令是有效实施法律的前提。“法而不行，则修令者不审也。审而不行，则赏罚轻也。重而不行，则赏罚不信也。”使用了强制性手段但法令仍然得不到贯彻执行，这是因为起草政令者不慎重；起草政令慎重了但法令仍然得不到贯彻执行，这是因为赏罚太轻；赏罚重了但法令仍然得不到贯彻执行，这是因为赏罚失去了信实。第四，执法者的素质是保证法律得以有效实施的关键。“信而不行，则不以身先之也。故曰：禁胜于身，则令行于民矣。”赏罚信实了但法令还是不能得到贯彻执行，这是因为包括君主在内的执法者不能以身作则。因此说，禁令能够约束自身，那么政令就可以畅行于民众了。

《管子》中的以法治国思想不仅在中国法治史上体现出时间早、体系较完整、实践性强的特点，而且它还建立在西周的德治基础上，是对西周以德治国思想的发展与补充。将以法治国与以德治国思想有机结合，以德治为基础、以法治为手段实现国家的腾飞，是管仲时代治国思想的一大特色。

3. 春秋末与战国时代——齐国法治的延续期

桓管之时，虽然对社会生产和生活各方面进行了有序的法律整治，但是，在君位继承方面，留下了众多隐患。齐桓公去世后，齐国出现了长期的王位争夺之战，桓管建立的霸权衰落。齐景公时期虽然有晏婴的辅佐，出现了短暂的繁荣，但无奈景公奢靡，政治权力还是暗中渐渐流向田氏家族。公元前386年，姜齐政权最终被田氏政权所取代。

田齐政权是战国时期的东方强国，号称战国七雄之一。田齐政权的成功，主要在于实行德治。田氏代姜齐时就采用了“行阴德于民”（《史记·田敬仲完世家》）的手段，即背着姜齐政权，暗中向民众示好。自齐景公时期的大夫田僖子乞开始，田氏在向民众收赋税和向外借粮时，都采用以小斗进、以大斗出的手法，向民众施以小恩小惠，结果田氏深得民心，民众纷纷背离姜齐政权，转而支持田氏，《晏子春秋·内篇问上》称之为“海内归之若流水”，这直接威胁甚至取代了姜氏政权。到了田齐威、宣王时，更是主张以德治国，如威王在与魏惠王论宝时，他不提金银珠玉，反而津津乐道于人才，将人才提到国宝的高度；威王还广开言路，奖励纳谏，结果齐国强盛，燕、赵、韩、魏诸国皆朝拜齐国。齐宣王时复兴稷下学宫，允许士人不治而议论，以听取不同意见，齐国国力与疆域达到最盛。相反齐湣王失德，结果导致五国联军攻齐，齐国几近灭亡，从此衰落。

桓管之后，齐国出现了春秋末期的景晏时期和战国时期的田齐威、宣王时期两个重要的发展阶段，其中田齐威、宣王时期是齐文化发展的第二个高峰期。桓管之后齐国依然兴盛，这不仅是以德治国的成功，而且也有以法治国的功劳。一方面，桓管时期的以法治国为日后齐国的发展奠定了良好的基础，确立了齐国有序发展的轨道；另一方面，晏婴的法治思想与田齐威王的法治实践也散发着耀眼的光芒。

齐景公不仅奢侈无度，而且滥施刑罚，众多的刖刑导致市场上出现了踊（假肢）贵屦贱的局面。他还随意赏赐无功者、惩罚无辜者，致使民怨沸腾。针对这种局面，《晏子春秋》提出了许多以法治国的理论，具体来说，包括信赏必罚，“诛不避贵，赏不遗贱”，“弛刑罚”与“省刑罚”，断狱谨听、中听而不能慢听。信赏必罚就是赏所当赏、罚所当罚，君主不能以自己的喜好为尺度，而是要依据法令进行赏罚，并且刑罚必须忠于法度。“诛不避贵，赏不遗贱”，指不论出身多么高贵的人，只要触犯法律，一样会受到惩罚；不论出身多么低贱的人，只要对国家有功，就要按照规定给予奖赏。“弛刑罚”就是放宽刑罚，鉴于当时刑罚严苛，所有刑罚皆降一等，“若死者刑，若刑者罚，若罚者免”，即死罪降为受刑，受刑降为处罚，处罚降为免罪；“省刑罚”就是减轻或者废除原来的某种刑罚，如当晏婴劝谏刖刑重、集市上踊贵履贱时，齐景公便下令废除了刖刑。断狱要“谨听”“中听”而不要“慢听”，即谨慎小心、中正无私地审理决断而不是敷衍、轻率地决断，以免草菅人命、制造冤假错案，“中听”则民心安定，“慢听”则民心散乱。

据《史记·田敬仲完世家》记载，齐平公时期，田成子常为相，他曾对平公说：“德施人之所欲，君其行之；刑罚人之所恶，臣请行之。”表面上他让平公做善事、做好人，他做恶人，可实际上，他由此掌握了齐国的生杀大权，五年后齐国的政事便全归田常，并且其封邑比平公的食邑还大。这为田氏取代姜齐政权提供了政治与物质条件。

据《史记》之《田敬仲完世家》和《滑稽列传》记载，齐威王即位之后，将政事托付给卿大夫，自己则终日淫乐，以至于百官荒乱、诸侯并侵，国家危在旦夕。后来在邹忌与淳于髡劝谏下，齐威王整顿吏治，严罚重赏。他从考察官吏任职情况开始，先派得力大臣深入各地调查了解官吏任职情况，在掌握了第一手资料后，便召见东方的即墨大夫说：“自从你出任即墨大夫以来，不断传来污蔑诋毁之言。但是当我派人视察即墨后，发现田野得到开辟，百姓家庭富足，官衙没有积压留存的政务，东方十分安宁。之所以遭到诋毁，是因为你不善于巴结我的左右以求荣誉。”于是封给他一万户食邑。接着又召见西方的阿大夫说：“自从你守护阿地以来，我天天听到赞誉之声。但是派使者到阿地视察，发现田野没有开辟，百姓贫苦。之前赵进攻甄地，你不能救；

卫攻取薛陵之地，你也不知道。你是靠用钱贿赂我的左右而求得荣誉。”当日齐威王便下令烹了阿大夫以及曾经吹捧过阿大夫的大臣。齐威王的重赏严惩起到了震慑作用，人人惊惧，尽职尽责，再也不敢掩过饰非。从此齐国大治，二十多年间诸国都不敢对齐国用兵。

（二）齐国以法治国的作用与启示

法是理性的、严肃无情的，它是靠刑罚铺就的一条治理之路。正是因为有法，人们才会有惶恐之心，才会有战战兢兢如履薄冰之感，才会对职责恭敬忠诚；也正是因为有法，一切才得以制度化、常规化、秩序化，人们才会有安全感。齐国正是如此。因为姜太公对不合作者和乱政者施以法治，所以能获得合作治国者，能打开治国的大门；桓管正是因为以法治国，所以能大刀阔斧地进行改革，开辟出一片崭新的天地；田齐威、宣王受姜齐法治的荫庇，国家安定，强盛至极。

1. 以法治国的作用

（1）以法治国保障了齐国改革的顺利实施

管仲改革是齐国走向兴盛的关键，而管仲改革成功的重要因素在于有以法治国的保驾护航。正是因为实行以法治国，才使各方面改革得以有效实施，社会秩序有序建立。管仲改革主要体现在建立完善的官僚统治机构、实行四民分业定居、官营垄断和相地而衰征政策等方面。

在中央官僚机构中，齐桓公最早设立宰相制度，管仲成为中国历史上第一位宰相（相国），掌管行政、军事、外交等大权；中央设立周天子任命两位上卿、国君任命下卿（掌握实权）的三卿，司法官、军务官、农工官、外交官、谏官五官，傅、仆御、谒者、虞人、寺人、中妇诸子等宫廷官，太史、太祝、太卜等宗教官。在地方行政系统中，建立“叁其国伍其鄙”制度，将“国”（国都与郊区）划分为十五个士农乡、三个工乡和三个商乡进行管理，供士、工、商生活；将“鄙”（鄙野与乡村）划分为五属，由五个属大夫进行管理，供广大农业生产者生活。为了确保官吏机构的正常运转，除了实行官吏的爵禄制度外，还实行了举荐官员的“三选”制度，即按乡选、官选、君选等不同层次选拔官员，并且设五正、吏啬夫对国事、政事和讼事进行监督，定期对官吏政绩进行考核，每年两小考、三年一大考，政绩考核不佳者会受到惩罚、罢职甚至处死。

地方行政系统的设置同时完善了齐国的社会组织结构和军事制度。在社会组织结构方面，齐国最早将全国居民划分成“士、农、工、商”四大社会集团，实行“四民分业定居”制度，分别将他们安置在士乡、野鄙、官府和市井，从事不同的职业，且世代相传，沿袭不变。在军事制度方面，“作内政而寓军令”，巧妙地将军事编制隐藏于行政编制。将士兵置于十五个士农乡中，寓兵于农，兵民合一。士农乡中所有的民众，平时从事农业生产，春秋两季利用田猎时机进行军事训练，战时即可转换成强大的军事力量。

在经济上，一方面，政府控制山海并且实行盐铁专卖；另一方面，实行“相地而衰征”的土地政策，即根据土地状况，公平地折算鄙野中的田地，然后分配给农民耕种，并且按土地的肥瘠好坏征收不同额度的赋税。

桓管改革是以法律保障为前提的。每项法令的颁布，先是反复调查、深思熟虑，然后要求自朝廷到地方要不折不扣地贯彻执行，否则官员就要受到惩罚。如在选官方面明确规定，如果官员不按要求举荐有才德的人便有可能获罪。据《国语·齐语》记载，正月初一乡长上朝汇报工作时，国君就会亲自咨问他们：在你们乡中，有爱好学习、慈孝父母、聪明智慧、本质仁义，并且闻名于乡里的，就要上报到朝廷。有而不据实上报的，叫埋没贤明。有勇敢强健、力气出众的人，也要据实上报，否则叫埋没贤能。蔽明与蔽贤都将有五种罪过。可以说，如果没有管仲的以法治国理论与实践，就不会有桓管改革的成功，齐国也不会成为春秋首霸与战国中的一雄。

（2）以法治国实现了齐国的强大昌盛，维护了齐国的长治久安

《管子·明法》说：“以法治国，则举错而已。”以法治国是维护君主权威、达到“威不两错，政不二门”的措施。在管仲学派看来，君主管理臣子的关键在于掌握权威，如果权威在臣子手中，则令不行、禁不止、民不听，所以权威需要君主独享而不是与臣子分享，政令出于君主而不是臣子，这样才能令行、禁止、民听。

《管子·小匡》记载，当桓公问管仲如何实现霸业时，管仲回答说："修旧法，择其善者，举而严用之。"管仲不只是这样说的，也是这样做的，他成为诸侯国中以法治国的最早实践者。"修旧法"就是打着利用西周确立的典章制度的旗号进行平稳过渡、稳定发展；"择其善者"就是选择运用适应时代需求的内容。所以说，管仲的以法治国是在巧妙的、隐蔽的形式下进行的赋予时代内容的创新性改革。这一改革，表面上看是尊王、尊崇周天子，实际上是树立齐国君主的权威；表面上看只是延续了西周的国野之分，实际上是寄寓了地方行政系统的构建、四民分业定居、寄军令于内政等新意。桓管改革不仅没有引起国内权贵以及其他诸侯国的反抗，而且在周天子和其他诸侯国的支持下，悄悄地、成功地壮大了齐国的实力，完成了齐国春秋首霸的伟业，并且奠定了战国七雄的根基。

齐国以法治国的成功，不仅为齐国的强盛和长治久安奠定了基础，而且对战国时代诸侯国的改革，特别是李悝、慎到、申不害、韩非子、商鞅的法治思想与法治改革提供了借鉴。

2. 齐国以法治国的启示

（1）法德是一对矛盾统一体，相辅相成显神奇

社会是复杂的，它不仅包含客观事务，还存在主观情感，如果一味地以法治国，法会变成冷冰冰、硬邦邦的国家统治机器，会导致百姓手足无措、民怨沸腾；如果一味地以德治国，德会变得软弱无力，国家秩序会出现混乱不堪的局面。因此说，法德是一对矛盾统一体。首先，二者是矛盾的，法是客观、理性的，属阴；德是主观、温情的，属阳。其次，二者又是统一的，法起制约、惩治和保障作用，德起感化与教化作用。德法并用，实际上就是恩威并施、宽猛相济。历史证明，法德相辅相成会显现出神奇的效应，相反，一味地重德或重法都会出现问题，如西周因过于重德而对末年的诸侯并起无力处置，秦朝因过于重法而短命。

以法治国是齐国成就卓著的保障，但同时必须看到，齐国的强盛也离不开以德治国的功劳。姜太公封齐建立政权后，"因其俗，简其礼，通商工之业，便鱼盐之利"，根据齐国当时的形势与需要，因地制宜，适时变通，采取

了一种普惠于地方、方便于民众的治国方略。桓管改革，不仅在民众安居乐业，从地方选拔贤才，正地均田与相地而衰征，对老幼病残、鳏寡孤独、贫穷困顿者实行九惠之教方面，都得到百姓的拥护，而且还直接探讨了德法关系，将德行作为教化百姓的手段与内容，这在《管子》中多有体现。第一，它意识到德法关系的重要性。《管子・权修》说："教训成俗而刑罚省。"它将教训百姓、养成良好习俗看成管理百姓的良好方法，认为教训形成风气，刑罚就会减少。《管子・任法》说："所谓仁义礼乐者，皆出于法。"当时法的概念比较宽泛，既包括国家颁布的法律法规，也包括仁义礼乐等民风民俗。第二，它意识到经济是守德的基础。《管子・牧民》提出了"仓廪实则知礼节，衣食足则知荣辱"的理念，认为只有民众富有了才会产生礼节、廉耻之心。第三，它意识到教化的长期性与艰巨性。《管子・权修》有言："一年之计，莫如树谷；十年之计，莫如树木；终身之计，莫如树人。"认为教化人比种粮、植树困难得多。第四，在教育内容方面，提出礼、义、廉、耻是国之四维，即国家的四根支柱，支柱倒塌，国即灭亡的理论。《管子・牧民》说："四维张则君令行……四维不张，国乃灭亡。"并且对礼义内容进行了具体规定，提出了礼有上下有义、贵贱有分、长幼有等、贫富有度等八经，义有孝悌慈惠、恭敬忠信、中正比宜、整齐撙诎（节制）、纤啬（节俭）省用、敦懞纯固（敦厚朴实）、和协辑睦（和睦）等七体。（《管子・五辅》）第五，教化要从小处着手。《管子・权修》提出，管理民众重在使民众正直，因此，礼义廉耻虽小也要谨慎行使、进行修饰，邪恶虽小也须禁止。

管仲的德法兼治，成效卓著。齐景公虽然奢侈荒淫，但晏婴作为一代名相，在爱民、轻税、崇礼、谏君、选贤任能、清廉等方面都做出了表率，适当弥补了景公在治国方面的缺陷。田齐取代姜齐，齐威王和齐宣王崇德重人，招揽天下英才，发展壮大稷下学宫，成功地实现了以法维持秩序和以德感化民众的平衡治理。

（2）法德如同跷跷板，适度才是硬道理

法德如同一个跷跷板，你强我就弱，你弱我就强；它们又是一对阴阳体，德为阳，法为阴。按照中医理论，阴平阳秘、阴阳平衡，人才会健康。社会也是如此，法德均衡、适度，社会才能和谐。怎样才能做到德法均衡？以法治国怎样才算适度呢？

其实，德与法的实施尺度并无定论，而应依据社会状况来确定，如在西周时期，周公制礼作乐，社会安定有序，此时以德为主进行统治，符合时代的需求；到春秋战国时期，社会动荡不安，社会秩序遭到严重破坏，此时儒家的等级制度、仁义思想都显得苍白无力，法家思想则掷地有声。管仲在春秋中期率先开创了以法治国的先河，时至战国时期，魏国、赵国、韩国和秦国等著名法家代表人物纷纷登场，法家思想和实践风靡一时。

齐法家与秦晋法家有很大的区别。在法与君的关系上，齐法家主张“令重则君尊”，认为法制健全和君主带头守法，君主的权威才能建立。秦晋法家则主张君尊而令行，认为君主是立法者，凌驾于法律之上，只有先树立君主的权威才能有效推行法令。在法与民的关系上，齐法家吸取了儒家的“德主刑辅”思想，主张以礼义廉耻教化百姓，以德使民，民才能归之如流水，并且认为民富才能知礼义廉耻，才能守法。秦晋法家则主张愚民，“以法为本”（《韩非子·饰邪》），“不务德而务法”（《韩非子·显学》），认为民愚则国安；以法律作为治理国家、调整社会关系的基本工具；国家应致力于法治而不重视德治，要充分依靠民众的力量而不是依靠其品德。在刑罚方面，齐法家主张“宽刑省禁”，追求以刑罚触动民众心灵，使民众担心害怕，认为杀戮能使他们口服心服，因此齐国可以变通性地处理刑罚问题，据《国语·齐语》记载，面对齐国缺少铠甲兵器的问题，管仲主张实行以铠甲兵器赎罪的刑法，即犯重罪的人可以用一副犀牛皮制的甲和一柄车戟赎罪，犯轻罪的人可以用一副皮盾和一柄车戟赎罪，犯小罪的人可以不同数量的铜铁赎罪，打官司的则以箭矢作为诉讼费。秦晋法家则强调“严刑峻法”，不仅坚决反对赦罪和减免刑罚，而且坚持“轻罪重判”原则。秦晋法家是典型的“重刑”主义者，其法治思想经过商鞅变法得以实施，并通过秦国征服六国、大一统中央集权的建立而证实了其有效性，但是，很快又通过秦朝短暂的十五年残暴统治而证实了其失败性。齐国统治上的强盛，整体上讲是德法并重的结果，但在姜太公时期以德为主，桓管、田齐威宣时代德法并重，在姜齐景公、田齐湣王时代则严重失德。因此可以说，德法在不同时代可能有轻重之分，但整体上讲，二者是一对矛盾统一体，缺一不可，片面的发展其中之一会导致社会治理的失衡，甚至危及国家命运。

二、崇商重工

士、农、工、商是古代国家发展的四大支柱。士涉及政治与军事，农、工、商为国家的经济命脉。农、工、商孰重孰轻，不同时代、不同国度有不同的标准。西方文明的发源地古希腊因自然原因自始至终重视工商业经济；欧洲中世纪先是经历了重商主义时期，认为国家财富来自商业，来自贸易出口额大于进口额所获得的顺差，之后又出现了重农学派思想；起源于大河流域的农耕文明国家，则长期实行重农主义思想。中国作为起源于大河文明的国家，自战国时代起就盛行重农抑商政策，以农为本，以工商为末，这既与农业经济在民众生活中的重要性有关，也与保存小农经济、维护封建统治的基石有关。但是，齐国作为周代大国之一，在农、工、商比例方面有着与众不同之处，自太公确立工商立国政策起，历经桓管时代的农业为主、工商并重政策，呈现出明显的崇工重商特色，为后世儒商的发展奠定了良好的基础。齐国的崇商重工，既是自然环境作用的结果，也是统治者的明智之举。

（一）齐国崇商重工原因分析

齐国位于东方，山海兼备，因此在地理环境方面，既能满足内陆文明发展农耕生产的需求，也具备海洋文明重商的条件。此外，姜太公建立政权时，齐国地理环境还存在着一些特殊因素，这既是对齐国经济发展的挑战，也成为齐国崇商重工的机遇。

1. 地理环境适于工商业发展

齐、鲁分封之时，太公所封之齐地与周公旦所封之鲁地相比，在自然环境方面并不占优势。鲁地是适宜农耕的肥沃之地，在重视农耕经济的时代，能分封到鲁地，那是对周王家族的优惠待遇；姜太公虽然是西周立国的最大功臣，并且在诸侯分封时为首封，但毕竟是异姓贵族，所封之地，不仅存在东夷族的抵抗，而且按《汉书·地理志》的记载，是“负海舄卤，少五谷而人民寡”之地，该地北、东、南三面环海，土地盐碱化严重，不利于农作物生长，而且人口稀少。但是，按照辩证的观点，任何事物都有两个方面，有时不利因素可以转化为有利因素。第一，齐国具备发展工商业经济的自然条件。齐国山海兼备，有高山、大海、平原、丘陵等多种地形地貌，拥有内陆国家与海洋文明兼备的各种自然资源。适宜鱼、盐、桑、麻等多种工商业经济的发展。第二，齐国部分地区具有优越的农耕条件，为工商业的发展奠定了基础。据《尚书·禹贡》记载，大禹治水后，齐国被划分为九州中的青州全部与兖州的一部分。青州土壤有两部分，一部分就是前面所说的盐碱地，也称斥土，但另一部分为白坟土，即富含有机腐殖质、肥力较高的润湿灰色土壤，相当于现在的褐土与潮土，在九州中位列第三等；兖州则为黑土，草木植被茂盛，同样富含腐殖质，肥力中下，位列九州中的第六等。青州与兖州之地都适宜农作物生长。尽管太公封齐时，存在大片盐碱地，并且人口稀少，但是随着桓管及齐威、宣、湣王的对外征服，齐国从太公初封时的方圆百里，最后成为方圆至少两千里的大国，所以人口逐渐增多，海岸线逐渐延长，自然环境逐渐得到改善。第三，齐国交通方便，气候温暖温润，适宜工商业的发展。齐国地处北纬三十多度的轴心文明带上，内部交通便利，河流湖泊众多，如有时水（又名如水）、渑水、濮水、沭河、胶莱河、大沽河、小沽河、徒骇河、马颊河，以及位于今广饶东北的巨定泽、定陶东的菏泽（又作荷泽）、莱阳东北的奚养泽、阳谷东的阿泽等水域。这些河流湖泊不仅构成灌溉水系，而且成为重要的水上交通通道。此外，齐国东部与韩、日海上相邻，为海上丝绸之路的开发提供了良好的条件。

2. 齐国具有发展工商业的良好基础

早在齐国建立之前，东夷人就已有发达的手工业与商业文明。考古发掘证明，早在四五十万年前，山东中部就有沂源人生活。距今约八千五百年，齐地进入新石器时代，历经后李文化、北辛文化、大汶口文化、龙山文化、岳石文化等几个发展时期，创造了辉煌的东夷文明。姜太公封齐前，东夷人长期生活在齐地，他们处于氏族社会末期的农村公社时期，公有制与私有制并存，出现了太昊（伏羲氏）、蚩尤、少昊、舜等部落首领，并且出现了先进的手工业和较发达的商业经济。第一，畜牧业发达。从“夷”字为“持弓的人”的构成看，东夷人善于畜牧，《尚书·禹贡》中有“莱夷作牧”之说，现烟台市牟平区有养马岛，相传因秦始皇东巡时曾在此养马而得名，这足以说明当地具备良好的畜牧条件，畜牧业发达。第二，陶器制造业水平高。在距今四千多年的龙山文化时期的墓葬中，发现了制作精致、陶胎薄如蛋壳、外表漆黑黝亮的黑陶，号称蛋壳陶，其主要用作氏族显贵祭祀的礼器。第三，出土了大量骨器与玉器。自北辛文化起，在章丘城子崖、日照两城镇、潍坊五莲县丹土等龙山文化遗址中，都有骨器或玉器的出现，如大汶口和龙山文化遗址中出土有众多的骨器和玉器，有骨针、骨锥、骨梭等编织工具，也有骨镞、骨笄、骨梳、玉铲、玉凿等用具，特别是出土于大汶口文化遗址中的象牙梳，使用了十分精致的透雕工艺，可谓远古透雕艺术的瑰宝。第四，出现了丝麻纺织的萌芽。北辛文化遗址出土器物底部就有席纹痕迹；大汶口文化时期出土的陶罐底部印有的布纹每平方厘米为 8 ×11 根；龙山文化时期出土器物上的布纹更细密，每平方厘米经纬线可达 10 ~ 11 根；大汶口文化遗址中出土的细针仅有 1 毫米，相当于现在的纳鞋针粗细，还出土了 4 件骨制贮针针管。《尚书·禹贡》中说青州向朝廷进贡盐、丝、麻、柞丝等物品，兖州进贡漆、丝、织文（染成各种花纹的绫罗）等物品；《管子·轻重丁》记载，过去莱人善于染色，所染的紫色丝织品和丝带卖到周地价格昂贵，以至于莱商将紫色丝织品抢购一空。第五，东夷人被认为是我国酿酒的最早发明者，至迟在大汶口文化早期就出现了人工酿酒技术，泰安大汶口和莒县陵阳河都出土了不少酒杯和其他酒器。第六，东夷还被学术界认为是我国最早进行金属冶炼的地区，自大汶口文化末期或龙山文化初期，人们在原始制陶技术的基础上，逐渐研究出冶炼铜的技术，并利用这种技术制作生活用具及兵器，可以说蚩尤曾多次战胜黄帝，与他掌握了矿藏、冶炼出金属兵器不无关系。

生产力的发展带来产品的剩余和商品交换的出现、货币的产生。在商品交换初期是以物易物，主要目的是调剂余缺。后来，随着商品交换次数的增多，出现了专门的商人和专用的货币。早期的货币主要是物品，从大汶口文化时期墓葬中的狗葬、猪葬可以推断，历史上曾以猪、狗为等价物，后来粮食、布帛、玉石、贝壳、牛、马、羊、刀、铲等也曾作为等价物。在上述物品中，由于贝壳具有易携带和易保存、不易损坏且稀缺等特点，齐地最早将贝壳作为战国时代各国货币出现前的通用货币，并且盛行于夏、商、周至春秋刀币出现前约两千年的时间。贝壳有一百多种，主要有大贝和小贝（齿贝），自然贝和陶、骨、铜、玉制的人工贝之分。大贝价值最高，小贝兑换方便。众多著名的手工业产品和货币的出现为齐国的崇商重工奠定了基础。

3. 齐国有崇商重工的开拓者

姜太公与管仲是齐国崇商重工的开拓者。姜太公建立政权后，因地制宜，在农耕为主的时代，面对“地潟卤，人民寡”（《史记·货殖列传》）的状况，创造性地提出了“通商工之业，便鱼盐之利”（《史记·齐太公世家》）的政策，开辟了工商立国之路，以工商业为先导，打开了治理齐国、安邦定国的新局面。桓管时期，社会已经得到一定发展，时代赋予桓管君臣以开疆拓土、争霸图强的重任，管仲不辱使命，在继续太公确立的发展工商业的道路上，鉴于铁制生产工具的出现，提出了本与末的思想，他将农耕生产与手工业中的桑麻生产称之为本业，而把“雕文刻镂”、美衣锦纂称之为末作文巧。在管仲看来，国家的富强、齐国的称霸，关键在于农业，为此他提出了一套农业连锁反应理论，《管子·治国》说，民众事农则田地得以开垦，田地开垦则粮食增多，粮食增多则国家富足，国家富足则兵力强盛，兵力强盛则战无不胜，战无不胜则疆域拓展、土地增多。这是一种以农业发展带动工商业发展的良性循环道路，管仲认为此道路的关键是农业生产，但管仲并不排斥工商业发展，实际上他所实行的是农工商并重的方针。《管子·揆度》曾提出“一农不耕，民有为之饥者。一女不织，民有为之寒者”的著名论断。姜太公与管仲的政策与行为，既体现了他们务实、机动灵活的优良品质，也为齐国走出了一条有别于他国的、富强昌盛的道路，还为后世儒商的发展奠定了基础。

（二）齐国崇商重工的表现

齐国崇商重工的经济政策确立于太公立国之时，盛于桓管改革时代，战国时期得到延续与发展。由于崇商重工，齐国不仅纺织业、冶炼业等名列前茅，而且丰富了当时的经济发展理论。

1. 太公时期的“通商工之业，便鱼盐之利”

太公时期的工商立国政策建立在“因其俗，简其礼”的基础上。太公建立政权后，对齐国的形势做了认真地考察分析，一方面意识到齐地存在盐碱地和人口稀少等恶劣的客观环境；另一方面看到东夷地区存在先进的手工业生产技术和大量的鱼、盐等海洋资源，于是他以战略家的风范和气魄，一改当时普遍重视农业的传统，果断地提出了“因其俗，简其礼，通商工之业，便鱼盐之利”（《史记·齐太公世家》）的政策，走出了一条与鲁国“变其俗，革其礼”相悖的道路。太公的“因其俗，简其礼”，不只是简化周初制定的礼仪制度与体系，因袭东夷人既有的风俗习惯，而且还包括继承东夷人已有的生产技术与成果。“通商工之业，便鱼盐之利”，一方面是鼓励纺织业、冶炼业、渔盐业等手工业生产；另一方面就是大力发展商业，与外界互通有无。结果，“人民多归齐，齐为大国”。

临淄齐都镇河崖头村102号西周墓出土弦纹青铜鼎

太公的工商立国政策得到实施并取得成效。在纺织业生产方面，虽然因时代久远实物不易保存，现在见不到当时纺织的成果，但是从史籍中可以窥见关于齐地纺织业的记载，据《史记·货殖列传》记载，太公“劝其女功，极技巧，通鱼盐”之后，齐国便出现了“人物归之，襁至而辐凑。故齐冠带衣履天下，海岱之间敛袂而往朝焉”的盛大局面。“冠带衣履天下”是齐国为当时纺织业发展中心的写照，齐地的衣帽等纺织品，以及鱼盐等海产品，因数量大、质量高而引领时代潮流，畅销四方，贩运者络绎不绝，诸侯们都拱手朝拜齐国。考古中就发现了不少有关蚕的纹饰，据李英森等人的《齐国经济史》记载，在山东益都苏埠屯商代墓穴中发现了几件形态逼真、晶莹剔透的玉蚕。在冶金业方面，人们在原始制陶技术的基础上，逐渐控制冶炼红铜（天然铜）的温度，并且研究出铜与锡、铅结合增加铜的硬度的比例。临淄、章丘、泗水、寿光等地出土的齐国制造的酒器、乐器、礼器及用具，不仅数量大，而且器物上所带的精美花纹以及描写史实的铭文，向我们诉说了夏、商、西周时期齐国冶金业的辉煌。马克思曾在《资本论》中说："商业依赖于城市的发展，而城市的发展也要以商业为条件。"由此我们可以断定，自姜太公定都营丘，到齐献公扩建都城并改名临淄，城市的发展推动了商业的发展与繁荣。同时，太公将其在周成王时期制定的币制"九府圜法"带到齐国，即黄金方寸而重一斤；圆钱方函，轻重为铢（十四分两之一）；规定布帛幅宽为二尺二寸，一匹长为四丈。这些措施都促进了齐国工商业的有序发展。

2. 管仲时期发展工商业的理论与实践

管仲关于发展工商业的理论与实践，大多体现在《管子》和《周礼·考工记》中，由此我们可以了解春秋战国时期管仲学派的工商思想与实践。

（1）管仲发展工商业的理论

管仲沿袭了姜太公的工商业政策，重视工商业的发展。但是，管仲时期与姜太公时期相比，齐国的形势发生了巨大变化。从时代上讲，姜太公处于建立政权初期；而管仲处于春秋中期，经历了姜太公时期以及之后的庄僖小霸，有了一定的发展基础。从农、工、商的关系来说，姜太公立国时没有良好的农耕条件，因此太公是从工商业入手打开治理齐国的大门的；到管仲时代，历经几代君主的开疆拓土，地域从方圆百里增加到几百里，具备了发展农业的良好基础，因此，管仲时代齐国的经济政策从太公时代的工商立国转变为农工商并重、以农为本。

第一，重工商本业、禁末作文巧。《管子》一书多次提到本、末问题，因此可以说，管仲是中国历史上最早提出本、末概念的思想家。只不过，在管仲和管子学派这里，本、末是一个宽泛的概念，既包括政治方面，也包括经济方面。如天下是国之本、国是乡之本、乡是家之本、家是人之本、人是身之本、身是治之本；明王的本事在于仁义；地大国富，人众兵强，是霸王之本，这些是管子关于政治方面的本的谈论。在经济方面，管子提出粟是王之本、治国之道；地是政之本，平均和调地力，可以起到正政（政治清明）的作用。在管仲看来，农业是天下的根本，而土地是根本中的根本，只有开垦土地，才能实现从国富到兵强，到打胜仗、称霸，再到获得更多土地的良性循环。从民众需求来看，土地可以打粮食，可以栽树木，因此，农耕、桑麻生产在管仲这里都属于关系国计民生的本业。那什么是末业呢？在管仲和管子学派看来，末业并非是工商业，而是生产玩好之物、奢侈品的末作文巧，如工匠追求“雕文刻镂”、织女追求“美衣锦绣纂［綦］组”。这些精美的花纹、刻木、镂金、锦绣等玩好之物，只能满足富贵人的奢侈需求，无法满足人民大众的生活需求，因此需要禁止，否则会出现田荒、国贫的状况。因此，在管仲和管子学派这里，本、末是宽泛的概念，并且重本禁末有特殊的含义，与后世的重农抑商有很大的区别。

第二，促、抑工商论。管仲对工商业的态度是既促又抑的，促的是其正常发展，即将工商看成是国家经济中不可或缺的组成部分；抑的是其非正常的生产，以及富商大贾恶性膨胀、谋取暴利的不法行为。《管子·轻重丁》所讲的锯枝兰鼓的故事，就是桓管君臣抑制富商大贾高利贷盘剥的实例。锯枝兰鼓是当时朝廷生产的一种绣有锯枝兰鼓图案的高级美锦。在管仲的建议下，桓公派大臣到全国各地统计放贷的情况后，下令凡是到朝廷朝贺的礼品一律用锯枝兰鼓美锦，因此宫廷中的锯枝兰鼓价格上涨十倍。然后朝廷招集放贷者，让他们购买锯枝兰鼓，以此作为齐桓公替百姓偿还高利贷本息的方法。结果朝廷用三千匹锯枝兰鼓换回了齐国三万家百姓所借的三千万贷款和三千万钟粮食。这种方法不仅使高利贷者收入大减，而且使朝廷获得了百姓的拥护，增长了百姓对朝廷的亲近感和朝廷一心向农的决心。《管子·立政》说：“百工商贾不得服长鬈貂。”这是限制工商生产者仗财奢靡的法令。

整体上讲，管仲及管仲学派是重视工商业发展的，这主要体现在以下几点：首先，四民分业定居。一是将工商与士农并列，成为国家的柱石；二是设立官工、官商，让他们生活和工作在同一个地方，以保证相互学习交流，切磋技艺。其次，严格监督考核百工。《管子·立政》在制定“工师”管理职责时要求，考核各种工匠，审定各个时节的工作项目，分辨各种产品的工作强度和工艺，监督制作精致优良的产品，统一管理五乡，按时全面生产，保证各乡中不出现刻木、镂金、文采等奢侈品。再次，商业是“民作一而得均”（《管子·治国》）的保障。四民虽然各自生产自己的产品，但是可以相互交换，享受到其他物产。最后，通过端正君主行为促进农工商业的正常发展。《管子·七臣七主》说：“一人之治乱在其心，一国之存亡在其主。”如果君主喜好本业，那么百姓就喜好开垦土地；如果君主喜好财货，那么人们就喜好商业市集；如果君主喜好造宫室，那么工匠就喜好淫巧之物；如果君主喜好文采织物，那么女工就生产奢靡产品。因此，圣人需要节制造宫室、适度生产服饰、戒掉玩好奢侈之物。

第三，“官山海”与“盐铁官营”论。山海川泽是各种动植物、矿物和水利资源的所在，因此，由官府经营管理。官府经营管理的方法就是垄断，即实行盐铁专卖。《管子·海王》篇中管仲采取了一种不用直接向百姓征税也能增加政府财政收入的方法，就是在近山和近海，由政府把控山中的金属资源和大海中的食盐资源，制造生产和生活必需品，然后卖给百姓。盐和铁是人人必需的消费品，国家垄断专卖后，既可向本国百姓出售，也可卖给他国。因此，官山海和盐铁专卖是国家聚集财富的良好手段。

第四，轻税和优质服务政策。桓管时代吸引商贾的办法，一是废除关隘或降低税率，二是为商贾提供优质服务。春秋之前的税率一般是“什一而税”，即每年交十分之一的赋税，桓管时代在关税方面采取了吸引外商的新措施：一是降低税率。齐桓公曾“弛关市之征，五十而取一” （《管子·大匡》），将关税降为百分之二。二是免税。齐国到东莱进行鱼、盐贸易，以及正常的手工业产品贸易都不征税，如“博带梨，大袂列，文绣染，刻镂削，雕琢采，关几而不征，市鄽而不税”（《管子·五辅》）。宽大的带子裁成窄小的，肥大的袖子变成窄瘦的，华丽的服饰染成单色的，镂刻的图案削掉，雕琢的花纹磨平，关卡只稽查而不收税，市场上存放货物也不收税。三是关与市不重复征税，“征于关者勿征于市，征于市者勿征于关”（《管子·问》）。在吸引外商方面，齐国还建立了客舍，并提供优质服务。据《管子·小匡》记载，当时齐国每三十里设置一个驿站，并派专门官员接待来往客商，如有礼仪不周或收费标准不当，朝廷便会治管理人员的罪。齐桓公曾向管仲讨教解决国内货物不足的问题，管仲的应对措施是提高商贾待遇，下令为各诸侯国的商人建立客栈，并且对拥有四匹马一辆车的商人提供免费伙食，对拥有十二匹马三辆车的商人还提供牲口草料，对拥有二十匹马五辆大车的商人另外配备五个服务人员。低税或不税政策，以及优质的服务，吸引了各国的商人，正所谓“天下之商贾归齐若流水”（《管子·轻重乙》）。

第五，轻重理论。轻重是商品或货币价值与价格高低的问题，轻重理论是《管子》探讨商品流通过程中货物与货币孰轻孰重、孰更有价值的问题，它包括价格论、货币论和商品轻重关系论。从价格方面来说，商品价格的高低取决于市场上该种商品数量的多少和供求关系，市场上的商品多则贱，少则贵；散则轻，聚则重。在货币方面，投放流通领域的货币数量与商品轻重成正比，货币量越大商品越贵；如果与货币量成反比，投入市场的货币量越大，货币本身就会出现贬值。在商品轻重关系方面，同一种商品的轻重取决于商品数量的多少、积散，在不同商品中货币重则商品轻，商品重则货币轻。探讨该问题的主要目的是在不同环境中找到对齐国经济发展最有利的方略。

第六，奖励手工业生产。《管子·山国轨》规定，百姓住宅周围只能种植桑树，不能种植其他品种的树，否则会影响丝织业生产；对百姓中精通蚕桑生产，使蚕不生疾病的技术工人，朝廷不仅给予黄金、粮食方面的物质奖励，听取他们的意见，将他们的技术经验记录保存于官府，而且给予他们免除兵役的优待；春天财物困乏时节，朝廷给予桑农贷款，桑农可以用丝织品抵偿。

（2）管仲发展工商业的实践

李英森等人在《齐国经济史》中推断，齐国是我国采矿、冶铁、制造和使用铁器最早的诸侯国。2012 年 7 月 15 日，我国专家学者经过实地考察论证淄博张店铁山是我国冶铁技术的发源地。此地有炉神姑传说，话说铁山曾出现一只铁牛，夜晚出来危害庄稼、祸害百姓，官府命令铁匠限期将之熔化，但限期将至，铁牛仍然纹丝不动。为父送饭的美丽姑娘李娥纵身跳入炉中，助父熔化铁牛，从而演绎出献身救父的动人故事。《管子》一书中有关于中国冶铁的最早记载，如“官山海”是指朝廷管理山中的矿产资源和大海中的制盐业；还列举了当时出现的不少铁器，以及辨别山中是否有铁矿的方法，当时依靠山表面为赤褐色下面即有铁矿的理论找到了不少铁矿。临淄故城内发现有春秋时期的多处冶铁遗址，主要分布在南、北、中、西四大区域，面积从三万平方米到四十余万平方米不等，地层堆积约三米。矿山开采、冶铁技术的成熟，为齐国提供了大量的铁制生产工具和武器，为齐国成为春秋首霸和战国七雄之一提供了条件。

大多数学者认为，《周礼·考工记》是齐国政府编订的指导、监督和考核官府手工业、工匠劳动制度的书，书中记述了齐国手工业管理及各个工种的设计规范和制造工艺情况。当时齐国专门设立工正、工师、铁官管理官府手工业，在作坊内部有攻木、攻金、攻皮、设色、刮摩等三十多个生产部门，每个部门下面又有不同分工，如纺织方面由典妇功率领画、缋、钟、筐、㡛等职员从事着色、印染、刺绣等工作；攻金之工主要从事青铜冶铸和冶铁工作，其中有筑、冶、凫、栗、段（锻）、桃等分工。

淄博市临淄区稷下街道棕榈城28号墓出土波带纹青铜壶

为了保证商品的流通，自春秋起，齐国便铸造并发行刀币，且上刻“齐法化”三字，以代表刀币的法定性和不可抗拒性，一个刀币可以兑换十个大贝或一百个小贝。刀币有大小之分，大刀币是齐国的货币，小刀币是燕国的货币。齐刀币在燕、韩、赵、魏等国都有流通，表明齐国商业交往广泛。齐刀币先在临淄铸造，后来随着齐国疆域的扩大，逐渐出现了“即墨刀”“安阳刀”等地方刀币。刀币成为与贝币一起流行的货币，且一直使用到秦朝统一货币，为春秋战国时期商业的发展做出了不小的贡献。

除正常的商业发展，《管子·轻重戊》还记载了管仲巧妙地利用商战壮大齐国实力的数个案例，如以织绨法控制鲁、梁，以购柴火法掌控莱、莒，以捕鹿误农法控制楚国，以购白狐皮法掌控代国，以兵器降衡山。这些做法的共同特点是以高价购买周边国家的特产，引导这些国家的百姓放弃农业生产，导致这些国家粮食匮乏、粮价暴涨，最终百姓纷纷投奔齐国，或者国家被齐征服。如齐国自上而下穿绨但不织绨，他们向鲁、梁高价购买绨，结果鲁国与梁国之民不事生产，全力以赴织绨，当大量织绨运到齐国边境时，齐国却“去绨闭关”，导致鲁、梁织绨无获且耽误农时，仅两年，鲁、梁之民十分之六归齐；第三年，鲁、梁之君臣服于齐。这些故事更多带有寓言色彩，但也说明了管仲在商业经营方面的聪明才智。

3. 战国时期齐国工商业的发展

春秋战国之际，越国大夫范蠡在帮助越王勾践卧薪尝胆、取得灭吴胜利后，全身隐退，后化名鸱夷子皮，以生财致富的“计然之策”，经商于齐地与陶（今山东菏泽定陶）地之间，被后人尊为商祖。范蠡能在齐地经商，说明齐国工商业发达。

齐国的制陶业在战国时期进一步发展，栖霞出土的陶器中出现了一种不同于以往将三足置于底部外圈三点上的鼎，该鼎三足凑挤于底部中间，缩小了底部面积但仍能保持平衡，做工十分精巧。该时期陶器中还出现了大量用于建筑的陶砖与瓦当，瓦当上刻有精美的纹饰，具有浓郁的生活气息和民间艺术特征。战国时期齐国的下水道建筑具有封闭或半封闭性质，特别是临淄城的三号排水系统十分科学，其全长八百米，分上中下三层，包括进水道、过水道和出水道，进水口呈倒梯形，共有十五个方形水孔，因石块不规整导致水孔大小不一致，又因内部石块交错排列组成网状，所以不仅可以排水，而且还能阻挡敌人从排水口通过管道进入城内，因此，这一排水系统堪称国内外同期排水系统中的杰作。

齐国故城排水道口

战国时期齐国铜器制造业中出现了许多精品，并且出现了分铸法和金银错法。1979 年，在临淄大夫贯村战国墓中发现了一套八件的直甬编钟和两套共十六件的青石编磬，其制作精细，声色优美。1964 年临淄城南永流乡出土的大型圆形铜镜和 1982 年临淄商王庄村出土的稀世珍宝牺尊是金银错的代表器物。金银错就是用红铜、金片、金银丝在青铜器上镶嵌成精美图案或文字，然后用错石错磨成精美铜器的方法。铜镜不同于寻常之处，一是镜背面外缘有三个鼎立的环钮；二是云形花纹上错以金丝，嵌有绿松石，将圆形镜体、方形纹饰与三角分布的镜钮有机结合在一起，布局严谨、优雅富丽。牺尊仿牛形，不仅形态生动逼真，而且将镶与嵌工艺结合在一起，全身镶嵌银丝，组成菱形图案，并套以凤纹，纹理间皆以绿松石和孔雀石镶饰；背部的尊盖构思巧妙，形为海棠叶，饰以扁嘴禽图案，禽颈反折，禽嘴紧贴禽背成弓形，正好构成半环式把手。该牺尊被世人誉为“无与伦比的盖世奇宝”。

临淄商王墓出土错金银青铜牺尊

春秋战国时期齐国是丝织业生产中心，这已无可置疑。1972 年临淄郎家庄东周殉人墓中的丝织物因棺椁焚烧炭化而保存下来，从而揭开了齐国丝织业发达的神秘面纱。墓中的丝织品非常丰富，有每平方厘米经纬丝为 76×36 根的细密的绢，绢上有锁绣针法刺绣的美丽花纹；有双色经二重组织的锦，这是目前我国发现较早的锦织品之一；有用丝编织的鞋帮和鞋面，上面饰以畦纹或乳钉疙瘩。陪葬坑中还发现了大小有序、由玉髓或玛瑙制成的蚕形佩带装饰品。战国时期齐国的丝织品有罗、绫、纨、绮、縠、缦帛、缟、绨、绡、素、绢等近二十种。《战国策·齐策四》之“下宫糅罗纨，曳绮縠”是对当时丝织业发达的生动写照。

战国时期，齐国的市场除了原有的朝市、午市和夕市外，还出现了夜市、军市，以及齐都临淄中的左市、中市、右市等多处贸易市场，并且朝、午、夕市的区分已不明显。市场上有商正或司市等官员进行管理。

城市的发展推动了商业的繁荣。自齐献公定都临淄后，经过管桓的拓展，到春秋晚期，临淄已成为规模宏伟的都市。临淄城包括小城和大城两部分，小城在大城西南方，小城东北角与大城西南角巧妙相接。小城由国君居住，东西三华里，南北近五华里；大城东西七华里，南北九华里。临淄城有十三个城门，城内有十条主要交通干道，其中以庄岳最为繁华。庄是城内最热闹的街道，直贯南北，为“六轨之道”。轨是车辙的宽度，每轨为六尺六寸，每边再加道宽七寸，实际每轨共八尺，六轨为四十八尺，按周代每尺二十三点一厘米计算，六轨之道约为十一米宽。庄道上最热闹的市区叫岳，在北门以内，是市肆和工商业者聚集之所。“庄岳之间”指的就是战国时期齐国人口最密集和最繁华的地方。临淄城内人口众多，约有七万户，如果按每户六口计，也得有几十万人之多。据《战国策·齐策一》记载，百姓从事吹竽、鼓瑟、击筑、弹琴、斗鸡、走犬、六博等各种娱乐活动；大道上，“车毂击，人肩摩，连衽成帷，举袂成幕，挥汗成雨；家敦而富，志高而扬”，临淄城内车轮相撞，人肩相摩，将衣襟连起来能成帘子，举起衣袖能成大幕，挥汗即能成雨，一派繁华景象；百姓家底厚实富裕，精神志气高昂。《盐铁论·通有》称临淄“居五诸之冲，跨街衢之路”，即位于五大诸侯国的交通要道上，从临淄向外延展的四面八方的道路为商业贸易提供了便利条件。

据《国语·齐语》记载，齐国的商人，自太公建立政权起，便考察季节及市场物价的变化，通过身背、肩扛、担挑、手提、牛驮、轺车等方式，奔走四方，互通有无，贱买贵卖，极大地活跃了齐国的商品市场，促进了齐国与其他地区的商品贸易。齐国商人的贸易范围既有境内各诸侯国，如李斯《谏逐客书》中提到的阿缟（齐国东阿所产）之衣、锦绣之饰，也有境外的韩、日等国，开通了我国早期的海上丝绸之路，如《管子·揆度》中曾提及“朝鲜之文皮”，文皮即拥有美丽斑纹的虎、豹皮。《尔雅》则说：“东北之美者，有斥山之文皮。”据考证，斥山为今山东荣成石岛海边的一座小山，这里不出虎豹。那斥山“文皮”来自何处？由于直到9世纪，赤山一直是连接中国与朝鲜、日本的重要海口，因此，“斥山之文皮”当为朝鲜之文皮，是朝鲜与齐地商品流通的重要见证。

（三）商埠经济——齐国崇商重工的延续

姜太公确立的崇商重工传统，对山东工商业发展产生了重要影响。首先，齐地一直是我国丝织业生产的重要基地，甚至在秦汉时期，由于沿袭春秋战国冠带衣履天下的盛貌，仍是丝织业生产的中心，特别是汉代，据《汉书·地理志》记载，临淄有“服官、铁官”。目前，临淄已发掘出不少服官封泥印，如“服官令印”“服官右尉”“服官金丞”“齐服官丞”“齐服官监”等。当时在齐地临淄设置的三服官，专为皇室生产春、夏、冬三季服饰。据《汉书·贡禹传》记载，齐三服官的生产规模在当时所有官方丝织品生产机构中最大，每一服官数千人，三处大约万人，每年花费数万万钱。齐地的丝织品不断出口海外，如20世纪初日本在朝鲜平壤乐浪郡旧址曾发掘出土一些汉代丝织品绫、绢、罗，张政烺等人在《五千年来的中朝友好关系》一书中认为，这些丝织品做工精细，大概来自山东半岛。自古以来，山东半岛的莱州、登州是与韩、日交往的重要港口，自宋神宗熙宁七年（1074）起，密州板桥镇取代登、莱；宋哲宗元祐三年（1088），将板桥镇改为胶西县（今胶州市），并设置市舶司。从此，胶西县成为南北海上交通的枢纽，以及对外经济交流的基地。

由于齐地丝织业发达，魏晋南北朝和隋唐时期，波斯商人直接到周村和青州进行贸易，周村现存的大唐贞观十年（636）所立摩尼教碑是与西方商人交往的见证之一；青州北齐石室墓中发现的《商旅驼运图》和《商谈图》，刻有西亚的骆驼、西方高鼻卷发的商人以及各种丝织品，证明他们进行的是丝绸贸易。到明清时期，周村成为北方丝织业生产中心和货物集散地，周边大量的蚕丝运往周村交易，周村生产的丝织品销往国内外。

不只是丝织业，山东的棉麻、冶炼、烟草、染料、毛皮、金融等行业同样发达，商品销往国内外。清末烟台、青岛先后成为约开商埠；1904 年，济南、周村、潍县为自开商埠。商埠经济推动了商业的发展，国内外商号纷纷在商埠亮相，山东商帮活跃于大江南北。

正如齐文化与鲁文化在汉末合流成为齐鲁文化一样，齐地的商人同样受到儒家文化的影响，成为儒商，他们厚道纯朴、耿直豁达，行侠仗义、勇猛刚烈，诚信守诺、童叟无欺，坚忍顽强、勤俭务实，成为各大商帮义利结合、刚柔相济、知行合一的典范。

第四章　维护统一　务实共赢

“大一统”思想早在商周时期就已产生，到战国时期齐国人公羊高在《春秋公羊传》中明确提出，后经西汉董仲舒的阐释发挥，成为影响中国几千年的正统思想。中国大一统国家的主要支柱是“家国共同体”，家国共同体是中华文明和中国大一统国家的核心。有学者认为，“能否维系好这一共同体并保障它健康、稳定地向前发展，一贯是中华文明和中国大一统国家能否克服各种危机、保持繁荣兴旺的关键之所在”[①]。“家国共同体”的观念在齐文化中有鲜明体现，姜太公辅佐文、武二王灭商建周时期，提出了“天下为公”的理念，阐释了“天命有德”的王道观、天下观。太公辅佐周武王灭商后，周朝建立了统一国家，“普天之下莫非王土，率土之滨莫非王臣”（《诗经·小雅》），大一统观念已具雏形。太公以首功之臣的身份封齐建国，自然将此种观念引入齐文化。桓管时期，继承太公治天下的基本方略，进一步形成“家、国、天下”层层递进的国家治理体系。齐威王、齐宣王称雄诸侯，建立和发展王业，有完成天下一统的势头。齐文化中的圣王观和家国天下观为后来的公羊学家所继承、吸收，并融入公羊学的大一统观念中。

---

① 姜义华：《中国传统家国共同体及其现代嬗变（上）》，载《河北学刊》2011 年第 2 期。

齐国统治者不拘一格，因地制宜，根据实际情况采取各种改革措施，遵循务实共赢原则，使得齐国经济、政治、军事等稳步前进。太公时期，根据齐国负海而土地贫瘠之实际，制定“通商工之业，便鱼盐之利”的商工立国之国策，奠定了齐国富强的基础；管仲辅佐齐桓公，继承太公大农、大工、大商之策略，在发展农业的基础上，扶持工商业发展，为齐国称霸奠定了坚实的基础。总之，齐文化在发展中维护统一，务实共赢，从而使得齐国走出了一条由小国、贫国、弱国到大国、富国、强国之路。

一、维护统一

齐文化不仅有维护统一的理论，也有维护统一的具体实践。齐文化维护统一的理论主要体现在《六韬》《管子》《春秋公羊传》三部文献中。维护统一的实践主要体现在太公时期、桓公时期、威宣时期之齐国统治者为维护统一而做的具体努力。

（一）齐文化维护统一的理论

齐文化维护统一的理论主要是围绕对家国共同体的理论阐述而展开。有学者指出：“家国共同体是中华文明和中国大一统国家的一个主要支柱，也是中华文明和中国大一统国家的一个核心价值。但它多次受到个人本位主义和社会大同主义的挑战，更不断受到共同体内部各不同构成部分的挑战。中国历史演进的全过程表明，能否维系好这一共同体并保障它健康、稳定地向前发展，一贯是中华文明和中国大一统国家能否克服各种危机、保持繁荣兴旺的关键之所在。”① 家国共同体的理论建构和实际维系，对于大一统国家至关重要，齐文化典籍《六韬》《管子》根据不同时期的形势，对家国共同体进行了阐发。

---

① 姜义华：《中国传统家国共同体及其现代嬗变（上）》，载《河北学刊》2011 年第 2 期。

1. 天命有德：《六韬》与大一统

《六韬》关于大一统的理论阐述主要体现在家国共同体理论框架内的天命有德观。“天命有德”是获取天下、建立合法政权的理论依据。《六韬》又称《太公兵法》，托名姜太公著，是中国古代著名的兵书。《六韬》内容博大精深，思想深邃富赡，逻辑缜密严谨，是古代军事思想之精华。《六韬》的内容宏富，不仅蕴含着丰富的治国思想，而且包含着宝贵的军事战略思想。全书以太公与周文王、周武王对话的方式编成。从某种意义上看，《六韬》不仅仅是一部兵书，也是一部治国安邦的政治著作。《六韬》较早地系统论述了家国共同体的理论体系。《六韬·武韬·文启》指出：“古之圣人聚人而为家，聚家而为国，聚国而为天下。”圣贤之人有能力聚而合之，凝聚人的力量成为家，凝聚家的力量成为国，凝聚国的力量成为天下。

只有圣贤之人具备凝聚百姓和统一国家的力量，因此君主是否能够克己希圣希贤，对于一国之前途命运至关重要，《六韬》认为君主个人的修为程度决定着一国的安危治乱、生死存亡，“君不肖，则国危而民乱；君贤圣，则国安而民治。祸福在君，不在天时”（《六韬·文韬·盈虚》）。“祸福在君”，君贤则国昌，帝尧统治天下时，不用金银珠玉作饰品，不穿锦绣华丽的衣服，不观赏珍贵奇异的物品，不珍视古玩宝器，不听淫佚的音乐，不粉饰宫廷墙垣，不雕饰甍、桷、椽、楹，不修剪庭院中的茅草。以鹿裘御寒，用粗布蔽体，吃粗粮饭，喝野菜汤。约束自己的欲望，抑制自己的贪念，用清静无为治理国家。（《六韬·文韬·盈虚》）

在《六韬》建构的家国共同体理论体系中，君主虽然高高在上，然而他并没有超出家国共同体的框架，而是家国共同体链条中的重要一环，“君主，在家国共同体中，常常就是‘国’的代表，但君又并不等于国，他同样只是家国共同体中的一个环节，因此，他也必须将自己放在这一共同体中恰当的位置”①。《六韬》认为，君之所以为君，绝不是因为他高居于家国共同体之上，而是因

① 姜义华：《中国传统家国共同体及其现代嬗变（上）》，载《河北学刊》2011 年第 2 期。

为他有德，“大盖天下，然后能容天下；信盖天下，然后能约天下；仁盖天下，然后能怀天下；恩盖天下，然后能保天下”（《六韬·武韬·顺启》）。

“有德”者得天下，《六韬》在此阐释了“天命有德”的话语体系。商朝末年之前，统治者相信君权神授，他们认为政权的获得和合法性乃受命于天，因血缘关系的原因，祖先神灵和上天会庇护其统治，因此政权会永葆无虞。据《尚书·西伯戡黎》记载，周文王打败了黎国以后，祖伊很恐慌，跑来告诉纣王。祖伊说：“天子，天意恐怕要终止我们殷商的国运了！贤人和神龟都不能觉察出吉兆。不是先王不扶助我们后人，而是大王淫荡嬉戏自绝于天。所以上天将抛弃我们，天命不再归向我们了，现在大王将要怎么办呢？”纣王回答：“我生不有命在天？”从“受命于天”到“天命有德”，新的天命观得以树立。“天命有德”是西周夺取商朝政权，获取政权合法性，建立大一统国家的理论依据。天下不是一个人的天下，而是天下所有人共有的天下。能同天下所有人共同分享天下利益的，就可以取得天下；独占天下利益的，就会失掉天下。天有四时，地有财富，能和人们共同享用的，就是仁爱。仁爱在哪里，天下之人就会归附哪里。免除人们的死亡，解救人们的苦难，消除人们的祸患，救助人们的危急，就是恩德。恩德在哪里，天下之人就会归附哪里。和人们同忧同乐，同好同恶的，就是道义。道义在哪里，天下之人就会归附哪里。人们无不厌恶死亡而乐于生存，喜好恩德而追求利益，能为天下人谋求利益的，就是王道。王道在哪里，天下之人就会归附哪里。（《六韬·文韬·文师》）

2. 王霸天下：《管子》与大一统

《管子》之大一统观集中体现在王霸天下的理论叙述中。《管子》是记录管仲生前思想、言论的总集，是先秦诸子时代百科全书式的著作。由齐相管仲的继承者收编，并在战国初年齐都临淄稷下学宫由管仲学派编撰成书。在《管子》一书中，“霸王”一词多次出现。成就霸王之业，让天下归心是春秋时期齐国追求的终极目标。“霸业”与“王业”是两个不同概念，也是两个不同发展阶段。能使齐国百姓安居乐业、国家强盛为“霸业”；能安定其他诸侯国，匡正天下，赢得天下拥戴为“王业”。《管子·霸言》说：“夫丰国之谓霸，兼正之国之谓王。”“得天下之众者王，得其半者霸。”如何能建立霸业，进而成就王业呢？《管子》提出了“三为三长”的天下观和国家治理体系以及建立在人性基础上的天下同利的富民观。

（1）“三为三长”的天下观和国家治理体系

《管子》提出了“三为三长”的天下观和国家治理体系，即“身、国、天下”统一的天下观。《管子·中匡》指出：“始于为身，中于为国，成于为天下。”“道血气以求长年，长心，长德。”从国君养身、养德开始，到治理内政，外结天下，层层推进，环环相扣，共同构成了桓管治国平天下的治理体系。《管子·中匡》记载了管仲和桓公的对话，管仲说：“开始在治身，其次在治国，最终在治天下。”桓公说：“请问治身。”管仲回答说：“导治血气，以求得寿命长、谋虑远和施德广，这就是治身。”桓公说：“请问治国。”回答说：“充分举用贤人并慈爱百姓，对外保全灭亡了的国家，接续断绝了的世家，起用死于王事者的子孙；薄收税敛，减轻刑罚，这就是治国的大礼。”桓公说：“请问治理天下。”回答说：“法令能够推行而不苛刻，刑罚精简而不妄赦罪人，官吏宽厚而不迟慢拖拉，屈辱困窘的人们，法度也能加以保护，往者来者都无所约束，而人民和乐，这就是治理天下。”

因此，身为一国之君，管理好自己，对于国家发展至关重要。《管子·权修》指出：“君主不能治理自身，怎么能治理别人？不能治人，怎能治家？不能治家，怎能治乡？不能治乡，怎能治国？不能治国，怎能治理天下？而天下又是以国为根本，国以乡为根本，乡以家为根本，家以人为根本，人以自身为根本，自身又以治世之道为根本。”可见，在“为身”“为国”“为天下”三个环节中，“为身”是首要和基础，是关键的一环，如果没有“为身”，想要治理好国家、称霸天下就成了纸上谈兵、空中楼阁。君主应当具备极高的德行，为人正派，行事公正无私，为臣民做好表率。如果君主能够做到有德，那么官员就会忠诚，就会行人臣之道，百姓就会知礼而安定。君主的修身是全面修身，内修而外养，“道血气以求长年，长心，长德，此为身也”（《管子·中匡》）。“长年，长心，长德”三者是统一的，“长年”而益寿延年，

“长心”而增长智慧，“长德”而培养心性，三者互为增益。在《管子》看来，君主做到“三长”，是“为身”的前提，也是成就“为国”“为天下”大业的基础。

（2）尊重人性基础上与天下同利的富民观

《管子》认为，能配得上天下王者的，必须是圣王，圣王就要有圣王之道，圣王之道是尊德而贱利，即要节制自身欲望，敢于承担责任，为天下万民谋福利，要藏富于民。使民众富裕心安，然后才可以实现国家安定，天下大治。“大凡治国的道理，一定要先使人民富裕。人民富裕就容易治理，人民贫穷就难以治理。何以知其然？人民富裕就安于乡居而爱惜家业，安乡爱家就恭敬君上而畏惧刑罪，敬上畏罪就容易治理了。人民贫穷就不安于乡居而轻视家业，不安于乡居而轻家就敢于对抗君上而违犯禁令，抗上犯禁就难以治理了。所以，治理得好的国家往往是富的，乱国必然是穷的。因此，善于治理国家的君主，一定要先使人民富裕起来，然后再加以治理。”（《管子·治国》）

《管子》不仅看到富民的重要性，更难能可贵的是，还认识到人性乃富民的哲学基础，因此主张尊重人性，顺应人性，利用人性，顺势而为。《管子·形势解》载：“民之情，莫不欲生而恶死，莫不欲利而恶害。”人性都是趋利的，“民，利之则来，害之则去。民之从利也，如水之走下，于四方无择也”。《管子·禁藏》也说：“凡人之常情，见利没有不追求的，见害没有不想躲避的。商人做买卖，一天赶两天的路，夜以继日，千里迢迢而不以为远，是因为利在前面。渔人下海，海深万仞，在那里逆流冒险航行百里，昼夜都不出来，是因为利在水中。所以，利之所在，即使千仞的高山，人们也要上；即使深渊之下，人们也愿意进去。所以，善治国者，掌握住利益之所在，人民就自然羡慕而甘心接受；无须推动，他们也会前进；无须引导，他们也会跟来。”

《管子》认识到民众富裕是国家富强的前提，因此国君要真正做到节制自己的贪欲，切实与天下分利，让百姓富裕起来，并处理好国家利益和百姓利益的关系，“人，没有不爱利恶害的。因此，与天下人同利的，天下人就拥护他；独占天下利益的，天下人就图谋他。天下人所图谋的，地位虽然确立也必然倒台；天下人所拥护的，地位虽然尊高也没有危险”（《管子·版法解》）。

总之，《管子》的天下观是圣王观，有道之圣王、与民同利是天命所归，才有资格、有条件、有能力统治天下。天下观的核心是王权统一，“如果天下有两个天子，天下就不能治理；一国而有两君，一国就不能治理；一家而有两父，一家就不能治理。法令，不发自上层就不能推行，不集中权力，就无人听从。尧舜之民，不是生来就是好百姓；桀纣之民，不是生来就要作乱的。所以治乱的根源都在上面”（《管子·霸言》）。

3.《春秋公羊传》与大一统

“大一统”一词的明确提出，首见于《春秋公羊传》。《春秋公羊传》是专门解释《春秋》的一部典籍，相传作者是战国时齐人公羊高。公羊高相传是子夏的弟子，曾从子夏学习《春秋》。公羊高口述《春秋》的微言大义，并授予其子平，平授其子地，地口授其子敢，敢又口授其子寿。如此，四传至西汉景帝时期，由公羊寿与齐人胡母子都一起将《春秋公羊传》著于竹帛，使之传于后世。《公羊传》着重阐释了《春秋》之微言大义。

（1）“以文王为正”

《春秋》开篇言：“元年春王正月。”这本是记录时间的一句话，指鲁隐公即位第一年春天周历一月，却被公羊学家进行了充分发挥，提出了“大一统”概念。《公羊传·隐公元年》：“元年者何？君之始年也。春者何？岁之始也。王者孰谓？谓文王也。曷为先言王而后言正月？王正月也。何言乎王正月？大一统也。”“元年”是什么意思？是鲁隐公开始摄政的第一年。“春”是什么意思？是一年中第一个季节。“王”指的是谁？指的是周文王。为什么先说“王”而后说“正月”呢？因为是周文王制定的正月。为什么要特别指出是“王正月”呢？这是表示重视周王朝统一的大业。“古代社会的经济命脉是农业，一年的历法开端不正是十分严重的事件，这会影响到农业生产的正常进行，所以古代立法非常重视岁首确立的准确性。”“《公羊传》并不只是对历法与农业生产的重视，在这背后隐含着对社会政治安定的关注。王正月不仅是正一年之始，也是为国家的政治安宁寻求保障，更为深层的意义在于将王解释为文王，以王正月为大一统。本来是鲁隐公的即位，不说是鲁隐公，而要说文王，这里面包含有《公羊传》所谓正，除了历法之正外，最重要的意义还在于政治、伦理的正，是以文王为楷模的，即所谓文王之正。正是有了文王之正的王正月，才有大一统。《公羊传》的大一统，是面对战国七雄逐鹿的局面而提出的一统政治纲领。是希望能有类似文王的圣人出现，来结束战乱，实现天下的统一。”①

“《春秋》十二公中，公公皆有‘王正月’的记载，一共有93处：隐公元年外，还有桓公4次，庄公10次，闵公2次，僖公15次，文公7次，宣公7次，成公9次，襄公13次，昭公15次，定公8次，哀公2次。”可见，以文王为正的大一统是《公羊传》最重要也是最根本的观念。“《公羊传》的以文王为正的大一统，有着丰富的含义。至少有这样三层意思，第一，所谓文王之正的正主要是指合于礼的规范，这一所谓礼虽然保留了周礼的许多内容，却已经不是完全意义上的周礼，而是包含着时代变化的社会规范。第二，是以文王为圣明君主的完美体现，以文王政治为最高理想境界，并以文王之正作为是非的尺度，来评判春秋战国自周天子到各国执政者们的言行，对其不合于礼的言行进行无情的批评。第三，既是希望也是要求各国行政能够以文王为榜样，从一开始就以文王之正为标准来治理国家，并希望通过由内到外的不断发展，在未来实现以文王为正的大一统理想。”②

（2）“实与而文不与”

“《公羊传》的尊王理论，尽管是以文王之正为根本要求，但战国并不存在所谓文王之正实行的条件。”“面对战国的社会变化，《公羊传》的尊王除了讲所谓守文王之法之外，还有时代性变化的内容，这就是在实际上肯定诸侯的专封、专讨。春秋时期周天子的权威已经十分衰落，真正在社会政治生活中唱主角的是所谓齐桓公、晋文公、楚庄王、阖闾、勾践五霸”，战国时期

① 黄开国：《〈公羊传〉的大一统思想》，载《齐鲁学刊》2011年第3期。
② 黄开国：《〈公羊传〉的大一统思想》，载《齐鲁学刊》2011年第3期。

七雄逐鹿。“《公羊传》出于大一统的考虑，在名义上要有一个至上的权威，不得不承认周天子的一统地位，但是，面对‘上无天子，下无方伯’的现实，又不得不承认诸侯专封、专讨的合理性、合法性，于是在《公羊传》中有所谓实与名不与的说法。”①

所谓“实与而文不与”，是指在文字上并不认可诸侯有消灭、废置人君、讨伐有罪臣子的权力，因为这不符合“礼乐征伐自天子出”的文王之正，但是《春秋公羊传》又认为，“礼乐征伐自天子出”是要在有圣明君王的情况下，才实行这一原则，在春秋战国时期“上无天子，下无方伯”的情况下，诸侯如齐桓公、楚庄王甚至是大夫都可以在一定范围内行使专杀、专讨、专封的权限，而专杀、专讨、专封的对象是罪大恶极的人。《春秋公羊传》中的“实与而文不与”，实际上是周天子权威没落，新的社会力量形成的表现，那些有能力行使专杀、专讨、专封权限的人，是当时最有权势的人物，他们已经取代周天子，成为社会秩序的维护者。

总之，无论是“以文为正”的大一统，还是“实与而文不与”，《春秋公羊传》体现了通过依托圣贤、强势人物来实现大一统的强烈愿望。

（二）齐文化维护统一的实践

齐文化维护统一的主要表现是太公协助平定管蔡之乱，齐桓公尊王攘夷、一匡天下以及威宣称雄战国、建立王业。

1. 太公协助平定管蔡之乱

周朝建立之初，政权尚未完全稳定，殷商旧部以及东部边境的反周势力强盛，随时准备反周。武王病逝后，三监作乱，企图利用反周势力，发动政变，夺取政权。太公在平定“三监之乱”时居功甚伟，维护了周朝政权的统一。

周朝灭商后，为了安抚、怀柔殷商移民，同时根据当时“灭国不绝祀”的习俗，分封商纣王之子武庚于殷都故地。为了防止殷人叛乱和反抗，周武

---

① 黄开国：《〈公羊传〉的大一统思想》，载《齐鲁学刊》2011年第3期。

王又派管叔、蔡叔和霍叔率重兵驻扎在殷都周围，以监视武庚的行动，也就是所谓的“三监”。《史记·管蔡世家》记载：“武王已克殷纣，平天下，封功臣昆弟。于是封叔鲜于管，封叔度于蔡：二人相纣子武庚禄父，治殷遗民。”当时尽管殷商已经被消灭，然而残余势力依旧强大。《史记·周本纪》记载，武王召见九州之长，登上豳的高地，遥望商的都城。武王回到周，彻夜不眠。周公旦来到武王的住处，问：“为什么不睡?”王说：“告诉你：只因天不受殷的享祭，从发没生下来到现在六十年，远郊和远郊以外到处是麋鹿和飞虫。天不受殷的享祭，所以才有今天的成功。上天建立了殷国，殷国进用的贤人有三百六十人，却既不重用也不废弃，所以会有今天。我还没有真正得到上天的保佑，哪有时间睡觉!”商朝旧都以及周围地区实际上仍被殷人控制着，而且东部地区商朝盟国夷人建立的方国也未真正归顺周朝，反周势力不可小觑，他们随时有可能结盟共同反周。周武王因此日夜忧虑，乃至茶饭不思，夜不能寐，终思虑成疾。

周武王重病而亡，周成王即位。周公鉴于成王年幼而摄政，以防诸侯国借机叛乱。然而，周公摄政引起了其他大臣的不满和猜忌。在周成王的时候，召公位列三公：自陕地以西，由召公主管；自陕地以东，由周公主管。当时成王还很幼小，周公代他主持朝政，执掌国家大权，俨然同天子一样。召公怀疑周公的作为，周公就写了《君奭》。《君奭》里表达了召公对周公的不满。周公于是列举殷商时的有关史实证明自己清白：商汤时有伊尹，对国家的治理合乎天道；在太戊时，就有像伊陟、臣扈那样的人，对国家的治理合乎上帝的旨意，并有巫咸治理朝政；在祖乙时，就有像巫贤那样的人；在武丁时，就有像甘般那样的人。这些大臣都有辅佐君王主持施政的功业，殷朝得到了治理和安定。召公见周公没有私心，于是放下猜忌。

有的贵族甚至不惜发动叛乱，“管叔、蔡叔疑周公之为不利于成王，乃挟武庚以作乱”(《史记·管蔡世家》)。管叔、蔡叔和武庚联合淮夷方国共同发动叛乱，即历史上的“三监之乱”。这次叛乱声势浩大，周朝局势顿时变得严峻起来，就连周王朝统治的中心地区也发生骚乱。在新生政权面临严峻挑战的情况下，周公对内安抚宗室贵族，向太公望和召公表白心意说：“我之所以不避嫌疑代理国政，是怕天下人背叛周王室，没法向我们的先王太王、王季和文王交代。三位先王为天下之业忧劳甚久，到现在才刚成功。武王早逝，成王年幼，只是为了完成稳定周朝之大业，我才这样做。”（《史记·鲁周公世家》）

周公专门向太公解释辅政缘由，可见太公的态度，即是否支持周公，对周王室稳定有着决定性作用。太公出于对周王室统一的支持，答应帮助周公。由此，周公取得了太公望和召公的支持，为平定叛乱打下了基础。太公还被授予征伐大权，据《史记·齐太公世家》记载：“及周成王少时，管蔡作乱，淮夷畔周，乃使召康公命太公曰：‘东至海，西至河，南至穆陵，北至无棣，五侯九伯，实得征之。’”太公在辅佐周公平定叛乱中发挥了至关重要的作用。“三监之乱”平定后，周朝政权才真正得以稳定，统一大业才真正完成。

2. 齐桓公尊王攘夷、一匡天下

周平王东迁以后，周天子的权威大大减弱，诸侯国内的篡权政变和各国之间的兼并战争不断发生。与此同时，边境的非周势力趁机入侵，华夏文明面临空前危机。春秋时期的齐桓公在管仲的辅佐下尊崇周天子，并数次发动帮助诸侯国攘斥夷狄的战争而大获赞赏，其事迹被后世称为“尊王攘夷”。主要表现为：北御戎狄、助燕伐卫；存邢救卫；南抵强楚入侵，迫使楚国结下召陵之盟；尊重周王室，定周襄王之位。

其一，桓公联合中原诸侯国率兵救燕，讨伐山戎。据《史记·齐太公世家》记载，公元前663年，“山戎侵伐燕国，燕国向齐国告急。齐桓公派兵救燕，接着讨伐山戎，到达孤竹后才回军。燕庄公又护送桓公回国，一直送到了齐国境内。桓公说：‘除了天子，诸侯之间相送不出自己国境，我不能对燕无礼。’于是把燕君所至的齐国领土用沟分开送给燕国，让燕庄公重新推行召公之政，向周王室进贡，就像在周成王、康王时代一样。诸侯知道后，都服从齐国”。齐桓公在伐戎救燕过程中，既保全了齐国，避免他国的无端猜忌，又尊重了燕国，尊重了周王室的正统地位，由此在诸侯国中树立起了威信。

其二，齐伐山戎后不久，北狄又开始入侵邢国和卫国，齐桓公先是在管仲劝说下发兵救邢，打退狄人，又在邢国国都被烧毁的情况下，在夷仪筑城，帮助邢国迁都夷仪。同年，狄人攻破卫国，卫国只有七百余人逃过黄河，寄居曹邑，齐桓公派出战车三百辆、披甲战士三千人守卫曹邑，并在楚丘为卫国建立了新的都城。如此，齐国保全了两个已经被狄人灭掉的诸侯国，并且使得“邢迁如归，卫国忘亡”，在齐国的支持下，卫文公“大布之衣、大帛之冠，务材训农，通商惠工，敬教劝学，授方任能。元年，革车三十乘，季年乃三百乘”（《左传·闵公二年》）。齐国的做法充分体现了一个大国的担当和风范，充分体现了周天子“存亡继绝”的传统，让华夏诸国佩服不已。

其三，齐桓公称霸中原时，楚国势力逐渐强盛。《史记·楚世家》记载：“齐桓公始霸，楚亦始大。”此时的楚国已经占有江汉区域的大片土地，而且北灭申、邓等国，进而侵郑，成为中原诸国的一大劲敌。公元前 659 年至前 657 年，楚国三次伐郑，齐国召集其他诸侯国救郑，并谋划讨伐楚国。后来，齐桓公因蔡人不恭，联合诸侯国伐蔡，蔡兵溃败，诸侯联军直趋伐楚。楚成王派使者与齐桓公交涉，质问齐国为何侵入楚地，管仲慷慨陈词：“过去召康公命令我们的先君太公：‘五等诸侯，各地守官，你都有权征伐，以辅佐周王室。’赐给我先君有权征伐的范围是，东至大海，西至黄河，南至穆陵，北至无棣。现在楚国应该进贡的苞茅没有进献，天子祭祀用品不全，因此来督责。昭王到南方视察没有能回朝廷，因此前来问罪。”（《史记·齐太公世家》）楚人承认不按时进贡之小罪，而否认昭王曾到过楚地，齐桓公于是率联军进驻陉地。楚成王又派屈完与齐桓公议和，屈完建议齐桓公以德安抚诸侯，不能靠武力征服。于是以齐国为首的诸侯国与楚国结盟于召陵。召陵之盟既迫使楚国尊重周王室，按期向周王室纳贡，又遏制了其北向中原的步伐。

其四，齐桓公联合其他诸侯国尊太子郑为王，即周襄王，安定了周王室，避免了内乱的发生。公元前 655 年，周惠王因宠爱惠后，欲废太子郑，立少子带。两年后周惠王去世，太子郑怕叔带作乱，因此“隐匿惠王去世消息而向齐国求救”（《左传·僖公七年》）。齐桓公邀请鲁、许、卫、曹等诸侯国会盟，拥立太子郑，是为周襄王，周王室于是得以稳定。周襄王为了答谢齐桓公拥立之恩，派使者宰孔到葵丘赐予齐桓公胙肉，宰孔说：“天子对文王、武王有祭祀之事，派孔赐给伯舅祭肉。”桓公要下阶拜受，宰孔说：“还有后面的命令。天子命令说：‘由于伯舅年老，加上有功劳，特赐爵一等，不用下阶拜受。’”桓公回答说：“天子的威严离我面前不到咫尺，小臣小白，我怎敢贪受天子的命令，不用下拜呢？唯恐给天子带来羞辱，怎敢不下拜？”于是下阶跪拜，登堂再拜，然后接受祭肉。葵丘会盟中，周天子承认了桓公的霸主地位。齐桓公在会盟时，订立了“凡我同盟之人，既盟之后，言归于好”的盟约，还代周天子重申了周朝赖以维持统治秩序的禁令，即五项条款：“诸侯国不能截流、筑坝或造储水池，遇到饥荒年岁各个诸侯国不能将粮食囤积居奇，不能随便更换太子，不能将妾扶正为妻，不能让女子参与国家政事。”（《穀梁传·僖公九年》）

在南夷与北狄交侵的危难情况下，齐桓公在管仲等贤臣的辅佐下，对内富国强兵，对外尊王攘夷，团结、安定中原各诸侯国，维护了周王室的尊严，保护了中华文明的延续。孔子高度评价桓管的功业：“管仲相桓公，霸诸侯，一匡天下，民到今受其赐。微管仲，吾其被发左衽矣。”（《论语·宪问》）

3. 威宣称雄战国、建立王业

齐国从齐威王即位之初的不理政事造成的卿大夫专权、国力减弱、诸侯国交侵的危险局面中，转危为安、振弱为强，到后来徐州相王而雄霸诸侯，再到齐宣王时期王业快速扩张，大有完成天下一统之势。

（1）徐州相王与王业的建立

齐威王在各诸侯国纷起改革的大潮中，也进行了齐国继桓管之后的又一次大规模改革，振衰起蔽，使齐国转危为安，走上了称雄之路。

齐威王即位之初，沉湎酒色，致使齐国内政混乱，列国交侵，国家危在旦夕。危急时刻，淳于髡隐喻阐幽，邹忌鼓琴论政，齐威王幡然醒悟。邹忌任相之后，执行齐威王重用人才的政策，进一步提出了“谨择君子，毋杂小人其间”的主张。一时间，齐国人才脱颖而出。通过重用人才、整顿吏治、奖励纳谏、改革军事等措施，齐国变得富强起来，齐威王走上了称霸的道路，“陈侯因齐敦”铭文记载：“扬皇考昭统，高祖黄帝，迩嗣桓、文。”意思是齐威王要以始祖黄帝为榜样，继承齐桓、晋文之霸业，创造一统天下的新王业。

齐威王任用田忌为将、孙膑为军师，通过桂陵之战和马陵之战大败魏国。尤其是在马陵之战，魏国惨败，太子申被俘，大将庞涓兵败自杀，魏国创伤多年难以平复，战国早期的雄风不再。马陵之战后八年，即公元前334年，魏惠王接受惠施的建议，率韩国及其他小国国君来到齐国的徐州拜见齐威王。会上，齐威王、魏惠王相互承认为王，是为“徐州相王”。魏惠王不惜变服折节，对齐国委曲求全，表明此时的齐国实际上已经取代魏国成为中原最强大的国家。

魏国屈服后，韩、赵、燕、鲁、宋、卫等国更是对齐敬畏顺从。史称马陵之战后，韩破魏弱，两国的国君北面而朝田齐。（《战国策・齐策》）另外，赵侯也到齐邑平陵拜见齐侯。威王三十六年，齐会燕、赵、楚的相国，各国无不谨敬前往。可见，齐威王时期，齐国的王业已经建立起来。

（2）宣王时期王业的发展

公元前320年，齐威王去世，齐宣王即位。齐威王留给齐宣王的是一个强大的齐国，同时齐国又面临复杂而严峻的国际形势。当时除齐国外，楚、秦亦称雄于诸侯，各诸侯国之间存在着激烈的军事与外交斗争。

自徐州相王后，各国诸侯纷纷称王，公元前325年，秦惠文王自立为王，同年，魏惠王尊韩宣惠王为王。公元前323年，公孙衍出任魏将，在公孙衍的斡旋下，魏国、韩国、赵国、燕国和中山国结成联盟，并相互承认为王，这就是“五国相王”。五国相王表明周王权威的彻底丧失，诸侯国已成为割据一方的独立王国。在此形势下，迫切地要求一个新的强大的王权中心出现，来完成一统天下的宏伟大业。

齐宣王一即位就立下了一统天下的宏图大志。据《孟子・梁惠王上》记载，孟子见齐宣王，齐宣王问孟子：“齐桓公、晋文公称霸之事在今天还能再现吗?”孟子避而不答，齐宣王正沮丧时，孟子谈到了如何统一天下，齐宣王兴趣陡增，侧耳倾听。孟子回答，要靠道德，一切为了百姓的生活安定而努力，如此统一天下便可畅通无阻。孟子问齐宣王能否说出他最大的愿望，齐宣王笑而不言，孟子接着说：“然则王之所大欲可知已，欲辟土地，朝秦楚，莅中国而抚四夷也。”的确如此，一统天下既是齐宣王的宏伟蓝图，也是齐国施政的基本国策。

齐宣王为了实现一统天下的政治理想，曾进一步扩大稷下学宫的规模，广揽天下贤士，尊重士的人格，躬听谏言，形成贵士的政风；为了实现一统天下的蓝图，宣王在威王改革的基础上，继续修明政治、发展经济，加强国防和增强军力，国力日隆，为对外扩张建立了稳固的基础。此时，齐国与西方秦国并称“东西二强”，为达各自目的，两国采取了不同的军事外交政策。秦国采用连横政策，向六国展开了外交与军事攻势。为遏制秦国的发展，齐国联合其他诸侯国合纵以抗秦。齐宣王还以卓越的智慧和惊人的胆略伐魏、破燕，联合韩、魏以攻楚，齐国的王业得到快速发展。

（三）齐文化维护统一的现代价值

齐文化在发展过程中，逐步确立的家国天下的治理体系，以及以天下为己任的圣王观和天下观，对后世封建王朝的家国同构观念的发展产生了重要影响，甚至渗透进中华民族的血液中，转化成根深蒂固的家国情怀；家国天下观对增进民族认同，促进民族发展产生了重要意义。在实现民族发展进步过程中，家国天下观通过对个人修身的强调，对天下担当责任的重视，对爱国主义的延展等，实现了对民族精神的塑造；齐文化家国天下观蕴含的天下为公观念，激励着一代又一代的中国人为构建和谐的理想社会而努力。天下为公观念对当代以人为本理念的贯彻也有重要的借鉴意义。

《春秋公羊传》“大一统”思想博大精深，对国家统一、民族发展也有着不可磨灭的贡献。其一，“大一统”思想对中国封建社会主流意识形态的形成起到了奠基作用。汉代是中国封建社会主流意识形态的定型期，它所形成的各项制度及伦理价值观念与西方社会的主流文化相比，是一种伦理之上的政治型文化。“大一统”思想将仁、义、忠、孝等伦理规范纳入天人系统，融政治与伦理于一体，家庭关系与政治关系合二为一，家族政治化，国家家族化，对形成人人扬善抑恶的社会心理，完善与发展中国传统社会文化的基本形态起到巨大的推动作用。其二，《春秋公羊传》“大一统”思想使得“大一统”观念确立并根植于民族文化心理。“‘大一统’思想观念深深地融入了中国历史和文化，是在民族心理的深层建构起的中国封建社会的‘正统’思想，是华夏民族在几千年的发展过程中积淀和养成的一种民族心理与感情，是团结、凝聚华夏民族的精神支柱，是增强华夏民族凝聚力、向心力的生动体现。”① 国学大师杨向奎先生高度评价道：“大一统’的思想是公羊学派的精华，这种思想不存在狭隘的民族思想，此其所以为‘大一统’。这种思想有助于各族间之团结统一，这种思想掌握了各族人民，于是发挥了无比的凝聚作用。”② 总之，齐文化不仅最早提出了“大一统”的思想，而且积极地把这一思想付诸实践，对中国政治、历史走向和民族文化心理产生了巨大而深远的影响。

二、务实共赢

务实就是一切从实际出发，实事求是，因时因地制宜。共赢就是互惠互利，双方都能得到好处和实惠。姜太公封齐建立政权伊始推行的三大基本国策就贯彻了务实共赢的理念，这一理念被历代齐国统治者所继承。总之，齐文化的务实共赢理念集中体现在以下两个方面：太公封齐建立政权时推行的三大基本国策；桓管重视农业、丝织业和商业发展。

（一）太公封齐建立政权时期的务实共赢

太公封齐立政权后，仅仅是建立了一个政治上的合法政权，然而，如何稳定这一政权，使其步入正常的发展轨道，是摆在太公面前的一个重大而急迫的问题。姜太公在认真分析有利条件和不利因素后，创造性地制定实施了三大政策：即“通商工之业，便鱼盐之利”的经济政策，“尊贤尚功”的用人政策，“因其俗，简其礼”的民族政策。这三大政策均体现了齐文化的务实共赢理念。

第一，“通商工之业，便鱼盐之利”体现的务实共赢理念。太公封齐时，

① 孙友：《浅论董仲舒的“大一统”思想及其影响》，载《赤峰学院学报（汉文哲学社会科学版）》2010 年第 8 期。

② 杨向奎：《论“公羊学派”》，载《管子学刊》1991 年第 4 期。

齐地的自然条件比较恶劣，据《史记·货殖列传》记载：“地潟卤，人民寡。”《汉书·地理志》也说：“齐地负海舄卤，少五谷而人民寡。”可见，齐地濒海地薄，人烟稀少，劳动力缺乏，不具备开垦土地、发展农业的良好外部条件，因此单纯地靠发展农业来富国强兵困难很大。然而齐地负海，有丰富的鱼、盐资源，齐地土著东夷人素有植桑养蚕、制陶、冶炼等传统，这些都成为齐国发展工商业的有利条件。太公针对齐国的具体国情，不失时机地确立了工商立国的经济方针。太公还根据齐地濒临大海以及具有较先进的渔业生产技术的实情，大力发展渔业。务实政策的推行，使得齐国发展成为“冠带衣履天下”的富国，司马迁称赞说：“太公劝其女功，极技巧，通鱼盐，则人物归之，繈至而辐凑。故齐冠带衣履天下，海岱之间敛袂而往朝焉。”（《史记·货殖列传》）齐国发展丝麻纺织业和渔盐业，不仅让齐国变得富裕起来，而且也带动了周边诸侯国的经济发展，实现共赢。

第二，尊贤尚功的用人政策体现的务实共赢理念。齐国在推行西周宗法制的同时，还引入了“尊贤尚功”的用人政策，《吕氏春秋·长见》载：“吕太公望封于齐，周公旦封于鲁，二君者甚相善也，相谓曰：‘何以治国?’太公望曰：‘尊贤上功。’周公旦曰：‘亲亲上恩。’”尊贤尚功，就是不分部族、出身、门第，用人唯贤，提拔和奖赏真正有功于百姓和社稷的人。如此，能充分调动各类人才的积极性，带领齐国人民发家致富。尊贤尚功政策的实施，一方面扩大了新生政权的统治基础和力量，另一方面团结了各部族的力量，避免了权力过渡带来的流血之争，充分体现了齐文化的务实共赢理念。

第三，“因其俗，简其礼”体现的务实共赢理念。太公封齐之后，在对待民族与文化问题上，制定了因人制宜的方针。《史记·齐太公世家》记载：“太公至国，修政，因其俗，简其礼。”因为推行了“因其俗，简其礼”的政策，太公五个月就报政周公，而鲁公三年才报政周公。《史记·鲁周公世家》载：“鲁公伯禽之初受封之鲁，三年而后报政周公。周公曰：‘何迟也?’伯禽曰：‘变其俗，革其礼，丧三年然后除之，故迟。’太公亦封于齐，五月而报政周公。周公曰：‘何疾也?’曰：‘吾简其君臣礼，从其俗为也。’”姜太公根据东夷地区的实际情况以及东夷文化的独特性，也就是东夷人独特的礼俗传统，独特的饮食、起居、服饰、婚丧、节庆、信仰、娱乐、生活等方面的追求和禁忌，没有像鲁公那样强行推行周礼，而是因地制宜、顺势而为，简化礼节，尊重当地习俗，降低了东夷人的抵触情绪，使得社会很快稳定下来。该政策的实施一方面使得东夷文化自然融入齐文化，在齐文化发展中继续得以传承；另一方面也为齐国的经济发展创造了良好的基础条件，鲜明地体现了齐文化的务实共赢精神。

(二) 桓管时期的务实共赢

桓管时期的务实共赢主要体现在桓管君臣根据齐国的国情，制定以农业为基础，同时重视丝织业和商业发展的经济政策上，做到了农、工、商并重。齐桓公登上君位后，拜管仲为相。当时的齐国外有诸侯国虎视眈眈、四夷交侵，内有襄公、公孙无知连锁性政变留下的烂摊子。为了安定齐国，尽快让齐国步入正常的发展轨道，管仲帮助齐桓公定下了称霸诸侯的宏伟目标，正所谓“君霸王，社稷定。君不霸王，社稷不定”（《管子·大匡》）。要实现称霸目标，必须安民富民，“凡治国之道，必先富民，民富则易治也，民贫则难治也”（《管子·治国》）。如何实现富民目标呢？管仲认为，要重视农业生产，以农业为基础，同时重视发展工商业。桓管时期的农工商并举，体现了鲜明的务实共赢精神。因为在太公建齐之初，齐国只是一个弹丸小国，而且土地贫瘠，不适合发展农业，因此太公因地制宜地制定了发展工商经济的基本国策。但是到了春秋时期，情况发生了变化，随着齐国疆域的扩大，耕地的增加，齐国具备了发展农业的条件，管仲在继续发展工商业的同时，大力发展农业，轻徭薄赋，相地而衰征，真正将重农与工商立国的好传统完美地结合了起来。

1. 重视农业体现的务实共赢

《管子》认为富国重在务农，这集中阐释了管仲的农本思想。《管子·山权数》说：“谷者，民之司命也。”粮食作为民众的生活之源，是人们赖以生存的物质基础，同时还是国家的经济支柱，“先王知众民、强兵、广地、富国之必生于粟也”（《管子·治国》）。粮食是财富的根本，财富出于农业。是否生产粮食，解决民众温饱问题，事关国家的生死存亡。《管子》深刻认识到农业发展与治国之道紧密相关，事关其他政令法规是否能顺利推行，“粟者，王之本事也，人主之大务，有人之途，治国之道也”（《管子·治国》）。增产粮食是国之根本，是招引民众的途径，是国之命脉所系。春秋战国时期，诸侯国的兼并战争此起彼伏，农业发展对战争的胜败有重大作用。“地之守在城，城之守在兵，兵之守在人，人之守在粟，故地不辟则城不固。”（《管子·权修》）可见，齐国重视农业生产，将其看作是维系政权稳定、富国强兵、争霸天下的基础和保证。

如何才能发展农业呢？管子认为，掌握天地运行和发展的规律，顺天时应地利，才能发展农业，才能起到事半功倍的效果。否则如果仅凭主观愿望，违背自然规律，那么犹如缘木求鱼，徒劳而无功。《管子·牧民》说：“不务天时则财不生，不务地利则仓廪不盈。”《管子》之所以特别强调天时和地利的重要性，是为了更好地改革内政，施行仁政，激励士民发展本业，从而强大国家。《管子》主张要保证农时，给百姓留足够的生产时间，《管子·小匡》说：“无夺民时，则百姓富，牺牲不劳，则牛马育。”

2. 重视丝织业发展体现的务实共赢

齐桓公时期，根据齐国悠久的丝织业发展历史，将丝织业作为齐国一个重要的生产内容，并且据此制定各项发展丝织业的优惠政策。姜太公封齐后，因地制宜，随俗而行，“劝其女功，极技巧”（《史记·货殖列传》），“女功”就是纺织业。重视纺织业是太公建立齐国的重要措施之一，且收到了良好效果，为齐国经济的繁荣奠定了基础。齐桓公时期，继承了太公重视发展纺织业的优良传统。《管子·牧民》说：“务五谷则食足，养桑麻、育六畜则民富。”齐国采取多种举措保证桑蚕丝织业的持续发展。

第一，对精通养蚕技术和蚕病防治技术的专门人才，要听取他们的讲授并把记录保存在官府，给予他们相应的物质奖励。据《管子·山权数》记载，管仲曾向齐桓公建议，百姓中有熟悉蚕桑技术、能防治蚕病的人，官府应采纳他们的意见，并给予黄金一斤或粮食八石的物质奖励，还要给予免除兵役的优待。第二，官府从物质上保证桑蚕丝织业的可持续发展，对桑蚕丝织业给予优惠政策。《管子·国蓄》载："春赋以敛缯帛。"即春天给桑农贷款，以弥补他们生产资金的不足，到时桑农以"缯帛"这种丝织品抵偿贷款即可。

第三，提倡家庭发展桑种植和蚕养殖，以确保丝织业的正常运转。《管子·山国轨》记载："宫中四荣，树其余，曰害女功。"凡是房屋四周不种桑树而种其他杂木的，都斥为妨害妇女养蚕而加以禁止。平民家庭重视种植桑树，一般贵族都拥有家庭桑园。《左传·僖公二十三年》记载的一则故事，反映了齐国种桑养蚕的普遍性：重耳流亡到齐国，受到齐桓公的厚待，齐桓公还将本族女子嫁给重耳。有了优越的生活，还有娇妻相伴，重耳乐不思蜀，忘记复国大业。随从赵衰、狐偃觉得这样绝非长久之计，于是在一棵桑树下密谋策划重耳归国，而这些话恰巧被桑树上采桑的侍女听到。侍女赶忙将消息告知重耳之妻姜氏。没承想，姜氏果断杀掉侍女，对重耳说："男儿志在四方。"劝说重耳回国。采桑叶养蚕的侍女在桑树上能偷听树下绝密谈话而没有被发现，可见桑叶之浓密，桑树之繁茂，由此齐国的蚕桑业之发达程度可见一斑。

由于官府的大力支持，齐桓公时期，纺织业成为齐国的立国基础。齐国的丝织品不仅可以供应国内使用，而且通过贸易等方式输出到其他诸侯国，甚至成为出使他国赠送的贵重礼品。《管子·小匡》记载："诸侯以缕帛布鹿皮四分以为币，齐以文锦虎豹皮报。"诸侯盟国用素绸和鹿皮四张为礼币，齐国则用文锦和虎豹皮回报。文锦是指用彩色丝线织成的有各种图案花纹的高档丝织品。如此一来，齐国利用文锦让诸侯国获利，交好各诸侯国，可见发展丝织业也体现了齐文化的务实共赢理念。

3. 重视商业发展体现的务实共赢

为了促进商业贸易发展，齐国注意加强对商业基础设施的建设，并采取了一系列优惠政策。具体说来主要有以下几个方面：

其一，设立市场。关于市场，《管子》一书记载颇多，如《管子·乘马》说："聚者有市，无市则民乏。"《管子·揆度》说："百乘之国，中而立市。"《管子·大匡》说："工贾近市。"只有设立市场，商人往来经商才能促进商品的流通。

其二，以轻税或零关税吸引外商。商人经商，就是为了获得利润。要吸引商人来齐国经商，就要弛关市之禁。《管子》主张关市之税要轻，而且不准重复征税，征于关者不再征于市，征于市者不再征于关。有些情况下还可以完全免征关市之税，货物出入只加以登记即可放行。此外，对车辆放空及肩挑手提的小商贩不予征税。

其三，建立客舍，提供优质服务。齐桓公设立专门机构“有司”，负责管理外商来齐国的有关服务事宜，规定每三十里设立一个驿站，为外商提供服务。《管子·大匡》记载，凡是诸侯国来齐国办事的，对同行的官吏，要派一个人用车替他负载行装；若是住宿，派人替他喂马并备食品招待他。来客与管理者各执契券，客至本国要交契费。待客礼仪与收费数目如有不当，管理者有罪。《管子·轻重乙》也说：“请以令，为诸侯之商贾立客舍，一乘者有食，三乘者有刍菽，五乘者有伍养。”齐桓公下令为各诸侯国来齐的商人建立客栈，规定带一辆车的小商人免费吃饭；带三辆车的中等商人，除免费吃饭外，还外加供应牲畜的饲料；带五辆车及以上的大商人，不但免费吃饭和供应牲畜的饲料，还另给配备五个服务人员，专供使唤。上述商业设施的加强和优惠政策的实行，大大吸引了各国商人。一时间，“天下之商贾归齐若流水”。可见，齐国重视商业政策大大促进了齐国和各诸侯国的经济发展，充分体现了齐文化的务实共赢理念。

（三）齐文化务实共赢的现代价值

1. 务实共赢，实现高质量发展

齐文化在不同的历史发展阶段，能于错综复杂的环境中实现经济社会稳步发展，得益于齐文化的务实共赢精神。这对于当前中国经济发展有很强的借鉴意义。当今国际、国内形势错综复杂，经济发展面临的国际环境和国内条件在发生深刻而复杂的变化，我们更要增强忧患意识，把握长期发展大势，坚持新发展理念，推进改革开放，推动高质量发展。

2. 因地制宜，因时制宜，发展特色经济

齐文化正是根据变化的实际，因地制宜，因时制宜，创新经济发展模式，才不断突破经济发展瓶颈，开辟了独特的发展道路。由于地理位置、区位环

境、自然资源、经济条件、交通状况等各不相同，各地发展经济的模式也不可能千篇一律，要精准把握地方特色和优势，拥有敢为人先的胆识和气魄，有脚踏实地的务实精神，做好规划，实现上下全力，科学发展。

3. 文明互鉴、合作共赢

齐文化从来都没有封闭自己，都是在自我前进的同时，带动周边发展，被称赞为“泱泱大国之风”。当今世界正经历新一轮大发展、大变革、大调整，大国战略博弈全面加剧，国际体系和国际秩序深度调整，人类文明发展面临的新机遇、新挑战层出不穷，不确定、不稳定因素明显增多。面对复杂形势，中国提出“文明交流互鉴”倡议，体现了负责任、有担当的大国风范。文明交流互鉴，是推动人类文明进步和世界和平发展的重要动力。文明交流互鉴，是中国探寻世界新秩序、参与构建全球体系的鲜明体现，是更好参与全球治理、建立更加合理的世界秩序贡献的中国方案，可以有效推动各国相互理解、相互尊重、相互信任，从而造福世界人民，实现合作共赢、幸福共享、和谐共生。

卷下 附 录

一、齐文化代表人物

姜尚，生卒年不详，姜姓，吕氏，名望，字尚父，一说字子牙，周文王尊称其为“太公望”，周武王尊称其为“师尚父”，后人多称其为“姜太公”“姜子牙”。他辅佐周文王与周武王完成了兴周灭商的大业，以首功之臣的身份受封于营丘，建立齐国。他实行“因其俗，简其礼，通商工之业，便鱼盐之利”的治国方针，使齐国逐渐富强起来，成为东方大国。他尊贤尚功、务实尚变、明法慎罚、农商并重、尚武重兵等治国理政思想在后人托名所撰的《六韬》一书中多有记载，在齐国数百年的发展史上，代代相传，产生了巨大影响，确立了齐文化的历史地位。

齐桓公（？—前643），姜姓，吕氏，名小白。姜太公第十二代孙，齐僖公第三子，齐襄公之弟。在齐僖公长子齐襄公和僖公侄子公孙无知相继死于齐国内乱后，小白与公子纠争位成功，成为齐国第十五任国君，公元前685—前643年在位。他在名相管仲等贤臣的辅佐下，对齐国内政进行全方位改革，对外则“尊王攘夷”“救难恤患”，成为“九合诸侯，一匡天下”的春秋首霸。管仲去世后，齐桓公任用易牙、竖刁等小人。后病困而死，诸子争位，齐国发生内乱，致使霸业中衰。

管仲（？—前645），姬姓，管氏，名夷吾，字仲，亦称敬仲，齐桓公尊称为“仲父”。他是中国历史上著名的经济学家、哲学家、政治家、军事家，被誉为“春秋第一相”。他早年家境贫困，曾与好友鲍叔牙合作经商，留下了“管鲍之交”的佳话。在鲍叔牙的举荐下，他被齐桓公任命为相，改革内政，富国强兵，“九合诸侯，一匡天下”，使齐国成为春秋首霸。孔子曾称赞他说：管仲辅佐齐桓公做诸侯霸主，尊王攘夷，一匡天下。要是没有管仲，我们都会披散着头发，左开衣襟，成为野蛮人了。管仲的治国理政思想被后人收入《管子》一书，影响深远。

晏婴（？—前500），字平仲，春秋后期著名的政治家、外交家。他是与管仲齐名的齐国贤相，历仕灵公、庄公、景公三朝。他以富有政治远见和外交才能闻名诸侯。他聪颖机智，能言善辩，生活简朴，内辅国政，屡谏齐王。对外他既富有灵活性，又坚持原则性，出使不受辱，捍卫了齐国的国格和国威。其思想言行多记录在《晏子春秋》一书中。

齐景公（？—前490），姜姓，吕氏，名杵臼，齐灵公之子，齐庄公之弟，春秋末期齐国君主。他的大臣早期有崔杼、庆封，后有晏婴、司马穰苴以及梁丘据等人。齐景公既有治国的壮志情怀，又贪图享乐。与此相应，他的身边有两批志向不同的大臣，一批是治国之臣，一批是乐身之臣。齐景公在位58年，国内治安相对稳定，然因无嫡子，身后诸子展开了激烈的君位之争。

田穰苴，生卒年不详，又称司马穰苴，春秋末期齐国人，齐田氏家族的支庶。他是继姜尚之后承上启下的著名军事家，曾率齐军击退晋、燕入侵之军，收复齐国失地，因功被封为大司马，子孙被称为司马氏。后因齐景公听信谗言，田穰苴被罢黜，未几，抑郁发病而死。由于年代久远，其事迹流传不多，但其军事思想影响巨大。唐肃宗时，将田穰苴等历史上十位武功卓著的名将供奉于武成王庙内，称为“武庙十哲”。

齐威王（？—前320），妫姓，田氏，名因齐，战国时期齐国（田齐）第四代国君，公元前356—前320年在位。公元前334年，魏惠王和齐威王在徐州会盟，他们互相承认对方为王，史称“徐州相王”。齐威王以善于纳谏用能、励精图治而名著史册，在位期间，针对卿大夫专权、国力不强之弊，任用邹忌为相、田忌为将、孙膑为军师，进行政治改革，修明法制，选贤任能，赏罚分明，国力日强。经桂陵、马陵两役，大败魏军，开始称雄于诸侯。

齐宣王（？—前301），妫姓，田氏，名辟疆，齐威王之子。公元前314年，齐宣王乘燕国大乱，派匡章率军攻破燕国，燕王哙被杀，几乎灭燕国。齐宣王喜欢文学游说之士，在临淄稷门附近修建“高门大屋”，称为“稷下学宫”，吸引天下各派文人、学者到齐国讲学、著述，著名的学者有邹衍、淳于髡、田骈、接予、慎到、环渊等七十六人，皆赐给府宅，官拜上大夫，不担任实职而让他们自由议论。之后，稷下学者逐渐增多，竟达上千人，使稷下学宫进入鼎盛时期。儒家、墨家、道家、法家、兵家、刑家、名家、阴阳家、纵横家、农家、杂家等学派在稷下学宫著书立说，开展学术研究，形成前所未有的百家争鸣的盛况。

孙武，生卒年不详，字长卿，活跃于吴王阖闾时期及吴王夫差前期，是中国古代著名的军事家之一。他是齐国贵族田氏后裔，为躲避齐国内乱，由齐入吴，与伍子胥共同辅佐吴王阖闾完成了“西破强楚，入郢，北威齐晋，显名诸侯”的功业。所著《兵法》十三篇即《孙子兵法》，被誉为“兵家圣典”，在中国乃至世界军事史上占有极为重要的地位。

孙膑，生卒年不详，齐国人，孙武的后代，大致与商鞅、孟轲同时，为战国时兵家。他曾与庞涓同学兵法，后庞涓成为魏惠王的将军，庞涓忌其才能，把他骗到魏国，处以膑刑（挖去膝盖骨），故称孙膑。后经齐国使者秘密载回，被齐威王任命为军师，协助齐将田忌设计大败魏军于桂陵、马陵。著有《孙膑兵法》一书，也称《齐孙子》。

邹忌，又作驺忌、驺子，战国时期齐国人。他曾以鼓琴游说齐威王，被任为相国，封于下邳，号“成侯”。他劝说齐威王奖励群臣吏民进谏，主张革新政治，修订法律，选拔人才，奖励贤臣，处罚奸吏，并选荐得力大臣坚守四境，齐国从此称雄诸侯。

田文，妫姓，田氏，名文，齐国贵族，“战国四公子”之一。因袭其父爵于薛（今山东滕州），又称薛公，号孟尝君。孟尝君依仗父亲留下的丰厚资产，在封地薛邑广招各国人才，门下有食客数千。秦昭王求贤若渴，听说孟尝君的名气，便将他招揽到秦国，封为丞相。孟尝君后为齐湣王相国，曾联合韩、魏击败楚、秦。齐湣王七年（前294），因贵族田甲叛乱之事，孟尝君为湣王所疑，出奔至魏，任魏相。曾西合秦、赵与燕共伐破齐。齐襄王立，田文保持中立，死后诸子争立，领地薛为齐、魏共同攻灭。

邹衍（约前305—前240），战国末期齐国人，稷下阴阳五行学派的创始人，主要学说有“大九州说”和“五德终始说”。《史记》把他列为稷下诸子之首，称其学说“迂大而闳辩”，因他“闳大不经”，当时人们称他为“谈天衍”。邹衍著述颇丰，但均已亡佚。

荀子（约前313—前238），名况，字卿，战国末期赵国人，是先秦儒家学派的最后一位大师，也是先秦诸子之学的集大成者，主要学说是“天人相分”“性恶善伪”“隆礼重法”。其一生的主要学术活动是在齐国的稷下学宫进行的，曾三次出任稷下学宫祭酒。晚年隐居楚地，著数万言。

二、齐文化代表著作

《六韬》：托名姜尚著，又称《太公兵法》，全书六卷，分《文韬》《武韬》《龙韬》《虎韬》《豹韬》《犬韬》，现存六十篇。全书以姜太公与周文王、周武王问答的方式编成，论述了治国、治军和指导战争的理论、原则，对后世的军事思想有很大影响。《六韬》虽是后人托名而撰，但其中保存了姜太公宝贵的军事战略思想。

《管子》：旧题管仲著，实际非一人一时之作，而是一部兼有春秋战国、秦汉文字的文集，内容丰富，涉及道、法、儒、名、兵、农、阴阳、轻重等百家之学，在诸子书中占有重要地位。《管子》虽非管仲亲著，却保存了管仲的治国理政思想与管仲相齐的相关历史资料，是研究管仲本人和齐文化乃至中国传统文化的重要史料。

《晏子春秋》：托名晏子著，是记载春秋末期齐国政治家晏婴言行的一部历史典籍，用史料和民间传说汇编而成。书中记载了很多晏婴劝告君主要勤政而不贪图享乐、爱护百姓、任用贤能和虚心纳谏的事例，还融入了少量的神话故事，是先秦时期一部独具特色的子书。

《司马法》：是先秦时期最重要的军事著作之一，大约成书于战国初期。《史记·司马穰苴列传》记载："齐威王使大夫追论古者《司马兵法》而附穰苴于其中，因号曰《司马穰苴兵法》。"据《汉书·艺文志》记载，当时《军礼司马法》共一百五十五篇，现仅残存五篇。但就在这残存的五篇中，记载着从殷周到春秋、战国时期的一些古代作战原则和方法，为我们研究那个时期的军事思想提供了重要的参考资料。

《孙子兵法》：由春秋时期齐国人孙武著。孙武入吴前，著“《兵法》十三篇”，入吴后，孙武本人或其弟子后学又有新作，这些作品连同原著十三篇一起流传至汉代，经刘向等人整理汇总而成，故《汉书·艺文志》著录有“吴孙子兵法八十二篇”。今仅存十三篇原著，其余皆佚。《孙子兵法》内容丰富，不仅包含战争观、战略论、战术论、用兵之道等军事理论，还涉及政治学、伦理学、哲学，是中国古代军事文化遗产中的璀璨瑰宝。

《孙膑兵法》：战国时期齐国人孙膑著。见于《汉书·艺文志》，名为《齐孙子》，共八十九篇，长期亡佚，学界曾怀疑其存在的真实性，直到1972年在山东临沂银雀山一号汉墓出土了失传已久的《孙膑兵法》。《孙膑兵法》全面、真实地反映了孙膑的军事思想，是继《孙子兵法》之后我国军事思想史上的又一座不朽丰碑。

《荀子》：根据《史记·孟子荀卿列传》记载，是荀况晚年为总结当时学术界的百家争鸣和自己的学术思想而编写的。《荀子》各篇大都通篇议论，有论点、论据，结构完整，说理透辟，论证中多引儒家经典文句，行文又汲取战国纵横家之长，故句式整齐，注重修辞的运用，语言颇具韵律美和形象美。

《考工记》：记述了春秋战国时期齐国关于手工业各个工种的设计规范和制造工艺，书中保留有先秦大量的手工业生产技术、工艺美术资料，记载了一系列的生产管理和营建制度，反映了当时的科学水平，是中国目前所见年代最早的记录手工业技术的文献。关于《考工记》的作者和成书年代，学术界尚有不同看法。有学者认为，《考工记》是齐国的官书，作者是稷下学宫的学者。《考工记》的主体内容编纂于春秋末至战国初，部分内容补于战国中晚期。

《齐民要术》：北魏贾思勰著。全书正文十卷，九十二章，正文加上自注约十一万字。该书记载了六世纪及其以前时期黄河以北中下游地区的农业生产技术，系统总结了我国古代北方各族劳动人民在农业生产方面的发明创造。《齐民要术》是世界农学史上最早的综合性农业专著之一，是现存可知最完整的农书，与西汉氾胜之《氾胜之书》、元代王祯《农书》、明代徐光启《农政全书》并称中国古代四大农书。作者贾思勰曾任高阳郡（今山东临淄附近）太守，所著《齐民要术》与齐地民本精神一脉相承。

三、齐文化成语辑录

平易近人：出自《史记·鲁周公世家》。原文：“夫政不简不易，民不有近；平易近民，民必归之。”西周初年，姜太公建齐，只用了五个月时间就使新生政权稳固、社会安定。太公到都城镐京述职时，周公用此语赞美他。

及瓜而代：出自《左传·庄公八年》。原文：“齐侯使连称、管至父戍葵丘，瓜时而往，曰：‘及瓜而代。’”公元前686年，齐襄公在食瓜季节派将领连称、管至父去戍守葵丘，答应第二年瓜熟之时派人替换他们。后遂以“瓜代”指官吏到任期满由他人接替，用“瓜期”“瓜戍”“瓜时”“及瓜”等指官吏就任或任期届满。

管鲍之交：出自《列子·力命》。原文：“生我者父母，知我者鲍子也。此世称管鲍善交者。”在长期交往中，管仲和鲍叔牙结下了深厚的情谊，这段友情成为代代流传的佳话。人们常用“管鲍之交”来形容自己与好朋友之间彼此信任的关系。

老马识途：出自《韩非子·说林上》。原文：“管仲曰：‘老马之智可用也。’乃放老马而随之，遂得道。”公元前663年，齐桓公出兵攻打入侵燕国的山戎，大军在山谷里迷了路，管仲提议：“老马有认路的本领，可让它们在前面领路。”果然大军在老马的引领下走出了山谷。这个成语比喻阅历多的人富有经验，熟悉情况，能起到引导作用。

以人为本：出自《管子·霸言》。原文："夫霸王之所始也，以人为本。本理则国固，本乱则国危。"管仲任齐相后，其治国思想的核心内容之一就是以人为本。

以法治国：出自《管子·明法》。原文："威不两错，政不二门。以法治国，则举错而已。"春秋时期齐国名相管仲崇尚法治，他认为如果国家权威集中，政令统一，那么治国就非常容易，只要按法度来处理就行了。

勿忘在莒：出自《吕氏春秋·直谏》。齐桓公未即位时，曾在鲍叔的帮助下逃至莒地避难，后来鲍叔对他说："使公毋忘出奔在于莒也，使管仲毋忘束缚而在于鲁也，使宁戚毋忘其饭牛而居于车下。"后人用来比喻不忘本，不忘记曾经的艰苦岁月。

嗟来之食：出自《礼记·檀弓》。原文："予唯不食嗟来之食，以至于斯也。"齐国发生严重的饥荒，一个名叫黔敖的人，在路旁施舍穷人，他傲慢地吆喝："喂！来吃吧！"有个很饿的人轻蔑地说道："我就是因为不吃这种'嗟来之食'才饿成这个样子的。"意思是为了表示做人的骨气，绝不低三下四地接受别人的施舍。

和而不同：出自《晏子春秋·外篇》。原文："公曰：'和与同异乎?'对曰：'异。和如羹焉，水火醯醢盐梅以烹鱼肉，燀之以薪，宰夫和之，齐之以味，济其不及，以泄其过。君子食之，以平其心。……'公曰：'善。'"晏婴借此阐述了事物相反相济、相辅相成、对立统一的哲学命题。

廉为政本：出自《晏子春秋·内篇杂下》。原文："且婴闻之，廉者，政之本也。"晏婴主张廉政从自己做起，从衣食住行做起，他还直谏君主，力戒奢侈之举。

门庭若市：出自《战国策·齐策一》。原文："令初下，群臣进谏，门庭若市。"战国时，齐国的相国邹忌，身材高大，容貌端庄，曾问其妻、妾、客，他与城北徐公谁美，并从他们的回答中受到启发，从而劝说齐威王广开言路，鼓励群臣进谏。一时进谏者川流不息，朝廷门口每天像市场一样热闹。后指门口和院子里的人很多，像市场一样非常热闹。

狡兔三窟：出自《战国策·齐策四》。原文："狡兔有三窟，仅得免其死耳。今君有一窟，未得高枕而卧也。请为君复凿二窟。”意思是狡猾的兔子有三个藏身的窝，比喻藏身的地方多，或有多种策略，以便于躲避灾祸。

滥竽充数：出自《韩非子·内储说上》。原文：“齐宣王使人吹竽，必三百人。南郭处士请为王吹竽，宣王说之，廪食以数百人。宣王死，湣王立，好一一听之，处士逃。”意思是说不会吹竽的人，混在乐队里冒充会吹竽的。比喻没有真才实学的人混在行家里面凑数，以次充好。有时也用作自谦之词。

返璞归真：出自《战国策·齐策四》。原文：“归真反璞，则终身不辱。”战国中期，齐宣王召见士人颜斶，颜斶提出，自己就像一块璞玉，如果为了追求利禄富贵而被工匠雕琢，打磨得破璞而出，即使可以地位尊贵，但是精神、本质也已经受到了伤害。这个成语指去掉外饰，恢复其自然、原始的风貌。

挥汗成雨：出自《晏子春秋·内篇杂下》。原文：“临淄三百闾，张袂成阴，挥汗成雨，比肩继踵而在，何为无人?”晏子出使楚国时，对楚王说临淄人口众多，每人挥一把汗，就像下大雨一样。形容当时的齐都临淄商业繁华、经济发达。

摩肩接踵：出自《晏子春秋·内篇杂下》。晏子出使楚国时，对楚王说临淄城内熙熙攘攘，人多得肩碰肩、脚碰脚。形容当时临淄商业繁华、人口众多。

百家争鸣：出自《汉书·艺文志》。指春秋战国时期不同学派的涌现及争芳斗艳的局面。在中国历史上，春秋战国时期是思想和文化最为辉煌灿烂、群星闪烁的时代。这一时期出现了诸子百家彼此诘难、相互争鸣的盛况空前的学术局面，在中国思想发展史上占有重要地位。

康庄大道：出自《史记·孟子荀卿列传》。原文：“自如淳于髡以下，皆命曰列大夫，为开第康庄之衢，高门大屋，尊宠之。”齐威王时，为嘉许聚集于稷下学宫的文学游士，任命淳于髡等人为列大夫，并且为他们修建高大的屋宅、平坦畅达的大路。后来用此形容四通八达的大路，亦用来比喻光明美好的前途。

物以类聚：出自《战国策·齐策三》。原文：“夫鸟同翼者而聚居，兽同足者而俱行。”指人或事物按其性质分门别类各自聚集。比喻同类的东西常聚在一起，志同道合的人相聚成群，反之就分开。

布衣之交：出自《战国策·齐策三》。原文："居朞年，君召爱夫人者而谓之曰：'子与文游久矣，大官未可得，小官公又弗欲。卫君与文布衣交，请具车马、皮币，愿君以此从卫君游。'于卫甚重。"孟尝君是战国时期齐国贵族，"战国四公子"之一。孟尝君的一个门客对他的小妾产生了爱慕之情，他不仅没有责怪，还赠送了门客车马皮裘等礼物，并将其推荐给了卫嗣君，这位门客得到了重用。后来齐国和卫国关系恶化，卫国想联合他国攻打齐国，这时被孟尝君推荐到卫国的门客极力劝阻卫国国君进攻齐国，两国避免了一场战争。意指平民之间的交往、友谊，也指显贵与无官职的人的交往，或指平民百姓之间的或卑贱低微时的交往。

缘木求鱼：出自《孟子·梁惠王上》。原文："以若所为，求若所欲，犹缘木而求鱼也。"战国时齐宣王想要称霸天下，孟子劝他放弃武力，对他说："以您现在的做法来实现您的欲望，就好比爬到树上去捉鱼一样。"比喻做事的方法不对，达不到预期效果。

明察秋毫：出自《孟子·梁惠王上》孟子与齐宣王的对话。原文："'明足以察秋毫之末，而不见舆薪。'则王许之乎？"比喻可以看清极其细小的事物，形容洞察一切。

晚食当肉、安步当车：出自《战国策·齐策四》。原文："晚食以当肉，安步以当车。"齐宣王想任用颜斶为官，颜斶拒绝了齐宣王的邀请，说："我愿意每天饿了再吃，味道像吃肉一样；安稳而慢慢地走路，当作乘车。平安度日，乐在其中。"比喻人能安于淡泊的生活而不追逐名利。

因势利导：出自《史记·孙子吴起列传》。原文："善战者因其势而利导之。"马陵之战中，齐国军事家孙膑利用险要地势大败庞涓率领的魏军，迫使庞涓自杀而亡。比喻按照事物发展的客观规律办事，利用规律取得成功。

南橘北枳：出自《晏子春秋·内篇杂下》。原文："橘生淮南则为橘，生于淮北则为枳，叶徒相似，其实味不同。所以然者何？水土异也。"意思是淮南的橘树，移植到淮北就变为枳树。比喻同一物种因环境条件不同而发生变异。

折冲樽俎：出自《战国策·齐策五》。原文："此臣之所谓比之堂上，禽将户内；拔城于尊俎之间，折冲席上者也。”晋平公派大夫范昭出使齐国，齐景公盛宴款待。席间，范昭故意违反礼节，用齐景公的酒杯喝酒。晏婴厉声命侍臣将范昭用过的酒杯扔掉，以维护礼制。范昭认为齐国有这样的贤臣，这样去攻打齐国，没有必胜的把握。孔子称赞晏婴的外交说：“不出樽俎之间，而折冲千里之外。”指不用武力而在酒宴谈判中制敌取胜。

螳臂当车：出自《庄子·人间世》。原文：“汝不知夫螳螂乎？怒其臂以当车辙，不知其不胜任也。”齐庄公出门打猎，一只螳螂举起前腿企图阻挡车子前进。比喻做力所不能及的事情，必然招致失败。

扶老携幼：出自《战国策·齐策四》。原文：“孟尝君就国于薛。未至百里，民扶老携幼，迎（孟尝）君道中。”意为搀着老人，带着孩子，形容成群结队而行。

鸡鸣狗盗：出自《史记·孟尝君列传》。根据《史记·孟尝君列传》记载，战国时孟尝君被扣留在秦国，他的一个门客装狗夜入秦宫，偷盗出已经献给秦王的狐裘，送给秦王的一个爱妾，孟尝君才获得释放。又靠一个门客装鸡鸣，骗开了函谷关的城门，才逃回齐国。比喻微不足道的本领，也指偷偷摸摸的行为。

居必择邻：出自《晏子春秋·内篇杂上》。原文：“君子居必择邻，游必就士。”孔子的弟子曾子将要远行，晏婴为他送行并叮嘱说：“君子居住一定要选择邻居，出游必定接近贤士。”意为选择住处一定要选择好的邻居、好的环境。

千虑一失、千虑一得：出自《晏子春秋·内篇杂下》。原文：“圣人千虑，必有一失；愚人千虑，必有一得。”意为不管多聪明的人，多次考虑问题，也会有失误的时候，而愚笨的人多次考虑问题，也总有正确的时候。

临难铸兵：出自《晏子春秋·内篇杂上》。原文：“溺者不问队，迷者不问路。溺而后问队，迷而后问路，譬之犹临难而遽铸兵，临噎而遽掘井，虽速亦无及已。”临到危难时，方才铸造兵器。比喻平时不做准备，临时才想办法。

余音绕梁：出自《列子·汤问》。原文：“昔韩娥东之齐，匮粮，过雍门，鬻歌假食。既去而余音绕梁欐，三日不绝，左右以其人弗去。”战国时期，善歌者韩娥一次经过齐国，因路费用尽，便在齐国都城临淄卖唱筹资。韩娥声音清脆嘹亮，婉转悠扬，十分动人。唱完以后，听众还聚在雍门，徘徊留恋，不肯散去。形容歌声或音乐优美，余音回旋不绝，也比喻诗文意味深长，耐人寻味。

华而不实：出自《晏子春秋·外篇》。原文：“东海之中有水而赤，其中有枣，华而不实，何也?”齐景公问晏婴，东海中有红颜色流水，其中有枣树，只开花，不结果，这是为什么？花开得好看，但不结果实，比喻中看不中用。

覆水难收：出自《野客丛书》。原文：“太公取一壶水倾于地，令妻收之。乃语之曰：‘若言离更合，覆水定难收。’”姜太公辅佐周文王之前有过一段贫苦生活，他的妻子嫌他没出息离开了。后来姜太公辅佐周文王建立周王朝，他的妻子请求回到他身边，姜太公说：“你已离我而去，不可能再合在一起，就像倒在地上的水，再也收不回来了。”比喻事情已成定局，难以挽回。

风驰电掣：出自《六韬·龙韬·王翼》。原文：“奋威四人，主择材力，论兵革，风驰电掣，不知所由。”形容非常迅速，像风吹电闪一样。

令行禁止：出自《管子·立政》。原文：“令则行，禁则止，宪之所及，俗之所被，如百体之从心，政之所期也。”下令行动就立即行动，下令停止就立即停止。形容法令严正，纪律严明，执行认真。

出奇制胜：出自《孙子兵法·势》。原文：“凡战者，以正合，以奇胜。故善出奇者，无穷如天地，不竭如江海。”作战时一方面正面和敌军交锋，另一方面出奇兵来取得胜利。善于出奇兵的，就能取得战争的主动权。泛指用对方意料不到的办法来取胜。

弹剑而歌：出自《战国策·齐策四》。原文：“居有顷，倚柱弹其剑，歌曰：‘长铗归来乎！食无鱼。’”战国时，一个叫冯谖的人投奔孟尝君门下，刚开始因为看不出他有什么才华，所以待遇很低。冯谖几次倚柱弹着自己的剑高声歌唱，向孟尝君索要好的食物、车辆和住所，孟尝君都满足了他。冯谖深受感动，通过替孟尝君收租，树立了孟尝君在人们心中的威信。在孟尝君遭齐王猜忌时，冯谖游说国君，使之威名重立，为孟尝君立下了汗马功劳。后比喻怀才不遇，有时也指才能高超。

齐大非偶：出自《左传·桓公六年》。原文：“齐侯欲以文姜妻郑大子忽，大子忽辞。人问其故，大子曰：‘人各有耦，齐大，非吾耦也。’”齐僖公想把女儿文姜嫁给郑国的太子忽，但太子忽说：“每个人都需要合适的婚配，齐国是大国，郑国是小国，这样的婚姻并不相称。”所以拒绝了齐国的提亲。比喻婚姻不是门当户对，不敢高攀。

东食西宿：出自《风俗通》。原文：“欲东家食，西家宿。”齐国有户人家的女儿到了婚配年龄，有两家人来提亲。东家男子长得丑陋，但家境富裕；西家男子容貌美，但家境贫穷。父母犹豫不决，女儿则说：“我想在东家吃饭，在西家住宿。”比喻人唯利是图，贪得无厌。

十年树木，百年树人：出自《管子·权修》。原文：“一年之计，莫如树谷；十年之计，莫如树木；终身之计，莫如树人。”比喻培养人才的过程，是长久之计，且十分不易。

知己知彼，百战不殆：出自《孙子兵法·谋攻》。原文：“知彼知已，百战不殆；不知彼而知已，一胜一负；不知彼，不知已，每战必败。”如果对敌我双方情况都能了解透彻，则可以百战百胜。

静若处子，动若脱兔：出自《孙子·九地》。原文：“是故始如处女，敌人开户；后如脱兔，敌不及拒。”指军队未行动时就像未出嫁的女子那样沉静，一行动就像逃脱的兔子那样敏捷。比喻行动敏捷、灵活。

王顾左右而言他：出自《孟子·梁惠王下》。孟子劝诫齐宣王要尽职尽责治理好国家，说不能尽职的人应该受到处罚。他问齐宣王：“如果一个国家不能治理好，那么应该对这个人怎么办呢？”这时齐宣王故意环顾左右，扯开了话题。喻指扯开话题，回避难以答复的问题。

比肩而立：出自《战国策·齐策三》。原文：“寡人闻之，‘千里而一士，是比肩而立；百世而一圣，若随踵而至也’。”淳于髡向齐宣王推荐了七位贤士。宣王说：“我听说千里之遥才有一个贤士，就像一个挨着一个地站着；百世之久才出一个圣人，就像脚尖挨着脚跟出现。”比喻彼此距离极近。

接踵而至：出自《战国策·齐策三》。原文：“寡人闻之，‘千里而一士，是比肩而立；百世而一圣，若随踵而至也’。”比喻人们前脚跟着后脚，接连不断地来。形容来者很多，络绎不绝。

商羊鼓舞：出自《孔子家语·辨政》。原文：“天将大雨，商羊鼓舞。”商羊是传说中鸟的名称，相传商羊飞舞定有大雨。春秋时期，齐国有一种独脚的鸟飞集于宫殿上方，停在大殿前，单脚起跳，跳得很欢。齐侯觉得十分奇怪，就派聘鲁去问孔子。孔子告诉他这种鸟叫商羊，像儿童玩单脚跳，边跳边展翅舞动，表示天将下暴雨。比喻重大变故发生之前的预兆。

箪食壶浆：出自《孟子·梁惠王下》。原文：“箪食壶浆，以迎王师。”由于燕君苛政，燕国老百姓生活在艰难痛苦中，齐国军队攻打燕国时，燕国老百姓都用竹篮子装着吃的，用壶盛着喝的来慰劳和欢迎齐军。最后，齐军取得了胜利。比喻百姓对所拥护的军队的慰劳和欢迎。

水深火热：出自《孟子·梁惠王下》。原文：“以万乘之国伐万乘之国，箪食壶浆，以迎王师，岂有他哉，避水火也。如水益深；如火益热，亦运而已矣！”比喻百姓生活异常艰难痛苦。

得心应手：出自《庄子·天道》。原文：“不徐不疾，得之于手而应于心，口不能言，有数存焉于其间。”齐桓公在堂上读书，木匠轮扁在堂下制作车轮，轮扁说齐桓公读的圣人之书都是糟粕，齐桓公大怒。轮扁以制作车轮为例对齐桓公说：“榫头做宽了车轮就不牢固；做得小了，又无法安进去。做得不大不小，松紧适宜，才能心手相应，干得顺利。其间技艺，单靠口说说不清，必须心中有数才行。做车轮的手艺，只靠我用嘴说说，我儿子是无法明白的。”意为心里怎样想，手里就能怎样做。比喻技艺纯熟，心手相应。

围魏救赵：出自《史记·孙子吴起列传》。原文：“今梁赵相攻，轻兵锐卒必竭于外，老弱罢于内。君不若引兵疾走大梁，据其街路，冲其方虚，彼必释赵而自救。是我一举解赵之围而收弊于魏也。”公元前354年，魏国大将庞涓指挥大军包围了赵国的都城邯郸，赵国向齐国求援。齐国以田忌为将，孙膑为军师，率军八万前往救援。孙膑用围攻魏国的方法，迫使魏国撤兵而使赵国得救。比喻绕开问题的表面现象，从事物的本源上去解决问题，从而取得一招制胜的效果。

田忌赛马：出自《史记·孙子吴起列传》。齐国将军田忌非常赏识孙膑，待他为上宾。田忌经常与齐国众公子赛马，设重金赌注。孙膑为田忌出谋献策，用田忌的下等马对他人的上等马，用田忌的上等马对他人的中等马，用田忌的中等马对他人的下等马，最终三局两胜，赢得赌注。因此田忌把孙膑推荐给齐威王。齐威王向他请教了兵法。喻指善用自己的长处去对付对手的短处，从而获取胜利。

杯盘狼藉：出自《史记·滑稽列传》。原文："日暮酒阑，合尊促坐，男女同席，履舄交错，杯盘狼藉。"齐威王执政之初沉迷宴饮，不理政事。一天他在后宫摆酒设宴，召请淳于髡饮酒。淳于髡说："我当着大王的面饮酒非常害怕，喝不了一斗就醉了。如果有贵客到家，我席前侍奉酒饭，喝不到两斗就醉了。如果老朋友久别重逢，喝上五六斗就醉了。若乡里聚会，男女杂坐，饮到晚上，桌上的杯子、盘子横七竖八的摆放在那里，这时我心中最快乐，能喝一石酒。所以说酒喝得太多就容易发生乱子，欢乐到极点就会感到悲哀。所有的事情都是这样。"齐威王方得醒悟，从此停止了彻夜饮酒的做法。形容宴饮已毕或将毕时的情景。

乐极生悲：出自《史记·滑稽列传》。原文："故曰酒极则乱，乐极则悲；万事尽然。"意思是高兴到极点时，发生使人悲伤的事。

一鸣惊人：出自《史记·滑稽列传》。原文："此鸟不飞则已，一飞冲天；不鸣则已，一鸣惊人。"齐威王执政初期沉迷享乐，不理政事。淳于髡以隐喻进谏齐威王："国内有只大鸟，栖息在大王宫廷，三年不飞也不叫，大王知道是为什么吗?"齐威王说："这只鸟不飞则罢，一飞冲天；不叫也就罢了，一鸣惊人。"于是齐威王发愤图强，进行改革，使齐国走上富强之路。比喻平时默默无闻的人，突然取得优异成绩而引起人们的惊讶。

断章取义：出自《左传·襄公二十八年》。原文："赋诗断章，余取所求焉。"春秋时期，齐国大夫崔杼和庆封专权，合谋杀了齐庄公。庄公的卫士卢蒲癸为了给庄公报仇，借机取得庆封之子庆舍的信任，娶庆舍之女庆姜为妻。

卢蒲癸在庆姜的帮助下成功铲除了庆氏一族。有人曾问卢蒲癸："庆氏和卢氏都是姜姓的后裔，你怎么会娶同宗的庆姜为妻呢?"卢蒲癸回答："庆舍不避同宗，要把女儿嫁给我，我为什么要避开呢？就像有人对《诗经》断章取义，来表达自己的意思，我也只取我所想要的，管什么同宗不同宗呢?"原指截取《诗经》中的某一篇章的诗句来表达自己的意见，不顾及所引诗篇的原意，导致引用与原意不符。后来比喻征引别人的文章、言论时，只取与自己意见相合的部分。

弹冠相庆：出自苏洵《管仲论》。原文："一日无仲，则三子者可以弹冠相庆矣。"齐桓公有三个近臣，分别是竖刁、易牙和开方，他们均是用卑鄙的手段讨悦取宠的，且相互勾结祸乱齐国。齐桓公重用管仲为相，使这三人受到了压制。管仲死后，这三人非常高兴，各自回家取出得宠时的帽子来，弹去帽子上的灰，欢快跳跃，相互庆贺，准备卷土重来。比喻一个人做了官或升了官，他的同伙因此将得到援引，有官可做，也互相祝贺。后用来形容坏人得意。

道听途说：出自《论语·阳货》。原文："道听而途说，德之弃也。"战国时期，艾子从楚国回到齐国，刚进都城便遇到了爱说空话的毛空。毛空说有个人家的一只鸭子，一次生了一百个蛋。又说天上掉下一块肉来，有三十丈长、十丈宽，艾子不信，问他："是你亲眼所见吗？鸭蛋和肉都在什么地方?"毛空被问得说不出话来，才承认是在路上听别人说的。孔子曾说："从道路上听来了一些没有根据的话，就在道路上不负责任地传播，这种道德作风是要不得的。"意指路上听来的、路上传播的话。泛指没有根据的传闻。

尽善尽美：出自《论语·八佾》。原文："子谓《韶》，'尽美矣，又尽善也。'"孔子在齐国听到了《韶》乐的演奏，非常痴迷，三月不知肉味，评价《韶》乐尽善尽美。形容事物完美到没有一点儿缺陷。

驳象虎疑：出自《管子·小问》。原文："此驳象也。驳食虎豹，故虎疑焉。"一次齐桓公骑马外出，老虎远远地望见他，急忙趴在地上。齐桓公问管仲说："今天我骑马外出，老虎看见我不敢动，是什么原因呢?"管仲回答说："我想您一定是骑着一匹杂色骏马迎着太阳奔跑吧?"桓公说："是这样。"管仲回答说："这种马形状很像驳，驳是能吃老虎、豹子的，所以老虎被吓住了。"比喻为假象所惑而发生错觉的事情。

爱屋及乌：出自《尚书大传·大战篇》。原文："爱人者兼其屋上之乌。"周武王兴兵伐纣，商朝灭亡，问姜太公应该怎么处理旧王朝的官宦贵族，姜太公说："我听说爱一个人，会连同他屋上的乌鸦一起喜欢。"比喻爱一个人而连带地关心跟他有关系的人或物。

飞熊入梦：出自《史记·齐太公世家》。原文："西伯将出猎，卜之，曰'所获非龙非彲（chī），非虎非罴（pí）；所获霸王之辅'。"原指周文王梦飞熊而得太公望，后比喻圣主得贤臣的征兆。

不义之财：出自《列女传·齐田稷母传》。原文："不义之财，非吾有也。不孝之子，非吾子也。"齐国宰相田稷子把下官送给他的一些黄金孝敬给母亲，母亲觉得奇怪，问他做了三年宰相就有这么多俸禄，难道没有开销吗？田稷子只好如实回答，其母告诫他，作为士大夫应该修身养性，不能贪图这些不义之财。田稷子立即把黄金一一退回。比喻不应该得到的或以不正当的手段获得的钱财。

高枕而卧：出自《战国策·齐策四》。原文："狡兔有三窟，仅得免其死耳。今君有一窟，未得高枕而卧也。"意为垫高枕头安心睡觉。形容无忧无虑，平安无事。

得意扬扬：出自《史记·管晏列传》。原文："意气扬扬，甚自得也。"形容称心如意、沾沾自喜的样子。

习俗移性：出自《晏子春秋·内篇杂上》。原文："汩常移质，习俗移性。"意为风俗习惯可以改变人的习性。

反裘负刍：出自《晏子春秋·内篇杂上》。原文："晏子之晋，至中牟，睹弊冠反裘负刍息于涂侧者，以为君子也，使人问焉。"意为反穿皮袄背柴，形容贫穷劳苦。比喻为人愚昧，不知本末。

中流砥柱：出自《晏子春秋·内篇谏下》。原文："鼋衔左骖以入砥柱之中流。"形容人很坚强，不屈不挠，像砥柱在激流中屹立。比喻在动荡艰难的环境中能起支柱作用的力量。

舍本逐末：出自《战国策·齐策四》。原文："苟无岁，何以有民？苟无民，何以有君？故有问舍本而问末者耶？"齐襄王派遣使者问候赵威后，使者带来的书信还没有打开，赵威后就对使者说："今年的收成还好吧？百姓没有忧患吧？你们大王身体还好吧？"使者说："臣奉大王之命向太后问好，您不先问我们大王的状况却打听收成、百姓的状况，怎能把低贱者放在前头呢？"赵威后回答说："如果没有收成，百姓凭什么繁衍生息？如果没有百姓，大王又怎能南面称尊？怎么有舍去根本先问末节的道理呢？"比喻放弃根本的、主要的，而去追求枝节的、次要的，形容轻重倒置。

大庭广众：出自《孔丛子·公孙龙》。原文："使此人于广庭大众之中，见侮而不敢斗，王将以为臣乎？"齐湣王喜欢结交士人，他问尹文为什么齐国没有士人，尹文对齐湣王说，一个讲忠、孝、信、义在大庭广众之下受到欺侮而不敢争斗的人，不算士人。意指人很多的公众场所。

言归于好：出自《左传·僖公九年》。原文："凡我同盟之人，既盟之后，言归于好。"齐桓公建立霸业后，为了重修诸侯之好，于公元前651年在葵丘召开结盟会议，史称"葵丘会盟"。凡是参加同盟的各国，大家订立了盟约之后，一定要遵照执行，消除过去的隔阂，重新友好相处。意为彼此重新和好。

尊王攘夷：出自《春秋公羊传》。原文："尊勤君王，攘斥外夷。"自平王东迁以后，周天子权威大大减弱，诸侯国内的篡权政变和各国之间的兼并战争不断发生。与此同时，边境各族趁机入侵，华夏文明面临空前危机。春秋时期的齐桓公在管仲的辅佐下，经过了政治、经济、军事等方面的改革，有了雄厚的物质基础和强大的军事力量，适时打出了"尊王攘夷"的旗号，以诸侯长的身份，尊崇周天子，并数次发动帮助诸侯国攘斥夷狄的战争。成语原意为尊崇王室，排斥夷狄。后来演化为面对外族入侵，结成民族统一战线。

九合诸侯，一匡天下：出自《史记·齐太公世家》。原文："寡人兵车之会三，乘车之会六，九合诸侯，一匡天下。"九合，为多次会盟；匡，即匡正。本指齐桓公称霸，多次会合诸侯，使混乱的政局得以安定，后形容治国安邦。

一箭之仇：出自《史记·齐太公世家》。齐国的公子纠和公子小白争夺王位，为了阻止在莒避难的公子小白抢先回到齐国，辅佐公子纠的管仲在途中袭击小白的队伍，张弓搭箭直接射中小白的衣带钩，小白假死逃过一劫，并抢先回到齐国成为国君，也就是历史上有名的齐桓公。但齐桓公执政后并没有记恨前仇，而是在鲍叔牙的举荐下重用管仲为相，开启了成就霸业之路。意为被对方射中一箭的仇恨，比喻深仇大恨。

不翼而飞：出自《管子·戒》。原文："无翼而飞者，声也。无根而固者，情也。"原形容言论、消息等在人们口中流传得很快，没有长翅膀而能飞走。后也用来形容东西突然丢失。

见异思迁：出自《管子·小匡》。原文："少而习焉，其心安焉，不见异物而迁焉。"意为看见别的事物就想改变原来的主意。指意志不坚定，喜爱不专一。

视死如归：出自《管子·小匡》。原文："平原广牧，车不结辙，士不旋踵，鼓之而三军之士视死如归，臣不如王子城父。"意为把死看得好像回家一样。形容为了正义的事业，不怕死。

秉笔直书：出自《左传·襄公二十五年》。齐庄公贪恋大夫崔杼之妻棠姜的美色，与其通奸，崔杼设计杀死了庄公，立庄公的弟弟杵臼为君，即齐景公。崔杼自封相国，跋扈专政。他对自己弑君的罪名十分惶恐，担心被史官记录下来，留下千古骂名，于是下令将专管记载历史的太史伯找来，逼他掩盖事实，太史伯不肯，依然照实记载，崔杼一怒之下将其杀死。之后崔杼又找来了太史伯的弟弟太史仲，可太史仲同样记载下了真实的历史，崔杼将他杀死。又找来了三弟太史叔，太史叔说："按照事实秉笔直书是史家的天职，与其失职，不如去死。"崔杼将太师叔碎尸万段，又找来四弟太史季，可太史季还是同样的据实记载。崔杼十分无奈，让太史季退下。齐国的另一个史官南史氏听说太史兄弟先后被杀，抱着竹简前来，要前赴后继，接替太史兄弟将崔杼的罪状记载于史册。最终崔杼的恶行被如实记录了下来。意为按照事情的真实情况来书写和记述，不畏强权，实事求是。

安然无恙：出自《战国策·齐策四》。原文：“岁亦无恙耶？民亦无恙耶？王亦无恙耶？”指人平安没有疾病。现泛指事物平安未遭损害。

趾高气扬：出自《战国策·齐策三》。原文：“今何举足之高，志之扬也？”孟尝君的门客公孙戍劝阻了孟尝君接受楚王赠送的象牙床，正要快步离开时，孟尝君见公孙戍有得意之色，于是把他召回来问道：“你劝我不接受象牙床，这很好，可为什么你这样趾高气扬呢？”意思是走路时脚抬得很高，神气十足。

余勇可贾：出自《左传·成公二年》。原文：“齐高固入晋师，桀石以投人，禽之而乘其车，系桑木焉，以徇齐垒，曰：‘欲勇者贾余余勇。’”杜预注：“贾；卖也。言己勇有余；欲卖之。”齐、晋两国交战，齐国的高固冲进晋军，夺了对方的战车，回来后夸耀说：“我还有余力可卖，谁要，可以来买。”比喻剩下的勇气和力量很足，还有勇气可以使出来。

不经之谈：出自《史记·孟子荀卿列传》。原文：“其语闳大不经。”指荒诞无稽、没有根据的话。

讳疾忌医：出自《韩非子·喻老》和《史记·扁鹊仓公列传》。扁鹊是春秋战国时的名医，一次扁鹊拜见桓公，看出桓公有疾病，对他说：“你的病在皮肤的纹理之间。”桓公不以为然。十天后，扁鹊对桓公说：“你的病已发展到肌肉里。”桓公依然不信。又过了十天，扁鹊说：“你的病已进入肠胃。”桓公很不高兴。又十天之后，扁鹊看了桓公一眼，转身就走了，桓公追问原因，扁鹊说：“病已入骨髓，我也没有办法了。”五天之后，桓公果然浑身疼痛，不久就病死了。意思是忌讳生病而不去医治，比喻掩饰缺点、错误，害怕批评，不愿改正。

一傅众咻：出自《孟子·滕文公下》。原文：“一齐人傅之，众楚人咻之，虽日挞而求其齐也，不可得矣。”原指一人施教时，众人在旁喧扰。形容由于环境的干扰，做事难以取得成绩。

齐纨鲁缟：管仲要求全国官员的衣服料子由齐国纨布改为鲁国的缟布，导致缟布涨价，同时禁止齐国百姓织缟布，却对鲁国开放。表面上鲁国大挣齐国的缟布钱，但是鲁国因此全织缟布放弃农业生产，一年后，齐国拒绝鲁国的缟布，这时鲁国也已经没有粮食了，被迫签下尊从齐国的条约。齐纨鲁缟是古代齐国和鲁国出产的白色绢，后亦泛指名贵的丝织品。

贪小失大：出自《吕氏春秋·慎大览》。原文："齐王怒曰：'若残竖子之类，恶能给若金？'与燕人战，大败，达子死，齐王走莒。燕人逐北入国。相与争金于美唐甚多。此贪于小利以失大利者也。"意为因为贪图小便宜而失掉大的利益。比喻只谋求眼前的好处而不顾长远的利益。

庭燎招士：出自《韩诗外传》，原文："臣闻君设庭燎以待士。""庭燎"出自《诗经·小雅》。春秋时期，天子和诸侯在接待外国使者或商讨国家大事时，要在大庭中燃起火炬，叫"庭燎"，这是最高规格的接待礼仪。齐桓公因求贤而庭燎招士，招揽了大量人才。

牛角之歌：出自《晏子春秋·内篇问下》。春秋时期，寒士宁戚很穷，渴求见到齐桓公拜求官职。一天，齐桓公出城迎客，宁戚乘机在车下喂牛，敲击牛角唱出自己的心声，齐桓公听到后称赞他为"非常人"，就拜他为上卿，宁戚为齐桓公成就霸业做出了很大的贡献。后为穷士自求用世的典故。

为者常成，行者常至：出自《晏子春秋·内篇杂下》。原文："婴闻之，为者常成，行者常至。婴非有异于人也，常为而不置，常行而不休者，故难及也。"意思是努力去做的人常常可以成功，不倦前行的人常常可以达到目的。

一曝十寒：出自《孟子·告子上》。原文："虽有天下易生之物也，一日暴之，十日寒之，未有能生者也。"孟子对齐宣王说："若是今天做一些，把它丢下了，隔十天再去做，那么事情怎能做得好呢？"暴，通"曝"，晒太阳。后人将孟子所说的"一日暴之，十日寒之"精简成"一曝十寒"的成语，用来比喻修学、做事没有恒心。

丑若无盐：出自《列女传·辩通传》。相传在齐国历史上有一位著名的女子，叫钟离春，是齐国无盐邑人，世称无盐女。传说她的相貌丑陋无比，四十岁而未嫁。但她关心政事，有治国安邦之才，她曾当面指责齐宣王奢淫腐败，宣王为之感动，立她为后。后世以"无盐"比喻女子样貌丑陋。

孺子牛：出自《左传·哀公六年》。原文："女忘君之为孺子牛而折其齿乎？而背之也。”齐景公的小儿子叫晏孺子，景公非常宠爱他，一次，晏孺子要景公装作一头牛，景公便扮作牛被晏孺子牵着，门牙还被拽掉了一颗。原指父母对子女过分疼爱，后来被鲁迅先生引用，作“横眉冷对千夫指，俯首甘为孺子牛”的诗句。现在人们以“孺子牛”比喻心甘情愿为人民大众服务，无私奉献的人。

二桃杀三士：出自《晏子春秋·内篇谏下》。齐景公有三个臣子，都以勇力著称，却恃功而骄。齐相晏婴为避免未来会出现祸患，建议齐景公早日除掉他们，请景公送给他们两个桃子，让三人论功食桃，结果三人都弃桃自杀。后来常用以比喻施用阴谋杀人。

四、齐文化名言选录

1. 天下非一人之天下，乃天下之天下也。同天下之利者则得天下，擅天下之利者则失天下。

——《六韬·文韬》

2. 天有时，地有财，能与人共之者，仁也；仁之所在，天下归之。免人之死，解人之难，救人之患，济人之急者，德也；德之所在，天下归之。与人同忧同乐，同好同恶者，义也；义之所在，天下赴之。凡人恶死而乐生，好德而归利，能生利者，道也；道之所在，天下归之。

——《六韬·文韬》

3. 心以启智，智以启财，财以启众，众以启贤；贤之有启，以王天下。

——《六韬·武韬》

4. 仓廪实则知礼节，衣食足则知荣辱，上服度则六亲固，四维张则君令行。

——《管子·牧民》

5. 诚信者，天下之结也。

——《管子·枢言》

6. 政者，正也。正也者，所以正定万物之命也。

——《管子·法法》

7. 地利不可竭，民力不可殚。

——《管子·乘马》

8. 海不辞水，故能成其大。山不辞土石，故能成其高。明主不厌人，故能成其众。士不厌学，故能成其圣。

——《管子·形势解》

9. 夫霸王之所始也，以人为本。本理则国固，本乱则国危。

——《管子·霸言》

10. 威不两错，政不二门。以法治国，则举错而已。

——《管子·明法》

11. 法者，天下之程式也，万事之仪表也。

——《管子·明法解》

12. 君之所审者三：一曰德不当其位，二曰功不当其禄，三曰能不当其官。此三本者，治乱之原也。

——《管子·立政》

13. 不慕古，不留今，与时变，与俗化。

——《管子·正世》

14. 是故与天下同利者，天下持之；擅天下之利者，天下谋之。天下所谋，虽立必隳。天下所持，虽高不危。

——《管子·版法解》

15. 莅民如父母，则民亲爱之。道之纯厚，遇之有实，虽不言曰吾亲民，而民亲矣。莅民如仇雠，则民疏之。

——《管子·形势解》

16. 至善不战。

——《管子·兵法》

17. 任人之长，不强其短。任人之工，不强其拙。此任人之大略也。

——《晏子春秋·内篇问上》

18. 卑而不失尊，曲而不失正者，以民为本也。

——《晏子春秋·内篇问下》

19. 国有三不祥，是不与焉。夫有贤而不知，一不祥。知而不用，二不祥。用而不任，三不祥也。

——《晏子春秋·内篇谏下》

20. 廉者，政之本也；让者，德之主也。

——《晏子春秋·内篇杂下》

21. 是故杀人安人，杀之可也；攻其国，爱其民，攻之可也；以战止战，虽战可也。

——《司马法·仁本》

22. 是故百战百胜，非善之善者也；不战而屈人之兵，善之善者也。故上兵伐谋，其次伐交，其次伐兵，其下攻城。

——《孙子兵法·谋攻》

23. 凡战者，以正合，以奇胜。故善出奇者，无穷如天地，不竭如江河。

——《孙子兵法·兵势》

24. 间于天地之间，莫贵于人。

——《孙膑兵法·月战》

25. 威王曰："以一击十，有道乎？"孙子曰："有。攻其无备，出其不意。"

——《孙膑兵法·威王问》

26. 管仲相桓公，霸诸侯，一匡天下，民到于今受其赐。微管仲，吾其被发左衽矣。

——《论语·宪问》

27. 与其为善于邻也，不如为善于里；与其为善于里也，不如为善于家。是故士莫敢言一朝之便，皆有终身之计；莫敢以终身之议，皆有终身之功。

——《国语·齐语》

28. 桓公问管仲："富有涯乎？"答曰："水之以涯，其无水者也。富之以涯，其富已足者也。人不能自止于足，而亡其富之涯乎。"

——《韩非子·说林下》

29. 昔者管子有言，丘甚善之，曰：“褚小者不可以怀大，绠短者不可以汲深。”

——《庄子·至乐》

30. 法而议，职而通，无隐谋，无遗善，而百事无过，非君子莫能。

——《荀子·王制》

31. 原清则流清，原浊则流浊。

——《荀子·君道》

32. 自知者不怨人，知命者不怨天，怨人者穷，怨天者无志。

——《荀子·荣辱》

33. 太史公曰：吾适齐，自泰山属之琅邪，北被于海，膏壤二千里，其民阔达多匿知，其天性也。以太公之圣，建国本，桓公之盛，修善政，以为诸侯会盟，称伯，不亦宜乎？洋洋哉，固大国之风也！

——《史记·齐太公世家》

34. 太公至国，修政，因其俗，简其礼，通商工之业，便鱼盐之利，而人民多归齐，齐为大国。

——《史记·齐太公世家》

35. 临菑甚富而实，其民无不吹竽鼓瑟，弹琴击筑，斗鸡走狗，六博蹹鞠者。临菑之途，车毂击，人肩摩，连衽成帷，举袂成幕，挥汗成雨，家殷人足，志高气扬。

——《史记·苏秦列传》

36. 大车不较，不能载其常任；琴瑟不较，不能成其五音。

——《史记·田敬仲完世家》

37. 坚箭利金，不得弦机之利，则不能远杀矣。

——《战国策·齐策五》

38. 智者不倍时而弃利，勇士不怯死而灭名，忠臣不先身而后君。

——《战国策·齐策六》

五、吕氏齐国世系表

齐太公吕尚

↓

齐丁公吕伋

↓

齐乙公吕得

↓

齐癸公吕慈母

↓

齐哀公吕不辰（？—前876）→齐胡公吕静（前866—？）→齐献公吕山（？—前851）

↓

齐武公吕寿（前850—前825）

↓

齐厉公吕无忌（前824—前816）

↓

齐文公吕赤（前 815—前 804）

↓

齐成公吕脱（前 803—前 795）

↓

齐（前）庄公吕购（前 794—前 731）

↓

齐僖（釐）公吕禄甫（前 730—前 698）

↓

齐襄公吕诸儿（前 697—前 686）→ 齐桓公吕小白（前 685—前 643）

↓

齐惠公吕元（前 608—前 599）←齐懿公吕商人（前 612—前 609）←齐昭公吕潘（前 632—前 613）←齐孝公吕昭（前 642—前 633）

↓

齐顷公吕无野（前 598—前 582）

↓

齐灵公吕环（前 581—前 554）

↓

齐（后）庄公吕光（前 553—前 548）→齐景公吕杵臼（前 547—前 490）

↓

晏孺子吕荼（前 489）→齐悼公吕阳生（前 488—前 485）

↓

齐简公吕壬（前 484—前 481）→齐平公吕骜（前 480—前 456）

↓

齐宣公吕积（前 455—前 405）

↓

齐康公吕贷（前 404—前 379）

六、田氏齐国世系表

田完

↓

田稚孟夷

↓

田湣孟庄

↓

田文子须无

↓

田桓子无宇

↓

田武子开→田釐(僖)子田乞

↓

田成子常

↓

田襄子盘

↓

田庄子白

↓

田悼子（前410—前405）→齐太公田和（前404—前386年列为诸侯—前385年）

↓

齐侯田剡（前384—前375）→齐桓公田午（前374—前357）

↓

齐威王田因齐（前356—前320）

↓

齐宣王田辟强（前319—前301）

↓

齐湣王田地（前300—前284）

↓

齐襄王田法章（前283—前265）

↓

齐王田建（前264—前221）

七、西汉齐国世系表

始封：高祖庶长子齐悼惠王刘肥（前201—前189）

↓

齐哀王刘襄（前188—前179）　　　　齐孝王刘将闾（前164—前154）

↓　　　　↗　　↓

齐文王刘则（前178—前165，无后，国除）齐懿王刘寿（前153—前132）

↓

齐厉王刘次昌(前131—前127，国除)

↙

前118年，汉武帝复置齐国

↓

始封：武帝子齐怀王刘闳（前117—前110，无后，国除）

参考文献

〔战国〕荀况著，王天海校释：《荀子校释（修订本）》，上海古籍出版社2016年版。

〔汉〕司马迁撰：《史记》，中华书局1959年版。

〔汉〕刘向编订：《战国策》，上海古籍出版社2008年版。

〔汉〕韩婴撰，许维遹校释：《韩诗外传集释》，中华书局1980年版。

〔汉〕刘向编著，石光瑛校释，陈新整理：《新序校释》，中华书局2017年版。

〔汉〕刘向编著，赵仲邑注：《新序详注》，中华书局2017年版。

〔汉〕刘向撰，向宗鲁校证：《说苑校证》，中华书局1987年版。

〔汉〕郑玄注，〔唐〕贾公彦疏：《周礼注疏》，上海古籍出版社2010年版。

〔汉〕许慎撰：《说文解字》，中华书局1963年版。

〔汉〕班固撰：《汉书》，中华书局1962年版。

〔汉〕赵晔著，张觉校注：《吴越春秋校注》，岳麓书社2006年版。

〔汉〕桓谭撰，朱谦之校辑：《新辑本桓谭新论》，中华书局2009年版。

〔魏〕徐幹撰，孙启治解诂：《中论解诂》，中华书局2014年版。

〔汉〕荀悦撰，〔明〕黄省曾注，孙启治校补：《申鉴注校补》，中华书局2012年版。

〔汉〕应劭撰，王利器校注：《风俗通义校注》，中华书局1981年版。

〔晋〕杜预注，〔唐〕孔颖达等正义：《春秋左传正义》，北京大学出版社2000年版。

〔晋〕陈寿撰，〔南朝宋〕裴松之注：《三国志》，中华书局1982年版。

〔晋〕干宝撰，李剑国辑校：《新辑搜神记》，中华书局2007年版。

〔南朝宋〕范晔撰，〔唐〕李贤等注：《后汉书》，中华书局1965年版。

〔南朝梁〕沈约撰：《宋书》，中华书局1974年版。

〔北魏〕贾思勰著，石声汉校释：《齐民要术今释》，中华书局2009年版。

〔北齐〕魏收撰：《魏书》，中华书局1974年版。

〔唐〕房玄龄等撰：《晋书》，中华书局1974年版。

〔唐〕姚思廉撰：《梁书》，中华书局1973年版。

〔唐〕魏徵、令狐德棻撰：《隋书》，中华书局2014年版。

〔唐〕段成式撰，许逸民校笺：《酉阳杂俎校笺》，中华书局2015年版。

〔后晋〕刘昫等撰：《旧唐书》，中华书局1975年版。

〔宋〕欧阳修、宋祁撰：《新唐书》，中华书局1975年版。

〔宋〕朱熹撰：《四书章句集注》，中华书局1983年版。

〔宋〕乐史撰，王文楚等校点：《太平寰宇记》，中华书局2007年版。

〔宋〕郑樵撰：《通志》，中华书局1987年版。

〔宋〕罗泌撰：《路史》，中华书局1985年版。

〔元〕脱脱等撰：《宋史》，中华书局1985年版。

〔明〕冯梦龙改编，〔清〕蔡元放修订，陈先行、李梦生校点：《东周列国志》，上海古籍出版社2012年版。

〔明〕张溥辑：《汉魏六朝百三家集》，吉林出版集团2005年版。

〔清〕孙诒让撰，王文锦、陈玉霞点校：《周礼正义》，中华书局2013年版。

〔清〕朱彬撰，饶钦农点校：《礼记训纂》，中华书局1996年版。

〔清〕顾栋高辑，吴树平、李解民点校：《春秋大事表》，中华书局 1993 年版。

〔清〕唐晏著，吴东民点校：《两汉三国学案》，中华书局 1986 年版。

〔清〕叶圭绶撰，王汝涛、唐敏、丁余善点注：《续山东考古录》，山东文艺出版社 1997 年版。

〔清〕张鸣铎主修：《乾隆淄川县志》，凤凰出版社 2004 年版。

〔清〕顾炎武著，陈垣校注：《日知录校注》，安徽大学出版社 2007 年版。

〔清〕彭定求等编：《全唐诗》，上海古籍出版社 1986 年版。

〔清〕严可均校辑：《全上古三代秦汉三国六朝文》，中华书局 1958 年版。

〔清〕王先慎撰，钟哲点校：《韩非子集解》，中华书局 1998 年版。

〔清〕王先谦撰，沈啸寰、王星贤点校：《荀子集解》，中华书局 1988 年版。

〔清〕洪亮吉撰，李解民点校：《春秋左传诂》，中华书局 1987 年版。

〔清〕王先谦撰，沈啸寰点校：《庄子集解》，中华书局 1987 年版。

顾颉刚、刘起釪：《尚书校释译论》，中华书局 2005 年版。

王秀梅译注：《诗经》，中华书局 2015 年版。

陈戍国撰：《礼记校注》，岳麓书社 2004 年版。

杨伯峻编著：《春秋左传注》，中华书局 1990 年版。

程树德撰，程俊英、蒋见元点校：《论语集释》，中华书局 2017 年版。

胡奇光、方环海撰：《尔雅译注》，上海古籍出版社 2004 年版。

徐元诰撰，王树民、沈长云点校：《国语集解》，中华书局 2002 年版。

陈桐生译注：《国语》，中华书局 2016 年版。

缪文远、罗永莲、缪伟译注：《战国策》，中华书局 2018 年版。

何建章注释：《战国策注释》，中华书局 1990 年版。

马王堆汉墓帛书整理小组编：《战国纵横家书》，文物出版社 1976 年版。

范祥雍订补：《古本竹书纪年辑校订补》，上海古籍出版社 2011 年版。

黄怀信、张懋镕、田旭东撰，黄怀信修订，李学勤审定：《逸周书汇校集注（修订本）》，上海古籍出版社 2007 年版。

盛东铃译注:《六韬译注》，河北人民出版社 1992 年版。

唐文书撰:《六韬·三略译注》，上海古籍出版社 2012 年出版。

黎翔凤撰，梁运华整理:《管子校注》，中华书局 2004 年版。

临淄区齐文化研究中心编:《管子通译》，齐鲁书社 2017 年版。

卢守助撰:《晏子春秋译注》，上海古籍出版社 2012 年版。

张纯一撰，梁运华点校:《晏子春秋校注》，中华书局 2014 年版。

李新城、陈婷珠译注:《晏子春秋译注》，上海三联书店 2014 年版。

王震撰:《司马法集释》，中华书局 2018 年版。

李零译注:《孙子译注》，中华书局 2009 年版。

张震泽撰:《孙膑兵法校理》，中华书局 2014 年版。

景中译注:《列子》，中华书局 2007 年版。

叶蓓卿译注:《列子》，中华书局 2016 年版。

许富宏撰:《慎子集校集注》，中华书局 2013 年版。

杨伯峻译注:《孟子译注（典藏版)》，中华书局 2016 年版。

陈奇猷校注:《韩非子新校注》，上海古籍出版社 2017 年版。

高华平、王齐洲、张三夕译注:《韩非子》，中华书局 2010 年版。

闻人军译注:《考工记译注》，上海古籍出版社 2008 年版。

许维遹撰，梁运华整理:《吕氏春秋集释》，中华书局 2009 年版。

银雀山汉墓竹简整理小组编:《银雀山汉墓竹简壹》，文物出版社 1985 年版。

李松儒:《清华简〈系年〉集释》，中西书局 2015 年版。

〔汉〕司马迁撰，［日］泷川资言考证，杨海峥整理:《史记会注考证》，上海古籍出版社 2016 年版。

刘文典撰，殷光熹点校，张文勋审订:《淮南鸿烈集解》，安徽大学出版社、云南大学出版社 1998 年版。

崔新编:《译注焦氏易林》，中国文联出版社 2008 年版。

逯钦立辑校:《先秦汉魏晋南北朝诗》，中华书局 1983 年版。

吴如嵩、王显臣校注:《李卫公问对校注》，中华书局 2016 年版。

骈宇骞、李解民、盛冬铃译注：《武经七书》，中华书局 2007 年版。

童书业：《春秋史》，上海古籍出版社 2010 年版。

杨宽：《战国史》，上海人民出版社 2016 年版。

杨宽：《战国史料编年辑证》，上海人民出版社 2016 年版。

钱穆：《史记地名考》，九州出版社 2013 年版。

钱穆：《先秦诸子系年》，商务印书馆 2001 年版。

蒋伯潜：《诸子通考》，中华书局 2016 年版。

金德建：《司马迁所见书考》，上海人民出版社 1963 年版。

顾颉刚：《史林杂识初编》，中华书局 1963 年版。

顾颉刚：《古史辨自序》，商务印书馆 2011 年版。

夏鼐：《中国文明的起源》，文物出版社 1985 年版。

王献唐：《山东古国考》，齐鲁书社 1983 年版。

逄振镐：《山东古国与姓氏》，山东人民出版社 2006 年版。

李沣：《探寻寿光古国》，齐鲁书社 2011 年版。

中国社会科学院考古研究所编：《殷周金文集成（修订增补本）》，中华书局 2007 年版。

中国社会科学院考古研究所编：《中国考古学·两周卷》，中国社会科学出版社 2004 年版。

秦永洲：《山东社会风俗史》，山东人民出版社 2011 年版。

王阁森、唐致卿主编：《齐国史》，山东人民出版社 1992 年版。

王志民：《齐鲁文化与中华文明——王志民学术讲演录》，人民出版社 2015 年版。

王志民主编：《齐文化概论》，山东人民出版社 1993 年版。

宣兆琦、杨宏伟主编：《齐国史话》，兰州大学出版社 1997 年版。

宣兆琦、李金海主编：《齐文化通论》，新华出版社 2000 年版。

宣兆琦：《齐文化发展史》，兰州大学出版社 2002 年版。

王京龙：《齐国威宣盛世》，山东文艺出版社 2004 年版。

李玉洁：《齐国史》，新华出版社 2007 年版。

李玉洁：《魏国史》，科学出版社2017年版。

李钟琴、武振伟：《泱泱齐风》，吉林文史出版社2018年版。

仝晰纲、李梅训：《齐鲁文化通俗读本》，山东人民出版社2011年版。

陈书仪：《齐国史料编年考辨》，山东人民出版社2016年版。

于孔宝：《昨日的辉煌：齐国的历史与文化》，吉林文史出版社2017年版。

于孔宝：《稷下学宫与百家争鸣》，山东文艺出版社2004年版。

白奚：《稷下学研究：中国古代的思想自由与百家争鸣》，生活·读书·新知三联书店1998年版。

左言东编著，杨伯峻审定：《中国政治制度史》，浙江古籍出版社1986年版。

中共临淄区委宣传部、临淄区齐文化研究中心编：《泱泱齐风——稷下学堂读本》，内部资料。

战化军、姜颖：《齐国人物志》，齐鲁书社2004年版。

张茂华等编著：《齐鲁历史文化名人》，山东文艺出版社2004年版。

郭丽：《简帛文献与〈管子〉研究》，方志出版社2015年版。

孟祥才主编：《齐鲁古代兵家评传》，山东大学出版社1996年版。

郭丽：《齐国成语典故今读》，九州出版社2018年版。

赵蔚芝主编：《稷下学宫资料汇编》，山东教育出版社1989年版。

刘蔚华、苗润田：《稷下学史》，中国广播电视出版社1992年版。

袁世硕、张可礼主编：《中国文学史》，中国人民大学出版社2006年版。

李兆禄：《〈诗经·齐风〉研究》，齐鲁书社2008年版。

岳长志、马国庆：《中国蹴鞠》，山东友谊出版社2013年版。

岳长志主编：《淄博文化通览》，山东人民出版社2012年版。

淄博市文物事业管理局编：《淄博历史文化遗产》，山东友谊出版社2012年版。

谭其骧主编：《中国历史地图集》，中国地图出版社1982—1987年版。

黄开国：《〈公羊传〉的大一统思想》，载《齐鲁学刊》2011年第3期。

巩曰国：《从战国秦汉古籍看〈管子〉的早期流传》，载《管子学刊》2009 年第 3 期。

张杰：《论史官与〈管子〉的形成》，载《管子学刊》2012 年第 2 期。

耿振东：《〈管子〉托名管仲的历史意蕴》，载《管子学刊》2018 年第 1 期。

邵先锋：《试论齐景公》，载《淄博学院学报（人文社会科学版）》1998 年第 4 期。

毛清均：《夹谷会盟古址新考》，载《春秋》2014 年第 4 期。

邵先锋：《论齐景公与晏婴的和谐关系》，载《管子学刊》2001 年第 1 期。

范学新：《试析〈晏子春秋〉中塑造的齐景公形象》，载《吉昌师专学报》2001 年第 3 期。

张传东：《〈晏子春秋〉之齐景公人物形象分析》，载《山东教育学院学报》2004 年第 4 期。

杨治敏：《晏子故事研究》，四川大学 2005 年硕士学位论文。

孙清涌、蓝慧敏：《晏婴对齐景公的影响》，载《管子学刊》2006 年第 2 期。

战化军：《晏婴生平事迹考辨》，载《海岱学刊》2015 年第 2 期。

贾海鹏：《"内安其政，外归其义"：从〈晏子春秋〉看晏子的外交思想与外交实践》，载《殷都学刊》2017 年第 2 期。

杨善群：《司马穰苴与〈司马法〉考论》，载《管子学刊》1990 年第 2 期。

黄朴民、徐勇：《〈司马法〉考论》，载《管子学刊》1992 年第 4 期。

毛曦、李仙娥：《〈晏子春秋〉的成书时间与思想特征》，载《人文杂志》1997 年第 6 期。

贾海鹏：《刘向与〈晏子春秋〉的成书》，载《求索》2016 年第 7 期。

曾宪通：《试谈银雀山汉墓竹书〈孙子兵法〉》，载《中山大学学报（哲学社会科学版）》1978 年第 5 期。

陈秋祥：《孙武世系论略》，载《上海师范大学学报》1989 年第 4 期。

邵彬：《荀子于齐“三为祭酒”及生卒考》，载《管子学刊》2011 年第 2 期。

王乃昂、蔡为民：《邹衍的地理学说及与〈五藏山经〉之关系》，载《地理科学》2003 年第 2 期。

高建文：《邹衍“大九州”神话宇宙观生成考》，载《民俗研究》2016 年第 6 期。

郭人民：《陈涉起义和六国的复国斗争》，载《河南大学学报（社会科学版）》1982 年第 3 期。

高卓：《略论秦汉之际山东六国复国运动》，载《人文天下》2017 年第 8 期。

巴兆成、李民辉：《视死如归的豪侠义士田横》，载《管子学刊》2003 年第 1 期。

姜颖、宋金萍：《田单与田横》，载《管子学刊》2005 年第 2 期。

严可：《战国四公子养士问题研究》，湘潭大学 2016 年硕士学位论文。

张艳丽：《论田横人物形象的历史流传与影响》，载《兰台世界》2011 年第 22 期。

蔡凤书：《关于“徐福东渡”之我见》，载《山东大学学报（哲学社会科学版）》1997 年第 3 期。

郭永：《徐福及其东渡问题研究》，山东大学 2009 年硕士学位论文。

李岩：《三神山及徐福东渡传说新探》，载《中央民族大学学报（哲学社会科学版）》2000 年第 3 期。

乔荣涛：《从孔子闻韶说到齐国乐舞》，载《文史知识》1989 年第 3 期。

宣兆琦、王雁：《〈诗经·齐风〉的文化内涵》，载《烟台师范学院学报（哲学社会科学版）》2002 年第 2 期。

代生：《清华简〈系年〉所见齐国史事初探》，载《烟台大学学报（哲学社会科学版）》2015 年第 1 期。

燕生东：《从盐业考古新发现看〈管子·轻重〉篇》，载《古代文明》2013 年第 9 卷。

王允亮：《盛世之音——从齐鲁相较看西汉齐学的兴盛》，载《赣南师范学院学报》2006 年第 2 期。

戴吾三、高宣：《〈考工记〉的文化内涵》，载《清华大学学报（哲学社会科学版)》1997 年第 2 期。

戴吾三：《〈考工记〉——中国最早的技术文献》，载《文史知识》2016 年第 1 期。

后　记

源远流长的齐文化在漫长的历史发展过程中，形成了许多特色鲜明的精神特质。齐文化精神不仅在中华传统文化发展史上占有重要地位，而且对我们实现中华民族伟大复兴的中国梦，依然具有不可估量的当代价值。虽然市内外专家学者们已经做了大量的齐文化研究工作，涌现出许多颇具参考价值和启发意义的学术成果，但是，若说齐文化精神到底有哪些核心要义，往往人言人殊，各有侧重。根据市领导的有关指示，在市委宣传部的具体指导下，齐文化研究院组织我市的部分齐文化学者编写了这本《齐文化要义》。

在国内外专家学者研究成果的基础上，我们对齐文化总结概括了如下核心要义：

以人为本，尊贤尚功；
变革创新，开放包容；
以法治国，崇商重工；
维护统一，务实共赢。

其中“以人为本”“尊贤尚功”“以法治国”直接出自齐文化经典著作。为了便于记忆，我们将“要义”编成了朗朗上口的韵文。当然，齐文化博大精深，这几点并不足以面面俱到地展现齐文化的全部内容和精神，只是抓取了齐文化精神中不同于其他地域文化、具有自己独特品质、具有当代价值的几个方面而已。

需要特别说明的是，这些齐文化要义可以分为两类：一是变革、开放、务实、包容，这属于精神层面，是齐文化的核心精神；二是以人为本、尊贤尚功、以法治国、崇商重工、维护统一，这属于方法论层面，是齐文化在治国理政的具体操作中呈现出的特色。前者是后者的方法论基础，后者是前者在治国理政领域的具体运用。

本书主体内容分为上、中、下三卷，卷上是“齐国简史”，从姜太公封齐建立政权开始，到汉初齐国被拆分为若干郡县为止，以期读者对齐国八百多年的历史有个大致的了解。卷中是“齐文化要义”，分四章对齐文化要义进行了详细阐述。如果说“齐国简史”侧重于故事性、可读性、普及性，那么，“齐文化要义”在兼顾可读性、普及性的同时，更侧重于知识性和学术性。卷下是附录，我们编选了一部分齐文化名人、齐文化名著、齐文化成语、齐文化名言等，用简短的文字做了介绍，供读者参阅。最后附录主要参考文献，以示对有关专家学者知识产权的尊重。

本书是集体创作的成果。

任传斗、毕雪峰审订了全部书稿，谢丽洁、李钟琴负责对书稿进行统筹、初审、修订，刘东祥负责撰写本书的“绪论”。

卷上“齐国简史”的分工为：杨洋负责撰写第一章“太公封齐”，王锋负责撰写第二章“春秋首霸”，石志丹负责撰写第三章“战国称雄”，王田田负责撰写第四章“秦汉齐风”。

卷中“齐文化要义”的分工为：王书敬负责撰写第一章“以人为本　尊贤尚功”，郭丽负责撰写第二章“变革创新　开放包容”，姜颖负责撰写第三章“以法治国　崇商重工”，姜淑红负责撰写第四章“维护统一　务实共赢”。

卷下附录部分，由齐文化研究院诸同仁共同编订。本书插图，由齐文化博物院朱淑菊、杨淑香、李林璘、蔡亚非、侯霞、曲浩田提供。

初稿完成后，我们特请本书的学术顾问刘京希、孙聚友、宣兆琦、巩曰国对初稿进行了审读。他们提出了许多中肯的修改意见，在此我们特向为本书付出辛勤劳动的四位学术顾问表示诚挚谢意！

齐文化研究院自2016年底成立以来，已经出版了《淄博书院史》和《泱泱齐风》两部文化专著，还编纂了《齐文化简明读本——齐文化知识100问》和《泱泱齐风，陶韵淄博——齐文化外宣读本》两部齐文化普及读物，以及齐文化学术论文集《齐文化与稷下学论丛》，其中《齐文化简明读本——齐文化知识100问》和《齐文化与稷下学论丛》业已出版。另外，我们还组织编纂了两部重点著作：一是负责编纂大型类书《历代诗咏齐鲁总汇·淄博卷》，共组织我市二十余位学者参与编纂，历时两年完工，收录历代近千名作者咏淄博的诗、词、曲近五千首；二是与山东理工大学以及各区、县部分文化专家合作编纂《文化淄博》丛书，共九卷，三百万字，目前也即将出版。《齐文化要义》是齐文化研究院成立三年来编撰的第八种图书。

我们在编撰本书时，以历史唯物主义和唯物辩证法为指导，注重对历史经验和历史教训的客观分析，力求展现时代精神，做到古为今用。但由于我们学识所限，本书肯定还存在种种错误和不足，尚祈专家学者和广大读者不吝指正。

齐文化研究院

2020年1月9日